Hans Werner Richter

Im Etablissement
der Schmetterlinge

Einundzwanzig Portraits
aus der Gruppe 47

Carl Hanser Verlag

ISBN 3-446-14543-5
Alle Rechte vorbehalten
© 1986 Carl Hanser Verlag München Wien
Schutzumschlag: Klaus Detjen
Foto: © Klaus Salge
Bilderdienst Süddeutscher Verlag
Satz: Fotosatz Otto Gutfreund, Darmstadt
Druck und Bindung: Kösel, Kempten
Printed in Germany

Für Toni

Im Etablissement der Schmetterlinge
Ilse Aichinger

Bevor ich sie kennenlernte, sagte mir jemand, sie sei ein »Pummelchen«, ein etwas zu dick geratenes Mädchen. Natürlich war es ein Wiener, der mir diese Auskunft gab, und so war sie nicht unbedingt glaubhaft, zumal Ilse Aichinger in Wien lebte, einer Stadt, in der selten jemand über den anderen eine gute Auskunft gibt. So stand auch diese Behauptung auf dem Kopf, denn das Pummelchen war alles andere als ein dickliches Mädchen, es war vielmehr eine schöne Frau, die einige meiner Tagungsteilnehmer so stark anzog, daß sie ganz außer sich gerieten und für meine Begriffe ein wenig die Kontenance verloren. So erging es dem Intendanten des damaligen Nordwestdeutschen Rundfunks, der mit einem nagelneuen Motorrad angefahren kam, was zu jener Zeit eine Sensation war. Doch er blieb nicht allein mit seiner leidenschaftlichen Zuneigung, sie ereilte auch andere. Nur die mir als Pummelchen angekündigte Schriftstellerin blieb unberührt davon, ja, ich glaube, sie hat von all dem gar nichts bemerkt und die ihr entgegengebrachten Zuneigungen kaum wahrgenommen. Für mich schien sie ganz in sich versponnen, mehr eine Märchengestalt als eine Figur der Wirklichkeit, und tatsächlich nannte man sie ein paar Jahre später auch eine »Märchentante«, was nicht abwertend gemeint war. Sie konnte ›verzaubern‹, wenn sie vorlas, es waren nicht nur ihre Texte, die eine solche Verzauberung hervorriefen, es war vor allem ihre Stimme, in deren Bann man geriet. Gewiß, unsere Realisten wehrten sich dagegen, sie lehnten schon das Wort ›Verzauberung‹ ab, aber auch sie konnten sich dieser Ausstrahlung nicht ganz entziehen.

Mir kam sie oft wie selbst ein Stück Literatur vor, alles,

was sie sagte, erschien mir so, jeder Satz. Dabei sprach sie nur selten mehr als notwendig war. Und doch war sie eine großartige mündliche Erzählerin. Wer sie einmal gehört hat, der konnte ihr stundenlang zuhören. Alle Personen, meist aus ihrer nächsten Umgebung, aus dem Dorf, in dem sie gerade lebte, nahmen starke Farben an, ja, wurden farbenprächtig. Und was mich besonders faszinierte, war der Humor, mit dem sie alle gesehen wurden. Dieser Humor tauchte selten auf in dem, was sie schrieb, um so kräftiger und häufiger aber in ihren mündlichen Erzählungen. Nicht jeder wird diese ihre Eigenart kennen, und auch ich selbst hatte nur zweimal die Gelegenheit, sie so zu erleben, aber diese beiden Abende sind mir unvergeßlich. Obwohl ich gern selbst erzählte, hatte ich nie das Bedürfnis, sie zu unterbrechen. Es waren eben vollendete Geschichten, die sie uns bot, makabre Geschichten manchmal, aber alle in der Realität des Dorfes angesiedelt und glänzend beobachtet.

Zum ersten Mal beggneten wir uns im Frühling 1951 in Bad Dürkheim. Zu dieser Zeit arbeitete sie für Inge Scholl, die in Ulm mit anderen die Hochschule für Gestaltung vorbereitete, und sie kam wohl auch aus Ulm angereist. Wie stark sie an der Tagung teilgenommen hat, weiß ich nicht, ich habe mich wohl kaum mit ihr unterhalten. Nur die Bemühungen des Intendanten waren auch für mich kaum zu übersehen. Ich meine, er lud sie zu einer Motorradfahrt in die Umgebung ein, aber soviel ich weiß, hat sie nicht daran teilgenommen. Doch vielleicht irre ich mich. Ich war zu sehr mit der Tagung beschäftigt, und vieles, was in diesen drei Tagen geschah, ist mir sicherlich entgangen.

Es muß am dritten Tag gewesen sein, als ich Ilse Aichinger zur Lesung aufrief. Die Art ihres Lesens, ihre Stimme, die ich bis dahin nicht beachtet hatte, nahm auch mich sofort gefangen. Man konnte der Melodie dieser Stimme nachgeben, ohne daß einem bewußt wurde, was da gesagt wurde. Aber nicht alle der kritischen Zuhörer ließen sich einfangen, in einer der kritischen Äußerungen fiel das Wort »Fräulein Kafka«, und Ilse antwortete: »Ich kenne; Kafka nicht. Ich habe nie ein Wort von ihm gelesen.« Sie war nicht allein. Die wenigsten unter uns wußten etwas von Kafka. Tatsächlich stand man zu dieser Zeit noch vor der Wiederentdeckung Kafkas, die, zumindest in Deutschland, erst Ende der vierziger Jahre begann. Ich glaube auch, daß solche Vergleiche immer hinken. Ilse war nicht von Kafka beeinflußt, ihre Erzählkunst war eine andere, und die Wurzeln dieser Kunst reichten wohl viel weiter zurück. Für mich gehörte sie von diesem Augenblick an dazu, und ich lud sie sofort wieder ein.

Damals trafen wir uns noch zweimal im Jahr, einmal im Frühling und einmal im Herbst. Die schöneren Feste waren natürlich im Mai, und ein Fest war es jedesmal. Diesmal trafen wir uns im Herbst 1951 in der Laufenmühle, in einem Heim für geistig Behinderte, was uns aber wenig störte. Waren die Tage im Mai voller Sonne und Fröhlichkeit gewesen, so geriet uns dieses Treffen in der Laufenmühle mehr ins Makabre, ins Hektische. Manchmal erschien es mir, als hätte dieses Heim alle angesteckt. Es gab viele Entgleisungen, manche fielen oft unverdient durch und andere kamen nicht an. Wolfdietrich Schnurre tanzte am Abend mit Rolf Schroers, und ihr Tanz glich einer Darbietung von zwei Hexenmeistern. Wahrlich, ich hatte meine Not, dies alles unter Kontrolle zu halten. Da kam Ilse Aichinger zu mir: »Du mußt mitkommen«, sagte sie, »in meinem Bett liegt ein nackter Mann.« »Wie kann denn das sein«, antwortete ich, »hier hat doch jeder sein eigenes Bett«, und lief ärgerlich hinter Ilse her. Doch der nackte Mann hatte sich schon angezogen, stand aber noch mitten im Zimmer und behauptete, er habe sich im Zimmer geirrt. Es war ein hoffnungsvoller junger Lyriker, was mich aber nicht hinderte, ihn lautstark zum sofortigen Verlassen dieses Zimmers aufzufordern, was er auch tat. Ich sah mich in dem Zimmer um. Es war ein verhältnismäßig großes Zimmer, mit einem Doppelbett in der Mitte und einer Couch in einer Ecke. Auf der Couch lag eine Decke, nicht zusammengelegt, sondern unordentlich hingeworfen. Ich konnte mich von dem Anblick dieser Decke nicht trennen. Sie war merkwürdig aufgebauscht, so, als läge jemand darunter. Ich ging hin und zog die Decke zurück und erschrak. Da lag Heinrich Böll, schlafend oder scheinbar schlafend. Ich weiß nicht mehr, was ich zu ihm gesagt habe. Ich glaube, er hat mir geantwortet, dies sei ein Scherz, und wahrscheinlich war es das auch. Solche Scherze waren ja üblich in diesen ersten Nachkriegsjahren, und niemand hat sie übelgenommen. Während des ganzen Vorgangs, sowohl mit dem einen wie mit dem anderen, hatte Ilse draußen auf dem Flur gewartet. Es war ihr wohl peinlich, dabei zu sein. Jetzt konnte ich sie hereinrufen und ihr sagen: »Es ist niemand mehr da, aber schließ bitte ab.« Ich kam mir seltsam vor, als ich in den kleinen Saal zurückging, in dem sich alle in einer ausgelassenen Art vergnügten, und jetzt kamen mir auch diese Besuche in einem fremden Zimmer nur noch albern vor, nicht mehr so, wie sie mir im ersten Augenblick erschienen waren, ja, ich mußte darüber lachen, zwang mich aber, kein Wort davon zu erzählen. Und auch Ilse hat es wohl verdrängt und wahrscheinlich ganz vergessen.

Ich traf sie erst im April des darauffolgenden Jahres in Wien wieder. Damals, im April 1952, konnte man als Deutscher nur mit alliierter Genehmigung ins Ausland reisen. Ich hatte den Auftrag, eine Reportage über die viergeteilte Stadt Wien für den Bayerischen Rundfunk zu schreiben und bekam dementsprechend die Genehmigung. Ilse wohnte am Schwarzenbergplatz, und ich besuchte sie schon am zweiten Tag nach meiner Ankunft in Wien. Ich hatte Grüße von ihren Verehrern und Bewunderern zu bestellen, trug aber auch ein Geschenk bei mir, das ich ihr übergeben sollte. Es war ein Geschenk des Chefredakteurs der ›Frankfurter Hefte‹, der zu Ilses beharrlichsten Verehrern gehörte. Es bestand aus einem Kreuz, das am Hals zu tragen war und, auf Samt gebettet, in einer kleinen schwarzen Schachtel lag. Ich hielt es für sehr kostbar, ein altes Familienerbstück vielleicht, und da ich von Steinen nichts verstand, hielt ich die roten Steine, mit dem es besetzt war, für Rubine, auf jeden Fall aber für wertvolle Edelsteine. Ich stieg die vier oder fünf Treppen hinauf, das Schmuckstück in meiner Manteltasche, und war gespannt auf das Wiedersehen. Unsere Beziehungen zueinander waren sehr freundschaftlich, aber zugleich mit einer seltsamen Scheu versehen. Doch als sie mir die Tür öffnete, war plötzlich alle Befangenheit verschwunden. Sie war glänzend anzusehen und gab sich so ungezwungen und frei, als seien wir sehr alte Bekannte. Gewiß, sie wirkte auf mich ein wenig maskulin und erinnerte mich an eine Schriftstellerin des 19. Jahrhunderts, an George Sand, die ich mir so vorstellte, eine, ich gebe es zu, leicht romantische Vorstellung. Auch sie war männlich gekleidet, was mir aber besonders gut gefiel. Sie war nicht allein, sie hatte eine Freundin bei sich, die in einer Ecke ihres Sofas saß und während meines ganzen Besuches kein Wort sagte. Ilse stellte mich vor und nannte mir auch ihren Namen, den ich aber sofort wieder vergaß. Ich übergab Ilse das mitgebrachte Geschenk, und ich dachte, sie würde jetzt vor Freude außer sich geraten, aber nichts Derartiges geschah. Sie klappte die Schachtel auf und wieder zu und stellte sie dann beiseite. Anscheinend war es ihr peinlich, ein solches Geschenk zu bekommen. Ich legte es so aus und freute mich darüber.

Wir sprachen über die kommende Tagung der ›Gruppe 47‹, die vier Wochen später in Niendorf an der Ostsee stattfinden sollte, und ich riet ihr, ihre ›Spiegelgeschichte‹

zu lesen, die ich bereits kannte. Ratschläge dieser Art habe ich weder damals noch später gegeben. Jeder mußte selbst wissen, was er las, und auch ich wollte mich überraschen lassen. Dies war eine Ausnahme, und ich weiß heute noch nicht ganz genau, warum ich sie gemacht habe. Vielleicht war es meine Zuneigung zu Ilse, vielleicht wollte ich mich auch vor den beiden aufspielen. Ich war sehr guter Laune, die Stunden mit den beiden vergingen schnell und fröhlich, auch wenn die eine, die Freundin, immerfort schwieg. Sie hieß Ingeborg Bachmann, war Redakteurin beim Sender Rot-weiß-rot und sollte ein Interview mit mir vorbereiten, das mit Hans Weigel verabredet war. Dies war – und auch das ahnte ich an jenem Vormittag nicht – der Beginn ihres Aufstiegs, der wenige Wochen später in Niendorf an der Ostsee seinen Anfang nahm. Wir sprachen fast ausschließlich von der bevorstehenden Tagung. Ilse war nun schon zweimal dabeigewesen, im Frühling und im Herbst 1951, und auch sie hatte die Faszination gepackt, die von diesen Tagungen ausging. Sie freute sich darauf wie auf ein großes Familientreffen oder wie auf ein sensationelles Zirkusspiel, an dem auch sie beteiligt war.

Ich ging beschwingt nach Hause. Es war ein schöner Vorfrühlingstag, ein wolkiger Apriltag mit ständigen Sonnendurchbrüchen. Wien gefiel mir, eine Stadt, die ich nicht kannte und die für mich voll neuer Eindrücke war. Ich hatte mich mit Ilse zu einem Spaziergang rings um Wien verabredet und mit Ingeborg Bachmann zu dem Interview mit Hans Weigel im Sender Rot-weiß-rot. Ich schlief bei Milo Dor, dessen Frau in Prag war und der in seiner kleinen Wohnung mit seinem Freund Reinhard Federmann an einem Roman arbeitete.

Am nächsten Morgen geschah etwas Seltsames. Ich war noch halb im Schlaf, als ich die beiden an der Arbeit sah. Sie rollten die Teppiche ein, packten zwei Koffer voll mit allen möglichen Einrichtungsgegenständen, ja, sie räumten fast die ganze Wohnung aus. Auf meine erstaunte Frage erklärten sie mir, all das müsse zum Pfandleihamt, sie hätten kein Geld mehr, und ob ich nicht mitkommen wolle, dort im Pfandhaus träfe sich halb Wien. Sie hatten recht, das Pfandleihamt spielte zu dieser Zeit eine zentrale Rolle im Leben vieler Wiener. Eine lange Schlange von Menschen stand, versehen mit Teppichen, Pelzen, Koffern und sonstwelchen Gegenständen, vor einem einzigen geöffneten Schalter an. Alle warteten geduldig, und unendlich langsam, im Schneckentempo, schoben sich auch meine beiden Freunde nach vorn. Ich langweilte mich und ging in dem großen Raum hin und her, und da sah ich plötzlich Ilse ganz vorn am Schalter stehen. Sie bekam gerade die Schachtel zurück, in der das Schmuckstück lag, das ich ihr am Vortag als Geschenk mitgebracht hatte. Es besaß offensichtlich keinen Wert. Ich wollte sie ansprechen, zog es aber dann doch vor, mich so zu verstecken, daß sie mich nicht bemerken konnte. Inzwischen hatte sich der ganze große Raum gefüllt, ja, meine beiden Freunde hatten recht, dieses Pfandhaus war ein Wiener Treffpunkt. Ich sagte ihnen nichts von meiner Begegnung, freute mich aber, daß sich das Geschenk von Ilses Verehrer als wertlos erwiesen hatte.

An einem anderen Morgen, wenige Tage später, trafen wir uns zu dem verabredeten Spaziergang rings um Wien. Es war nun ein sonniger, heller Frühlingstag. Wir hatten uns am Schwarzenbergplatz verabredet, und sie kam mir entgegen, wie der Frühling selbst. Wenn ich mich recht erinnere, trug sie ein dementsprechendes hellblaues Kleid, das ihr etwas überaus Leichtes, Schwebendes gab, was mich stark beeindruckte und zugleich verschüchterte. Wir begannen unseren Spaziergang durch und um Wien. Sie war eine gute Führerin, sie kannte sich in der Geschichte Wiens aus, sie wußte, wann und wo die Türken bei der Belagerung der Stadt gestanden und von wo aus sie ihre

Angriffe vorgetragen hatten, kannte alle Hügel – und es gibt viele Hügel – und welche Bedeutung ihnen jeweils zugekommen war. So wanderten wir um Wien herum und so lernte ich die Umgebung dieser Stadt kennen. Es war ein faszinierendes Kennenlernen, und Ilses Erzählung trug dazu bei, alles noch faszinierender erscheinen zu lassen, als es vielleicht in Wirklichkeit war.

Einmal kehrten wir irgendwo ein, um etwas zu essen, und einmal setzten wir uns auf einer Wiese ins hohe Gras, schon etwas ermüdet von dem langen Spaziergang. Ich weiß nicht mehr, wovon wir gesprochen haben oder ob Ilse noch immer erzählt hat, ich weiß nur, daß sie einige Fragen an mich gestellt hat, aber auch den Inhalt dieser Fragen habe ich vergessen. Es war bereits Nachmittag, die Sonne hatte den Zenit überschritten, die Wiese duftete nach dem beginnenden Frühling, und ich fand Wien eine bemerkenswert schöne Stadt. Auf dem Rückweg, am Rande Wiens, erklärte mir Ilse, indem sie auf eine sich weit ausdehnende Fläche hinwies, hier begänne die Steppe, die für sie anscheinend etwas Unheimliches an sich hatte, ich aber verspürte nichts davon. Dann kamen wir an einen Bahnhof, von dem eine schnurgerade Straße in die Stadt führte, eine Straße mit kleinen und stark heruntergekommenen Läden und ehemaligen Restaurants. Ilse erklärte mir die Bedeutung dieser Straße, die ein Stück österreichischer Vergangenheit war. Hier auf dem kleinen Bahnhof seien früher, noch zu Kaiser Franz Josefs Zeiten, die k.u.k. Offiziere aus der Provinz zu ihrem Urlaub in Wien angekommen, und in dieser Straße hätten sie schon zu feiern begonnen, und ich sah die österreichischen Offiziere durch die Straße flanieren, so lebendig schilderte Ilse diese Wiener Vergangenheit.

Nie erwähnte sie in dieser Unterhaltung ihre eigene Vergangenheit, etwa im Dritten Reich. Es war, als hätte sie selbst den Mantel des Vergessens darübergehängt. Nur einmal sagte sie: »Hier, an dieser Stelle habe ich gestanden, als meine Verwandten abtransportiert wurden.« Diesen Satz habe ich behalten. Bis heute. Damals fragte ich nicht weiter, vielleicht aus Angst, mehr zu erfahren, als ich hören wollte.

Am nächsten Abend hielt ich einen Vortrag in einem Wiener Club. Ich sprach über die junge deutsche Literatur, über den ›Kahlschlag‹, über die ›Gruppe 47‹, doch bald merkte ich, daß sich die Wiener Autoren eigentlich nur für die Honorare interessierten, die der deutsche Rundfunk bezahlte. Also sprach ich zum Schluß auch darüber und fand nun lebhaftes Interesse. Ilse und Ingeborg Bachmann saßen auf einer Couch, und zwar so eng beieinander, daß mir ihre Freundschaft erst jetzt ganz bewußt wurde.

Am nächsten Tag traf ich Ingeborg Bachmann im Sender Rot-weiß-rot. Sie hatte mir ihre unveröffentlichten Gedichte auf einen sonst ganz leeren Schreibtisch gelegt und mich über eine halbe Stunde warten lassen, so daß mir gar nichts anderes übriggeblieben war, als diese Gedichte zu lesen. Sie klapperte inzwischen in einem Zimmer nebenan auf einer Schreibmaschine, und als sie wieder hereinkam, fragte ich sie, wer denn diese Gedichte geschrieben habe, und sie antwortete errötend: »Ich.« Schon am Nachmittag lud ich sie ebenfalls zu der Tagung ein und auf ihren Wunsch auch gleich einen Freund, der in Paris lebte, Paul Celan hieß und ebenso unbekannt war wie sie selbst. Ich fragte Ilse, ob ich richtig gehandelt hätte, und sie bejahte es. So fuhr ich mit den beiden vier Wochen später in einem Autobus des Nordwestdeutschen Rundfunks von München aus der Tagung in Niendorf entgegen, und für beide sollte diese Tagung erfolgreich werden.

Es war im Mai 1952. Wir waren noch sehr arm und weitgehend auf die Gastfreundschaft des Nordwestdeutschen Rundfunks angewiesen. Noch gab es keine Verleger, die sich für uns interessierten. Keiner von uns war über einen kleinen Kreis von Anhängern hinaus bekannt. Aber das interessierte uns nicht sonderlich, wir waren uns selbst genug, es ging um die Literatur, nicht um Leser, nicht um das Publikum. Wichtig war allein, hier in diesem Kreis Anerkennung zu finden.

Es war ein altes Kurhotel, in dem wir wohnten und tagten, das den Krieg heil überstanden und noch keine Überholung im Stil einer neuen Zeit gefunden hatte. Wir waren Gäste des Nordwestdeutschen Rundfunks, dessen Intendant Ernst Schnabel war. Er hatte selbst auf der Tagung in Dürkheim ein Jahr zuvor gelesen und uns in dieser Woche einen Autobus nach München entgegengeschickt.

Am Abend vor dem Beginn der Tagung standen wir am Strand um ihn herum, nicht alle natürlich, aber einige, da warf er plötzlich alle Kleider ab und lief nackt ins Wasser, obwohl es noch sehr kalt war. Dies war noch nicht üblich zu dieser Zeit, und einen nackten Intendanten, das hatten wir noch nicht gesehen. So begann die Tagung sehr fröhlich.

Ilse las, was ich ihr empfohlen hatte, ihre ›Spiegelgeschichte‹. Sie las mit ihrer sehr artikulierten, sehr leisen und sehr eindrucksvollen Stimme, es war wieder ein Märchen, das sie mehr erzählte als vorlas, eine Geschichte, die rückwärts lief, vom Grab bis zur Geburt. Am Ende ihrer Lesung gab es Beifall, was nicht üblich war, und ich verbot es sofort, was einigen mißfiel. Nur Ilse nahm es mir nicht übel, sie ahnte wahrscheinlich schon ihren kommenden Sieg. Es lasen noch einige nach ihr, einige zum ersten Mal, Ingeborg Bachmann, Paul Celan und Siegfried Lenz. Ingeborg Bachmann wurde nach ihrer Lesung von einer Ohnmacht überfallen, und Ilse tat alles, um sie wieder ins Bewußtsein zurückzuholen. Am Schluß der Tagung lief ich mit einem Hut herum und sammelte die Stimmen der Wahl für den Preis der ›Gruppe 47‹ ein. Ilse wurde gewählt. Sie wurde die dritte Preisträgerin nach Günter Eich und Heinrich Böll.

Am Abend gab der Nordwestdeutsche Rundfunk unter seinem Generaldirektor Grimme und dem Intendanten Ernst Schnabel einen Empfang für uns im Hamburger Rundfunkhaus. Alle Redakteure der Anstalt waren versammelt. Sie erwarteten etwas Besonderes, und da sie sich mit den Autoren der ›Gruppe 47‹ nicht auskannten, wurde ich aufgefordert, sie vorzustellen. Ich weigerte mich zuerst, es war mir peinlich, aber schließlich gab ich doch nach. Ich trat in die Mitte des Saals und rief einen nach dem anderen auf. Ich begann mit Ilse Aichinger, der Preisträgerin dieser Tagung. Mit ein paar Sätzen versuchte ich das zu erklären, während Ilse neben mir stand, ihr sphinxhaftes Lächeln aufgesetzt hatte und eine angedeutete Verbeugung machte, die wohl nur aus einem leichten Neigen des Kopfes bestand. Bei der ganzen Vorstellungsprozedur wurde mir immer unbehaglicher, die meisten Namen waren völlig unbekannt, und ich glaubte, auf den Gesichtern rings um mich herum nur ironisches Erstaunen wahrzunehmen, Erstaunen vielleicht darüber, daß sich hier Leute als Schriftsteller ausgaben, von denen man noch nie etwas gehört hatte. Trotzdem wurde diese Begegnung produktiv, viele Redakteure nahmen die Gelegenheit wahr, selbst neue Talente zu entdecken, es kam zu einer engen Verbindung zwischen uns und dem Rundfunk. Auch Ilses ›Spiegelgeschichte‹ fand so sehr schnell ihren Weg in den Rundfunk, der sich in den darauffolgenden Jahren zu einem Mäzen der neuen deutschen Literatur entwickelte.

In der Nacht dieses Empfangs geschah noch etwas Seltsames. Kurz nach Mitternacht lud uns Ernst Schnabel zu einer Party irgendwo in der Stadt ein, eine Reihe von Autos fuhr unten auf dem Hof vor, es waren etwa zwanzig Personen, die er eingeladen hatte und die in den Autos Platz fanden, doch niemand außer ihm wußte, wohin es eigentlich ging. Und als wir endlich in einem Etablissement alle untergekommen waren, dauerte es noch eine Weile, bis alle begriffen hatten, daß sie sich in einem Bordell befanden. Es gab, obwohl es weit nach Mitternacht war, Kaffee und Kuchen, und die Damen bedienten uns. Sie sahen alle aus, als hätten sie sich für uns zurechtgemacht, trugen lange schwarze Strümpfe mit blumenverzierten farbigen Strumpfbändern, wohinein jemand Zehnmarkscheine steckte, wenn sich die Gelegenheit dazu bot. Es war, so legte ich es mir zurecht, ein Finanzmann des Nordwestdeutschen Rundfunks. Kein anderer hätte sich das leisten können. Unsere beiden neuentdeckten Dichterinnen hockten auf einer Couch, eng aneinandergeschmiegt, so, als wären sie unversehens in einen Sturm gekommen. Nein, sie klammerten sich nicht direkt aneinander, es kam mir nur so vor, und für einen Augenblick taten sie mir leid, ja, Ernst Schnabels Bordellstreich schien mir doch höchst makaber. Bald brach alles in ein großes Gelächter aus. Die Täuschung, die Schnabel beabsichtigt hatte, war zum Teil gelungen. Einige der Damen sprachen so selbstverständlich über Literatur, als sei dies ihr täglich Nachtgebet. Man hatte sie anscheinend gut präpariert, und natürlich gab es Autoren, die bewundernd darauf reinfielen. Das Ganze hatte etwas Pariserisches an sich, und das sollte es wohl auch haben. Wie Ilse diesen seltsamen Mitternachtsausflug empfunden hat, weiß ich nicht. Sie überging es in ihrer zurückhaltenden Art. Vielleicht hat sie auch darin nur ein Märchen des Lebens gesehen, wie so häufig später und zuvor, und tatsächlich sahen einige der Damen mit ihren bunten blumengeschmückten, farbigen Strumpfbändern ja wie Schmetterlinge in einem Märchen aus, Nachtfalter in einer puritanischen hanseatischen Großstadt, die sich verflogen hatten.

Diese Tagung in Niendorf war vielleicht die seltsamste, aber auch die erfolgreichste der ersten Jahre. Alles war noch Anfang, Aufbruch, wie fünf Jahre zuvor. Die Bundesrepublik hatte sich noch nicht konsolidiert, und das Wirtschaftswunder lief in diesen Jahren erst an. Kaum war eine Tagung vorüber, mußte ich schon an die nächste denken, aber es machte mir Spaß und war zugleich mit viel Neugier verbunden: Wer würde lesen und was würde er lesen, würden wir neue Talente entdecken? Für diesen Herbst hatte ich auf meiner Suche nach einem geeigneten Tagungsort eine Burg gefunden. Sie lag nicht weit von Hannover entfernt und nannte sich Burg Berlepsch. Es war eine mittelalterliche Burg, und ihr findiger Besitzer hatte sie in eine Art Hotel umgestaltet. Dort erwartete ich im Vorhof der Burg im Oktober 1952 meine Gäste. Da kam ein silbergrauer Volkswagen vorgefahren und stoppte direkt vor meinen Füßen. Hinter der Windschutzscheibe lachten mich zwei Gesichter an: Ilse Aichinger und Günter Eich. Sie wollten mich überraschen, und das war ihnen gelungen. Kurz darauf heirateten sie.

Es war nicht die einzige, aber die erste Ehe, die aus der ›Gruppe 47‹ hervorging.

Krisjahn im dreizehnten Stock
Carl Amery

Ich kenne zwei bayerische Intellektuelle. Es gibt wahrscheinlich mehr, aber nur diese zwei sind mir begegnet. Sie sind Bayern von Geburt und aufgrund einer langen Ahnenreihe. Sie denken beide sehr schnell und oft so, daß ich ihren Unterhaltungen nicht folgen kann, besonders dann nicht, wenn sie sich etwa über die Kirchengeschichte des fünfzehnten Jahrhunderts unterhalten oder über irgendwelche Religionsprobleme. Da verstehe ich kein Wort. Dann habe ich den Eindruck, es gibt eine typisch bayerische Intellektualität, wie es für einen Bayern wahrscheinlich auch eine preußische gibt. Der eine meiner beiden bayerischen Intellektuellen heißt Theo Pirker und ist Soziologieprofessor in Berlin. Und der andere ist ein Schriftsteller. Er nennt sich Carl Amery und hat sich dieses Pseudonym wahrscheinlich zugelegt, weil es in Bayern schon zu viele Mayers, auch an höchster Stelle, gibt. Von ihm will ich erzählen.

Er hat das Gesicht eines Asketen und sieht so aus, wie man sich einen Jesuiten vorstellt. Doch sein Lachen steht dazu in Widerspruch, er lacht gern und viel und am liebsten über sich selbst. Wenn er eine Geschichte oder eine Anekdote oder irgend etwas Komisches erzählt, beginnt er schon nach dem zweiten Satz zu lachen, und dieses Lachen verstärkt sich so, daß die Pointe meistens darin untergeht. Ähnlich ist es mit dem Denken. Er denkt, wie schon gesagt, sehr schnell, ja, er denkt schneller als er spricht, wobei sich für den Zuhörer gewisse Schwierigkeiten ergeben können, denn er ist oft schon am Ende eines Denkprozesses, wenn er ihn noch gar nicht ausgesprochen hat. Dies hat auch mir oft Schwierigkeiten gemacht, zumal ich langsam denke, sehr viel langsamer, und mein Denken keine Sprünge macht, wie es das seine so häufig tut.

Lange Zeit war er mein Vizepräsident in der Anti-Atom-Bewegung Ende der 50er Jahre, wobei ich, von heute aus gesehen, den Eindruck habe, daß er auf keinen Fall mehr sein wollte als Vize. Vize genügte ihm und war vielleicht schon zu viel. Er hielt sich gern im Hintergrund, und zu einer anderen Zeit hätte er so etwas sein können wie der Berater, aber auch der Hofnarr eines Königs. An Intellektualität, an Einfällen, ja vielleicht sogar an Weisheit hätte es ihm nicht gefehlt. Er liebt das Närrische. Einmal kam er auf die Idee, ein Damen-Dinner zu veranstalten. Es fand in seiner Wohnung statt. Die Damen saßen um den großen Tisch herum und wurden von den Herren bedient. Einer von ihnen kochte, und die anderen liefen vom Wohnraum in die Küche und wieder zurück und trugen den Damen mit Kratzfüßen und eleganten Verbeugungen die Speisen auf. Ein solches Dinner hatte irgendwann zur Zeit des Direktorismus nach der Französischen Revolution bei Talleyrand stattgefunden, der angeblich den jungen Napoleon mit Josephine bekannt machen wollte. Amery hatte von diesem ersten Damen-Dinner irgendwo gelesen und spielte es nun in einem sehr viel kleineren Maßstab nach.

Das Dinner dauerte bis nach Mitternacht. Die Damen saßen auf ihren Stühlen und rührten keine Hand. Es gefiel ihnen gut, sich von den Männern bedienen zu lassen, und wir standen hinter ihren Stühlen, bereit, jeden Befehl von ihnen prompt und schnell auszuführen. Es war eine jener Narreteien, die Christian so gern inszenierte, und ich nenne ihn von nun ab Christian, wie er ja wirklich heißt. Seine Frau, die aus Amerika ist, sagt »Krisjahn« zu ihm, und hinter seinem Rücken sagen wir manchmal auch »Krisjahn«. Dieser Name, so meine ich, paßt am besten zu ihm.

Ich weiß nicht mehr genau, wann ich ihn kennenlernte, es muß Mitte der fünfziger Jahre gewesen sein. Ich lud ihn zur ›Gruppe 47‹ ein, und dort spielte er bis zum Schluß mit. Er setzte sich auch auf den ›elektrischen Stuhl‹ und las vor, kam aber nie recht an. Vielleicht war seine Art des Denkens, des Schreibens und des Erzählens zu vertrackt, vielleicht zu bayerisch intellektuell, wie ich es nennen möchte, oft mit einem Humor, über den man nur zu Anfang lachte, später aber verstummte, einfach deshalb, weil man als Zuhörer nichts mehr ganz verstand. Er erzählt, wie ich es einmal genannt habe, dreizehnstöckig. Bis zum zwölften Stock kam man amüsiert und interessiert, wenn auch schon keuchend, mit. Im dreizehnten Stock aber ging einem der Atem aus. Vielleicht werden spätere Leser ihn viel besser verstehen als wir heutigen, und der dreizehnte Stock wird ihnen nichts ausmachen. Das kann sein. Trotzdem, und das ist für mich das Erstaunliche, ich bin ein Bewunderer seiner Art des Denkens und des Erzählens, obwohl ich mich schwer damit tue.

Vielleicht ist es so, daß auch beim Schreiben seine Gedanken so schnell laufen, daß weder die Feder noch die Schreibmaschine ihnen folgen kann. Es kann aber auch sein, daß seine Neigung zum Skurrilen sich überschlägt und dann eben in den dreizehnten Stock führt.

Einmal schrieb er an einem Roman, den er ›Das Königsprojekt‹ nannte. Im siebzehnten Jahrhundert hatte es ein geschichtliches Versäumnis der Bayern wie der Schotten gegeben. Eigentlich hätte ein Bayer den schottischen Thron besteigen müssen, ja, die Bayern hätten den Schotten irgendwann und irgendwo im schottischen Hochland zur Hilfe eilen müssen, kurz und gut, es war eine Geschichte, die zwar ihren historischen Hintergrund hatte, aber bei Krisjahn ins Skurrile geriet. Er stellte sich vor, wie die europäische Geschichte wohl verlaufen wäre, wenn seinerzeit ein Bayer den schottischen Thron bestiegen hätte. Das amüsierte ihn königlich. Er fuhr nach Schottland und traf dort alte Kampfgefährten, ja, er feierte eine Art bayerisch-schottische Verbrüderung angesichts der historischen Fakten. Er stieg tief in die Dunkelkammern der Geschichte und brachte Erzählungen mit, die auch mich beeindruckten. Da spielten Dinge eine Rolle, die man nur mit einiger Phantasie für echt halten konnte, aber sie waren so gekonnt erzählt, daß man sie gern dafür gehalten hätte. Nun, Krisjahn brachte auch seine schottische Phase hinter sich. Eines Tages sprach er nicht mehr davon. ›Das Königsprojekt‹ war als Buch erschienen, und nun wandte er sich anderen Gebieten zu.

Frühzeitig entdeckte er die Zerstörung der Umwelt, die folgenschwere Ausbeutung der Erde, lange bevor es die Grünen gab. Er schrieb Artikel und Bücher darüber, aber er wurde nicht gehört. Es war, als umgäbe ihn eine Schallmauer. Wir versuchten, mit Rundfunksendungen auf die Probleme aufmerksam zu machen, aber auch diese Sendungen fanden keine Resonanz. Später, als alle Welt von diesen Problemen sprach, wußten von ihm nur ein paar Fachleute, alle anderen übersahen ihn. Ich weiß nicht genau, woran es liegt, daß er nicht sehr viel bekannter ist, doch er wollte wohl gar nicht bekannt werden. Er legte keinen Wert darauf, hatte vielleicht sogar etwas dagegen. Einmal bat er mich, einen Artikel an ›Die Zeit‹ unter einem Pseudonym zu schicken. Es war ein Artikel über Franz Josef Strauß. Ich schickte ihn wunschgemäß an Rudolf Walter Leonhardt, der damals der Feuilletonchef der ›Zeit‹ war. Er rief mich sofort an und war voll des Lobes, ja, er vermutete mich hinter dem Pseudonym, wobei er annahm, daß ich so gut schreiben könne wie der eigentliche Verfasser, nämlich Christian. Er erwartete noch mehr so glänzende Artikel von mir. Ich fühlte mich zwar geschmeichelt, schwor aber Stein und Bein, daß ich nicht der Verfasser sei. Ich geriet in Schwierigkeiten, Christian aber blieb im Dunkeln. Er weigerte sich beharrlich, auch nur die erste Sprosse der Ruhmesleiter zu besteigen. Ich hätte das für Koketterie halten können, aber das war es nicht. Es war ihm einfach zu unwichtig. Vielleicht ist es auch seine tiefe Religiosität, die ihm vieles unwichtig oder unwesentlich erscheinen läßt. Ja, er ist Katholik, und er ist es wohl auch praktizierend, wie man dies nennt. Ich habe nie verstanden, wie er mit seinem klaren Verstand alle die Ungereimtheiten, die eine Religion in sich hat, mitverarbeitet. Er aber schafft das spielend, es gehört wohl mit zur Harmonie seines Charakters. Welche Vorgänge sich da in ihm abspielen, kann ich nicht beurteilen, und vielleicht sind es gar keine Vorgänge, sondern nur Tradition.

Sehr eng haben wir in der Zeit der ersten Anti-Atombombenbewegung zusammengarbeitet. Das war in den Jahren 1958 bis 1960. Damals war ich der Präsident des Komitees gegen Atomrüstung und er, wie schon erwähnt, mein Vizepräsident. Wir arbeiteten zusammen, demonstrierten zusammen, hielten Versammlungen ab und waren der gleichen kämpferischen Meinung. Es ging um die atomare Bewaffnung der Bundeswehr, und um sie zu verhindern, hatten wir dieses Komitee gegründet. Christian hatte viele Ideen, was Aktionen, Demonstrationen und Propaganda betraf, aber immer blieb bei mir das Gefühl, als nähme er das alles nicht ganz ernst. Gewiß, einerseits nahm er es sehr ernst, aber immer war da noch ein wenig Spott, etwas Ironie, eine Prise Humor. Dies macht es leicht, mit ihm zusammenzuarbeiten. Selbst wenn er ärgerlich war, eine Leichenbittermiene trug er nie vor sich her. Immer ging es ihm um die Sache. Sie zu erfassen, sie zu durchdringen, das war ihm wichtig. Er blieb nie im ersten Kreis der Hölle, er versuchte, auch in den zweiten oder dritten einzudringen, er mußte jedes Problem ganz erfassen, und oft habe ich gedacht: Er ist eigentlich trotz seiner großen Kenntnisse kein Literat, kein Sohn der Muse, sie hat ihn vielleicht nur flüchtig geküßt, in Wirklichkeit ist er im Bereich der philosophischen Wissenschaften zu Hause.

Aber er ist vielleicht eine exzentrische Mischung von allem. Genau weiß er das wohl selbst nicht.

An der ›Gruppe 47‹ nahm er immer teil und nahm doch nicht ganz teil. Seine Art der Teilnahme war eine andere als die der meisten Eingeladenen. Er nahm, wenn ich es so sagen darf, herumschlendernd teil. Natürlich schlenderte er nur geistig herum, aber er schlenderte. Nie nahm er in der ersten oder zweiten Reihe Platz, um deren Plätze sich andere drängten, nicht nur, um besser zu hören, sondern auch, um eben dort ihre Bedeutung zu demonstrieren. Nein, Christian saß immer irgendwo, auf Fensterbänken oder in Fensternischen, lässig, wenig angestrengt beim Zuhören, mehr einem Konzertbesucher ähnlich als jemandem, den ich eingeladen hatte. Kurzum, er drängte sich nie nach vorn, was andere taten. Rief ich ihn aber auf, so war er ganz da, und sogleich merkte man, daß ihm kein Wort entgangen war. Seine Kritik war immer sehr pointiert, meistens voller Sarkasmen. Es konnte sein, daß er während seiner Rede über das, was er sagte, selbst lachte, manchmal laut, manchmal verschämt, was aber niemand verstand, niemand wußte, warum er lachte.

Es gab natürlich auch solche, die behaupteten, sie verständen jeden Satz von ihm. Es waren wenige, meistens urbayerische Katholiken, die im winkeligen Denken aufgewachsen waren. Ich aber hatte immer meine Freude daran, war es für mich doch eine Art der Kritik, die nicht auf den mir vertrauten Gleisen lief. Manchmal wirkte es erfrischend, vor allen Dingen nach einer vielleicht schon müden und schon ausgelaugten Diskussion, die etwa mit Walter Jens akademische Höhen erreicht hatte, die nicht jeder nachvollziehen konnte. Christian zog sie von solchen Höhen ohne Respekt herunter, wobei man ihm ansah, daß er eine gewisse Freude daran nicht verbergen konnte. Er hat Humor, einen sehr skurrilen Humor. Er entsteht selten aus der Beobachtung von Menschen, aus ihren vertrackten Beziehungen zueinander, sondern vielmehr aus Kenntnis und Betrachtung geschichtlicher Vorgänge. Die Zeit spielt dabei keine Rolle, ja, er setzt unter Umständen Vorgänge zueinander in Beziehung, die zeitlich weit voneinander entfernt waren. Er findet immer eine Art Ironie in der Geschichte, die ihn sehr belustigt. Es sind nicht nur die schottisch-bayerischen Vorgänge des achtzehnten Jahrhunderts, die ihn beschäftigen, er könnte auch die Mönche ganz verschiedener Jahrhunderte in einem Kloster zusammenbringen und miteinander diskutieren lassen und neugierig sein, was dabei herauskäme. Es würde ihm ein köstliches Vergnügen bereiten, auch wenn wir Leser oder Zuhörer dabei nicht alles oder vielleicht gar nichts verstünden.

Wer von uns weiß schon etwas von Tuntenhausen, einem Ort, der in Christians neuestem Projekt eine Rolle spielt. Christian aber weiß es. Er hat den Namen nicht erfunden. Es gibt Tuntenhausen wirklich. Dorthin zogen einmal bayerische Prominente, Politiker, Staatsangestellte und sonst hochgestellte Persönlichkeiten, um ein Gelübde oder etwas Ähnliches abzulegen, und im Gebet und in der Intrige für ein paar Tage zu verweilen und dann wieder heimzukehren. In Christians Erzählung muß das ein Kulminationspunkt bayerischer Geschichte gewesen sein, aber genau habe ich das nie erfahren. Er aber spinnt sofort sein Garn, von Tuntenhausen in die Weltgeschichte oder sonstwohin. In dieser Prozession kommen alle Figuren vor, die einmal irgendeine Rolle, vielleicht sogar in Tuntenhausen, gespielt haben, die Christian nun aber für seinen Zweck zurechtbiegt. Es ist immer eine amüsante Historie, auch dann noch, wenn sie sich im dreizehnten Stock verirrt.

Ich habe oft überlegt, ob Christian ein bayerischer Schriftsteller ist, das heißt, in einer bayerischen Tradition des Erzählens steht. Ich habe keine Anhaltspunkte dafür gefunden. Er hat weder etwas mit Ludwig Thoma noch mit Oskar Maria Graf zu tun. Dazu ist er nicht robust genug und viel zu versponnen. Aber auch in der übrigen deutschen Literaturgeschichte finde ich keinen vergleichbaren Christian. Allenfalls könnte ich an E.T.A. Hoffmann denken, aber das ist allzu weit hergeholt und stimmt eben auch nicht. So kann ich ihn nicht einordnen, und das spricht vielleicht für ihn.

Eines muß ich noch erwähnen: sein ständiges Engagement. Er ist immer engagiert, und immer ist es ein ideelles Engagement. Einmal ist es die Anti-Atom-Bewegung, der Friede natürlich überhaupt, und dann sind es mehr als alles andere die Umweltprobleme. Er opfert viel Zeit dafür, und ich kann nicht umhin, in ihm dann den reinen Idealisten zu bewundern – und wundere mich zugleich auch darüber, daß es so etwas überhaupt gibt.

Einmal durch eine belebte Gasse gehen und nicht erkannt werden
Alfred Andersch

Es war Anfang Juli 1946. Der Krieg war seit gut einem Jahr vorbei, aber er war überall noch vorhanden, in jeder Stadt, in den Trümmern, der Armut, dem Hunger, in dem unvorstellbaren Elend. Ich fuhr mit dem Zug von Hannover nach München, in eine mir noch unbekannte Stadt. Der Zug war, wie alle Züge dieser Zeit, überfüllt, nein, er war nicht nur überfüllt, er war besetzt. Die Menschen saßen auf den Dächern, standen auf den Plattformen, in den Gängen, dicht zusammengepreßt, und in den Abteilen saßen meistens die, deren Durchsetzungsvermögen am größten war. Ich stand von Hannover bis München, immer krampfhaft bemüht, nicht ganz hinausgedrängt zu werden. Ich will hier nicht München beschreiben, es sah aus, wie jede von dem Krieg mitgenommene und zum Teil zertrümmerte Stadt. In ihr lernte ich Alfred Andersch kennen.

Das war, wenn ich mich recht erinnere, am Fuß einer Treppe in einem vom Krieg verschonten, nicht zerstörten Haus. Ich weiß nicht mehr, wie mein erster Eindruck von ihm war, es war wohl ein Augenblick gleichzeitiger gegenseitiger Sympathie, oder auch des Fremdseins, das ich empfand. Wir waren sehr unterschiedliche, vielleicht entgegengesetzte Charaktere.

Er erschien mir später oft wie ein mittelalterlicher Mönch, der nur eine Klosterzelle brauchte, mehr nicht. Er liebte die Ordnung, er nahm alles genauer als ich, sein Schreibtisch sah immer sehr aufgeräumt aus, alles lag an seinem Platz, jeder Bleistift, jeder Federhalter, jeder Radiergummi, jedes Blatt, nie ließ er etwas zufällig oder aus Versehen herumliegen. Er war das Gegenteil von mir, der ich in keiner Hinsicht der Ordnung gewachsen war. Wo ich manches gehen ließ, aus Toleranz oder weil es mir lästig war oder auch vielleicht aus Nachlässigkeit, neigte er zur Strenge, die sich bis zu zornigen Ausbrüchen steigern konnte, manchmal eine Art Jähzorn, der ihn selbst irritierte.

Sein Zorn richtete sich nie gegen mich, ich weiß nicht, warum, vielleicht, weil er damit ins Leere gelaufen wäre. Aber ich habe nie versucht, ihn zu beruhigen. Ich wußte, sein Zorn erstickte in sich selbst. Ich brauchte nur abzuwarten. Das Blitzen seiner Augen (man kann es nur Blitzen nennen) hinter den Brillengläsern starb dahin und wurde durch einen Ausdruck ersetzt, den ich nie genau bezeichnen konnte. Nicht Reue, eher Verlegenheit. Er war ehrgeizig. Nicht ehrgeizig wie andere, nein, sein Ehrgeiz reichte weit darüber hinaus. Kleine Erfolge nahm er wie selbstverständlich hin, er beachtete sie nicht sonderlich, sein Ziel war der Ruhm, nicht der alltägliche Ruhm. Den hielt er für gegeben. Sein Ziel war der Ruhm, der über Zeit und Raum und Tod hinausging, weit hinaus. Er sprach ungehemmt darüber, ohne jede Selbstironie.

Einmal, gleich zu Beginn, wir gaben beide noch den ›Ruf‹ heraus, sagte er in einem größeren Kreis von Mitarbeitern und Freunden, er würde Thomas Mann nicht nur erreichen, sondern auch überflügeln, und das sei sein Ziel, berühmter zu werden als Thomas Mann. Jene, die damals um ihn herumsaßen, schwiegen verblüfft. Keiner sagte ein Wort, nur Fred spürte von diesem betretenen Schweigen nichts, er hielt es wohl für Zustimmung. Das alles war liebenswürdig, niemanden regte es auf, niemand sprach dagegen, seine Zuhörer taten, als würde es selbstverständlich einmal so sein. Ich erinnere mich an einen Satz, der mir nachgegangen ist und den ich noch heute im Kopf habe. Er hieß: »Einmal so berühmt sein, daß ich es als höchstes Glück empfinde, wenn ich durch eine belebte Gasse gehe und mich niemand erkennt.«

Nun, als diese Sätze gesprochen wurden, standen wir beide noch ganz am Anfang. Wir waren nicht mehr als zwei zurückgekehrte Kriegsgefangene, die noch einmal davongekommen waren. Wir waren weder Journalisten noch Publizisten, noch Schriftsteller. Eigentlich waren wir gar nichts. Nach sechs Jahren Soldaten- und Gefangenendasein schien die alte Welt für uns versunken, vergessen, nicht mehr erinnerungswürdig. Nun wollten wir ganz von vorn beginnen, eine neue, lebenswerte Welt mit aufbauen helfen. Unsere Vorstellungen waren ungenau, Sozialismus natürlich, Demokratie, junge Generation, die wir ansprechen wollten, und wir meinten damit alle jüngeren Kriegsteilnehmer, die jetzt nach und nach heimkehrten.

Unsere Redaktion befand sich in Krailling bei München. Sie bestand aus einem nicht sehr großen Zimmer, einem kleinen Vorraum, einem Schreibtisch und einem Kanonenofen. Fred arbeitete in der ›Neuen Zeitung‹ und kam fast jeden Tag vorbei. Dann gab es eine Art Redaktionssitzung, Fred und ich und eine damals in München bekannte Buchhändlerin, die die Funktion einer Redaktionssekretärin übernommen hatte. Alles war sehr ärmlich, bald fehlte dies, bald das, doch wir wußten uns zu helfen, wir waren ja Entbehrungen und Armut gewöhnt. Wir waren Optimisten, eine neue Zeit begann und eine düstere, zu düstere, war vorbei. Wir hatten sie überstanden, und jetzt sollte alles anders werden. Ein neues, vielleicht wunderbares Leben lag vor uns, wir waren voll großer Hoffnungen.

Fred und ich wurden schnell Freunde. Gemeinsam suchten wir nach einer Konzeption des ›Ruf‹, unserer Zeitschrift. Es gab Meinungsverschiedenheiten. Ich war für eine stärkere Kritik der Besatzungsmacht als er, aber wir einigten uns immer, größere Differenzen gab es nie. Er konnte schroff, ablehnend, störrisch sein, es hat mich nie irritiert.

Eines Tages nahm er mich mit nach Schliersee, wo seine Mutter wohnte. Sie war wie er, nur ihrem Alter entsprechend milder, ausgeglichener, harmonischer, aber auch sie konnte mit ihren Behauptungen genauso starrköpfig sein wie er. Dann liefen ihre Gesichter rot an, ja, man konnte zusehen, wie der Zorn in ihren Adern den Kreislauf beschleunigte, aber beide hatten die gleiche Art des Aufhörens. Man konnte geduldig darauf warten, ohne sich etwas zu vergeben. »Mutter Andersch«, so durfte ich sie bald nennen, war eine ›Dame‹ der alten Zeit. Ich glaube, sie war Österreicherin, für mich eine preußische Habsburgerin, groß, aufrecht, mit einer stets geraden Haltung, fast hager, aber nicht so, daß man sie hager nennen konnte. Ihr Mann, ein aktiver Offizier, war vor langer Zeit gestorben. Sie selbst sprach nie darüber, es war für sie wohl weit zurückliegende Vergangenheit. Sie hatte drei Söhne, und Fred war der zweitälteste. Von ihnen konnte man sagen, sie liebten und sie schlugen sich. Gerieten sie aneinander, so war es für jeden Unbeteiligten besser, rechtzeitig das Feld zu räumen. Aus minimalen Gegensätzen entwickelte sich dann schnell ein Streit, der, lautstark geführt, jede vernünftige Grenze überstieg. Doch dahinter verbarg sich Zuneigung, vielleicht Liebe, eine vertrackte Art von Geschwisterliebe, die für einen Außenstehenden nicht leicht zu begreifen war.

»Mutter Andersch« nahm das verhältnismäßig gelassen hin, manchmal versuchte sie zu schlichten, was ihr aber nur selten gelang. Es dauerte lange, ehe ich verstand, daß alle drei ganz und gar ihre Söhne waren, ausgestattet mit ihren Eigenschaften, mit ihrem Temperament, mit ihren Eigenarten und ihrem Engagement. Ja, sie konnte sich in einer bemerkenswerten Weise für Leute engagieren, die ihr gefielen. Sie war über jedes Maß hinaus gastfreundlich, immer war für uns ihr Tisch gedeckt, auch in der ersten Zeit des ›Ruf‹, in den Hungerjahren 1946/47. Fred hielt das alles für selbstverständlich, ja, manchmal erschien er mir wie ein jugendlicher Hagestolz, der aufrecht und unbeirrbar einer großen Zukunft entgegenschritt. Daran gab es keinen Zweifel, und er sprach es auch ohne jede Scheu aus. Einmal, es war in den letzten Monaten unseres ›Ruf‹, erklärte er mir, er wolle jetzt Schriftsteller werden und am Soundsovielten begänne er, ich glaube, es war der 1. März oder 1. April 1947.

Seine Laufbahn als Schriftsteller begann mit einem Stehpult, das er sich irgendwo besorgt hatte. Er könne, erklärte er uns, nur an einem Stehpult produktiv sein, Literatur entstehe für ihn am Stehpult. Wir rätselten vergeblich, welches Vorbild er wieder hatte, denn er brauchte immer Vorbilder, und er wechselte sie rücksichtslos aus, jeweils nach der Lektüre, mit der er gerade beschäftigt war. Sein größtes Vorbild war Thomas Mann. Aber der konnte es nicht sein, denn soweit wir wußten, hatte Thomas Mann nie an einem Stehpult gearbeitet. Und der andere, von dem es uns bekannt war, der Olympier aus Weimar, konnte es auch nicht sein. Er war kein Vorbild für Fred, und so vermessen war auch er nicht. An dem Tag des großen Anfangs schickte ich unseren Assistenten, zu dieser Zeit hatten wir schon einen Redaktionsassistenten, mit einem Geschenk zu ihm. Ich glaube, es war ein Strauß Feldblumen und, das weiß ich noch, ein großer Radiergummi, den ich irgendwo aufgetrieben hatte. Als der Redaktionsassistent zurückkam, erzählte er uns, Fred habe sich sehr gefreut, und dann feierten auch wir diesen Tag, als sei es unser eigener Aufstieg in die Gefilde des Ruhms. Schon an diesem Tag seines neuen Anfangs löste er sich unmerklich und vielleicht unbewußt vom ›Ruf‹. Die Literatur war für ihn wichtiger geworden.

Als kurz darauf der ›Ruf‹ verboten wurde, traf es ihn

wahrscheinlich weniger hart als mich und unsere Mitarbeiter. Er ging nach Frankfurt, und ich sah ihn den ganzen Sommer über nicht mehr. Er war auch nicht dabei, als im September am Bannwaldsee die ›Gruppe 47‹ entstand. Ich glaube, mein Versuch, den Kreis der ›Ruf‹-Mitarbeiter zusammenzuhalten und eine neue Zeitschrift zu gründen, hat ihn nicht interessiert. Er befand sich bereits auf seinem eigenen, sehr egozentrischen Weg, der mit dem Stehpult begonnen hatte.

Zur zweiten Tagung der ›Gruppe 47‹ aber kam er aus Frankfurt angereist, nun schon mit einer größeren Erzählung, die erste oder zweite, die er geschrieben hatte. Er war überzeugt von ihrer hohen Qualität, eine Meinung, die seine Zuhörer nicht teilten. Es kam zu der harschen Kritik, wie sie in diesen ersten Jahren üblich war, eine Kritik, die er zwar gern selbst wahrnahm, aber nur schlecht an sich vertrug. Ich saß neben ihm und sah ihm an, wie sehr er unter dieser Kritik litt. Er nahm sie nicht geduldig auf, sondern im Zorn, wenn auch schweigend, was für ihn wohl eine große Anstrengung war. Gleich darauf lief er hinaus. Erst am Abend im Rathaus von Ulm sah ich ihn wieder. Ich hatte ihn gebeten, vor einem größeren Kreis von Gästen seinen Essay ›Literatur in der Entscheidung‹ zu lesen, und hier hatte er Erfolg, was ihn sofort entspannte und wieder liebenswert machte.

Er brauchte, wie gesagt, immer Vorbilder. Einmal war es Thomas Wolfe, dann Faulkner, dann Hemingway, und jedesmal wurde der Einfluß des einen oder des anderen sichtbar. So war er in dieser frühen Zeit. Wir hatten damals fast keine Verbindung ins Ausland, alles mußten wir zusammensuchen, meistens mit Hilfe der amerikanischen ›Neuen Zeitung‹. Eines Tages, das war noch zur Zeit des ›Ruf‹, entdeckte Fred den Existentialismus. Er geriet sofort in überbordende Begeisterung. Irgendwo hatte er eine schmale Broschüre über den Existentialismus aufgetrieben. Ich erinnere mich nicht mehr an den Namen des Autors, es war ein Deutscher, der in Paris lebte. Zu dieser Zeit hatten wir noch sehr wenig Kontakte zu Frankreich. Fred genoß seine neuen Kenntnisse. Über Nacht wurde er zu einem glühenden Anhänger des Existentialismus. Meine Besuche in Schliersee wurden zu existentialistischen Unterrichtsstunden, Fred dozierte mit Argumenten, die weit über das hinausgingen, was in der Broschüre stand, er sprach oft mit verblüffenden Wendungen und Kenntnissen, die er nicht besitzen konnte. Obwohl ich das wußte, faszinierte es mich. Es war seine Art, sehr schnell etwas anzunehmen und es dann nach einer mehr oder weniger kurzen Periode wieder fallenzulassen. Wenn ich mich recht erinnere, blieb er dem Existentialismus nicht lange treu. Später erwähnte er ihn nur noch am Rande. Selbst im ›Ruf‹ fanden seine neuerworbenen Kenntnisse keinen Niederschlag, auch nicht in seinen Erzählungen, die er später in der ›Gruppe 47‹ las.

Er nahm auch an der dritten Tagung im April 1948 in Jugenheim teil, doch diesmal, ohne zu lesen. Statt dessen beteiligte er sich intensiv an der Kritik, was ihm offensichtlich viel Freude machte, ja, er führte etwas ein, was ich als zu schroff, zu brutal empfand. Wolfdietrich Schnurre las aus einem Roman, und je länger er las, um so mehr veränderte sich das Schweigen um ihn herum, es wurde zur Langeweile und zur Ablehnung. Ich wollte ihn nicht unterbrechen, ich saß neben ihm und hätte ihm ein Zeichen geben können, aber ich tat es nicht. Doch dann sah ich Fred, er saß nicht weit von mir entfernt, und er hielt den Daumen nach unten, für alle deutlich sichtbar. Schnell schlossen sich andere an, und nach kurzer Zeit hielten alle den Daumen nach unten, alle, die vor mir saßen. Es war eine klare Verurteilung, es hieß Schluß, abbrechen, sofort abbrechen. Fred hatte es durchgesetzt, und so blieb mir nichts weiter übrig, als Schnurre meine Hand auf den Arm zu legen und ihm zuzuflüstern: »Ich glaube, es ist genug«, und dann: »Guck mal auf, Wolfdietrich.« Er hob den Kopf und sah auf die vielen nach unten gerichteten Daumen. Es war kein erfreulicher Anblick für ihn, man sah es ihm an, aber er nahm es gelassen hin, er klappte sein Manuskript zusammen und sagte: »Ja, wenn es so ist, dann höre ich wohl besser auf.« Alle lachten, und er hatte trotzdem gewonnen, in einer Art gewonnen, die man sehr schätzte: das gelassene Hinnehmen der Kritik. Es war keine Niederlage.

In diesen ersten Jahren war Fred fast auf jeder Tagung dabei, er las nicht immer, und wenn er las, blieb der große Erfolg aus, er fand Zustimmung, aber keinen Enthusiasmus, vielleicht, weil seine Prosa nicht die Prosa dieser Jahre war, oder auch, weil seine Vorbilder durchschienen. Dann kam er immer seltener, er ließ wichtige, auch für ihn wichtige Tagungen vorübergehen, etwa die Tagung 1952 in Niendorf, an der Ingeborg Bachmann, Ilse Aichinger und Paul Celan teilnahmen. Er fühlte sich hingezogen zur ›Gruppe 47‹ und gleichzeitig abgestoßen. Er fand das, was ich da machte, einerseits gut, andererseits aber doch nicht ganz richtig. Jahrelang hielt er mit seiner Kritik zurück, manchmal war er verbittert, meistens, wenn es um ihn selbst ging, aber ebensooft nahm er auch Anteil wie alle anderen.

Eines Tages besuchte er mich in München. Es muß Mitte der fünfziger Jahre gewesen sein. Wir waren Freunde wie eh und je. Doch ich spürte, daß er mit mir etwas besprechen wollte, was ihn beschäftigte. Er hielt es lange zurück, und plötzlich, ganz unvermittelt, sagte er: »Weißt du eigentlich, was du da machst?« Ich begriff nicht gleich, was er meinte, aber er ließ keinen Zweifel, daß er über die ›Gruppe 47‹ mit mir sprechen wollte. Ich antwortete nach einer Weile des Schweigens: »Ja, ich denke.« Und er darauf: »In fünfzig Jahren ist das berühmt.« Ich wunderte mich über diesen Satz, bis dahin hatte ich noch nicht darüber nachgedacht, es war mir auch gleichgültig, ob Ruhm oder nicht, es ging um die Gegenwart, sie war mir wichtig, nicht eine ferne Zukunft. So antwortete ich: »Ja, das kann schon sein«, fühlte mich aber gleichzeitig geschmeichelt, daß er meine Arbeit so hoch einschätzte. Er hatte sich bis jetzt zurückgehalten, mir nie hineingeredet und nicht versucht, mich zu beeinflussen, ja, ich war mehr und mehr zu der Ansicht gekommen, er hielte das Ganze für eine verrückte Idee von mir. In keinem Gespräch mit mir hatte er die ›Gruppe 47‹ erwähnt. Die Art der Kommunikation, wie dort geübt wurde, paßte nicht zu ihm, sie entsprach nicht seinen Neigungen und seinem Charakter. Er war und blieb ein Einzelgänger, einer, dessen eigenes Ich im Mittelpunkt des Lebens stand. An diesem Tag war es anders, zum ersten Mal sprach er über die ›Gruppe 47‹, nicht nur ihr späterer Ruhm beschäftigte ihn, sondern auch die Fehler, die ich machte, er ließ durchblicken, daß ich das alles ohne klare Zielsetzung, vielleicht sogar mehr unbewußt als bewußt mache, es sei, so erklärte er mir, dringend erforderlich, ein Programm zu machen, ein literarisches natürlich, ein zeitgemäßes, mit Blick nach vorn natürlich, ein avantgardistisches Programm. Seine Vorbilder waren die ›literarischen Revolutionen‹ des letzten halben Jahrhunderts, die programmatischen und stilistischen Schulen, die einander abgelöst hatten. Über den Expressionismus, sagte er, müsse man zwar weit hinausgehen, ja, sich von ihm vielleicht ganz absetzen, aber eine neue Schule sei notwendig.

Ich widersprach ihm nicht, da ich ihm ansah, wie unbehaglich er sich bei seinem Vorschlag fühlte, er wollte mich nicht verletzen. In einer seltsamen Art befangen, war er aber doch überzeugt, mit seinem Vorschlag auf dem richtigen Weg zu sein. Vielleicht spürte er auch schon meine Ablehnung, während er sprach. Auf jeden Fall war er unsicher, er, der sich nie eine Unsicherheit anmerken ließ. Wir gerieten nicht in Streit, was doch nahegelegen hätte, wir stritten uns nie. Ich sagte nur, ich hielte das für völlig falsch, nach meiner Ansicht sei die Zeit der ›literarischen Revolutionen‹ vorüber, es gäbe kein Zurück dahin und auch kein Vorwärts unter den alten Fahnen, auch wenn wir diese neu ausschmücken würden, jetzt käme es auf die große Synthese an, ein Programm, heute aufgestellt, würde in wenigen Jahren schon wieder veraltet sein, daran sei nichts zu ändern. Alles andere sei Illusion. Wenn eine neue Schule in dieser Zeit möglich, ja, notwendig wäre, müßte sie sich zeigen, auch in der ›Gruppe 47‹, ja, gerade hier, wo ja alles offen sei. Herbeiwünschen oder herbeireden könne man sie nicht.

Mein Widerspruch gefiel ihm nicht, einen Augenblick lang verharrte er in seiner mir vertrauten und gewohnten Abwehrhaltung, er sagte nichts, aber in seinem Gesicht zeigte sich Mißbilligung. Er hielt mich wieder, wie so oft, ein wenig für dumm, nicht gerade für dumm im alltäglichen Sinn, sondern in einem höheren intellektuellen Sinn, vielleicht gegenüber seinen großen Vorbildern. Er konnte verletzend schweigen. Dann zog er etwas heftiger an seiner Pfeife, die er auch jetzt rauchte, er dachte nach über meine Argumente und wußte doch zugleich, daß er mich, was die ›Gruppe 47‹ betraf, nicht beeinflussen konnte. Es war, und ich sagte es ihm, ja eigentlich meine ganz eigene Sache, mein Privatvergnügen, wenn er wolle, und deswegen würde ich alles so weitermachen, wie es mir gerade gefiel, kleine Änderungen seien nicht undenkbar. Das Gespräch verlief sich, es versickerte, sein Gesicht blieb noch eine Weile frostig, ablehnend, und wer ihn nicht genau kannte, hätte sich vielleicht davor fürchten können. Aber ich wußte, er würde sich schnell wieder lockern. Man mußte nur warten können. Und so geschah es. Er sprach nicht mehr von der ›Gruppe 47‹, ja, er tat sie mit einem

Lachen ab, so, als sei sie ganz unwesentlich. Er kam auch später nie wieder darauf zurück. Ich wußte es, und ich hatte es schon vorher geahnt, er war mit dem, was ich tat, und wie ich es tat, nicht einverstanden. Das störte mich nicht. Bei den Beziehungen, die wir zueinander hatten, und unseren so unterschiedlichen, ja, entgegengesetzten Charakteren konnte es nicht anders sein.

Eines Tages entschied er sich, die Bundesrepublik zu verlassen und in die Schweiz zu ziehen. Er begründete es mir gegenüber mit den Refaschisierungstendenzen, die sich in dem Jahr der Wiederbewaffnung bemerkbar machten. Für ihn war dieser Umzug in die Schweiz eine Art Emigration, nicht eine Flucht, es gab nach meiner Ansicht keinen ernsthaften Grund dafür, ich dachte zu dieser Zeit an Widerstand, an schnelle Überwindung der aufkeimenden faschistischen Tendenzen. Wir hatten in München den ›Grünwalder Kreis‹ gegründet, eine Art demokratischer Feuerwehr, die solche entstehenden Brandherde schnell austreten und auslöschen sollte. Er hielt nicht viel davon. Er benutzte das Wort Emigration nur einmal, aber ganz selbstverständlich, er könne, sagte er, in diesem Land nicht leben, es sei ihm unerträglich. Es kam mir vor, als wolle er etwas nachholen, was er versäumt hatte, sozusagen nachvollziehen: die große Emigration aus dem Dritten Reich. Vielleicht hatte er dieses Versäumnis immer schmerzlich empfunden. Nun, verspätet, ging er. Für mich war es nur ein flüchtiger Eindruck, er hielt nicht lange an, doch er löste in mir Betroffenheit aus. Ich war ganz anderer Meinung als er, nach meiner Ansicht mußten wir bleiben, durften die Auseinandersetzungen nicht aufgeben. Gewiß, die Demokratie war noch nicht stabilisiert, noch war nichts entschieden, im Gegenteil, alles sprach zu unseren Gunsten, doch ich widersprach ihm nicht. Es war sein Entschluß, und ich hatte ihn zu respektieren.

In einer Frage, die damit zusammenhing, waren wir uns

nie einig gewesen, wenn wir auch kaum darüber gesprochen hatten. Er hielt das Volk, dem er angehörte, die Deutschen, für hoffnungslos verseucht, er liebte es nicht, und sein Entschluß, in die Schweiz zu gehen, war mehr als eine Umsiedlung, auch mehr als eine vorübergehende Emigration, es war eine Trennung, eine Scheidung. Ich weiß nicht, ob er noch Schweizer geworden ist, ich nehme es an. Es war der Sprung von einem belasteten Volk in ein unbelastetes. Ich glaubte dagegen, und war davon tief überzeugt, daß man sich von dem Volk nicht trennen kann, in das man hineingeboren wird, man gehört dazu, ob es einem immer paßt oder nicht. So sah ich alles einfacher, schlichter als er. Wo er komplizierte, psychologische Mechanismen sah, stellte ich oft nur Vorgänge fest, die nach meiner Überzeugung leicht zu bewältigen waren. Nach seiner Übersiedlung in die Schweiz sah ich ihn nur noch selten.

Nur zweimal kam er dann zu Tagungen der ›Gruppe 47‹, einmal, 1956 in Bebenhausen, brachte er einen jungen Mann mit, der mir durch seine modische Kleidung auffiel, später mit mäßigem Erfolg Gedichte vorlas und Hans Magnus Enzensberger hieß. Niemand kannte ihn. Er selbst las einen Essay, eigentlich gegen meinen Willen, aber er setzte sich durch, er wollte seinen Essay unbedingt vortragen. Wie so häufig, gelang es mir nicht, seinen Wunsch rundheraus abzuschlagen. Meine Einstellung gegen das Lesen von Essays war ihm bekannt, er hielt sie natürlich für falsch, aber ich blieb dabei. Essays führten zu Grundsatzdiskussionen, die den Rahmen der Gruppe sprengen konnten. Außerdem gab es zu dieser Zeit überall, bei jeder Zusammenkunft, auf allen Tagungen, bei allen Veranstaltungen Grundsatzdiskussionen, die sich nach meiner Ansicht längst totgelaufen hatten. Ich war ihrer überdrüssig geworden. Doch Fred las seinen Essay, ebenfalls mit mäßigem Erfolg, seine Zuhörer wußten nicht viel damit anzufangen, er war ihnen offensichtlich intellektuell zu sehr überhöht, zu »hochgestochen«, sagten später einige in der Pause, und ich weiß heute nicht einmal mehr, wovon er eigentlich handelte.

Jahre später auf einer Tagung in Berlin 1962 in den entscheidenden Tagen der Kuba-Krise – für viele stand der dritte Weltkrieg unmittelbar bevor, und Berlin war für sie eine Mausefalle – benahm er sich ganz anders. Anscheinend hatte er jeden intellektuellen Hochmut abgelegt, er gab sich wie jemand, der schon immer dazugehört hatte, er formulierte ein Protesttelegramm gegen die Verhaftung von Rudolf Augstein mit, aggressiv natürlich, sehr aggressiv, besuchte mit mir das Kleistgrab am Wannsee und war wieder der alte Freund, mit dem alles einmal im Juli 1946 angefangen hatte.

Auf dieser Tagung lernte er Günter Grass kennen, der zu dieser Zeit schon weltberühmt war, fünf Jahre nach der Tagung in Großholzleute, auf der er zum ersten Mal aus seiner ›Blechtrommel‹ gelesen und für diese Lesung den Preis der ›Gruppe 47‹ erhalten hatte.

Sein Verhältnis zu Grass war von vornherein von einer Animosität, die bei späteren Begegnungen ständig wuchs und die ich mir nur schwer erklären konnte. Diese Abneigung bestand zweifellos auf beiden Seiten, erschien mir aber bei Fred besonders ausgeprägt. Schon wenn er Grass nur sah, verschlechterte sich seine Laune zusehends, sein Gesicht wurde für mich um einen Schein dunkler, seine Lippen schlossen sich, als hätte es ihm die Sprache verschlagen, selbst seine Augen wurden mißlaunig, Unmut und Zorn stauten sich in ihm auf, und ich mußte jeden Augenblick einen Ausbruch befürchten. Grass benahm sich, seiner Natur entsprechend, ganz anders, doch auch er konnte seine Abneigung nicht verbergen. Er wußte mit Fred nichts anzufangen, er war ihm fremd, ein Mann, zu dem er nicht den geringsten Zugang fand. Gewiß, er gab sich lässiger als Fred, ungezwungen, aber auch seine Mißachtung war unverkennbar. Er ignorierte ihn, tat, als sei er gar nicht vorhanden und sprach nur mit mir, wenn Andersch danebenstand. Jede dieser Begegnungen, es waren nur wenige, war eine Qual für mich, jeder Versuch meinerseits, diese, fast möchte ich sagen, instinktive Abneigung zu überbrücken, war hoffnungslos, immer befand ich mich in der Defensive. Jedes Wort war überflüssig, es bewirkte nichts, es prallte ab in ihrer unbeugsamen Haltung gegeneinander. War der eine, so schien es mir, ein barocker Mensch, so war der andere mehr ein Mönch, den man sich gut im Mittelalter vorstellen konnte. Ja, für mich wirkte es wie die Begegnung zweier Epochen, die der diesseitigen Lebensfreude und die der asketischen Abstinenz. Für den einen war die Literatur etwas Abstraktes, Konstruierbares, ein Reich für sich, für den anderen aber war sie die Vitalität des unmittelbaren Lebens, ein nicht loslösbarer Teil von ihm. Erst später habe ich begriffen, daß sie sich gar nicht verstehen konnten, die Gegensätze waren stärker als sie. Auch wenn sie sich um Verständnis bemüht hätten, wäre ihnen dies nicht gelungen.

Diese wenigen Begegnungen zwischen ihnen liegen weit zurück, in den sechziger Jahren in Berlin, doch später steigerte sich Fred immer mehr in seine Abneigung hinein. Er machte kein Hehl daraus, daß er Grass für einen Karrieristen hielt, und er ging so weit, daß er diese Ansicht auf die ganze ›Gruppe 47‹ übertrug. Nun war sie nach seiner Ansicht ein Haufen von Karrieremachern, von denen einer immer den anderen zu überholen versuchte, und im Mittelpunkt dieses Karrierespektakels stand für ihn Günter Grass. Nur mich nahm er davon aus, mir ging es, so befand er, nur um die Literatur, nur mir allein, allen anderen aber nicht. Sie hatten nur ihr eigenes selbstsüchtiges Ziel vor sich. Natürlich sähe ich nicht, was um mich herum vor sich ging, ließe mich ausnutzen und sei in meinen eigenen Vorstellungen befangen.

Einmal, das war schon am Ende der ›Gruppe 47‹, und ich hatte mich längst entschlossen, irgendwie einen Abschluß zu finden, schlug er mir vor, eine Akademie aus ihr zu machen. Auf meinen Einwand, es gäbe doch schon genug Akademien, antwortete er, eine solche Akademie meine er nicht, sondern eine andere, ganz hoch oben angesiedelte Akademie, eine Art Olymp. Und wieder hatte er, wie so oft, ein Vorbild. Es war die französische Akademie. Ihm schwebte eine große Tradition vor, die man hier und heute aus der ›Gruppe 47‹ begründen könnte. Meinen Einwand, das sei nicht möglich und auch nicht wünschenswert, ließ er nicht gelten. Ich sagte, man könne etwas nicht nachahmen und schon gar nicht eine Akademie, die auf eine Entwicklung von dreihundert Jahren zurückblicke, so etwas sei zum Scheitern verurteilt. Wir saßen auf der Maximilianstraße in München, es war Sommer, und er war guter Laune, am fröhlichsten aber stimmte ihn sein eigener Einfall, damit hatte die ›Gruppe 47‹ für ihn so etwas wie eine höhere Weihe bekommen. Ich ging nicht weiter darauf ein, und später sprachen wir nicht mehr davon, wann immer wir uns begegneten.

Es waren nur noch seltene und meist flüchtige Begegnungen, er entfernte sich von mir und auch von dem, was wir einmal gemeinsam im ›Ruf‹ 1946/47 vertreten hatten. Oft schien es mir, als kehre er zurück zu dem Glauben seiner Jugend, zu einer Art Marxismus, den ich längst abgeschrieben oder für mich verändert und modifiziert hatte. Die Bundesrepublik war für ihn nicht mehr ein Land bürgerlicher Restauration, sondern schon so etwas wie der Vorhof einer neuen faschistischen Zeit. Er glaubte, dort schon den Geruch der Gasöfen von morgen wahrzunehmen. Ein Gedicht dieses Inhalts rief viel Unmut, Ärger und Widerstreit hervor. Vielleicht hatte er sich zu sehr isoliert, der Berg in der Schweiz, auf dem er lebte, hatte sich wohl zu einer Schallmauer für ihn ausgewachsen. Ich habe mich bemüht, ihn zu verstehen, aber ich verstand ihn nicht mehr. Noch kurz vor seinem Tod, ich glaube, ein Jahr zuvor, schrieb er mir, wir müßten uns unbedingt sehen, und lud mich zu einem Besuch in der Schweiz ein. Wir würden uns sicher streiten, schrieb er, das sei unvermeidlich, doch wir würden uns mit Sicherheit auch wieder verstehen. Für ihn war unsere Freundschaft unvergänglich.

Ich bin nicht gefahren. War es Unbehagen, waren es die zu groß gewordenen Gegensätze oder war es nur dies: Ich wollte mich nicht mit ihm streiten, ich wollte keine Mißtöne, keinen Mißklang in dieser Freundschaft, die mir in den ersten Jahren nach dem Krieg so viel bedeutet hatte. Es kann auch Angst vor seiner Krankheit gewesen sein, doch das gestehe ich mir nicht ein. Schon sehr früh sprach er von seiner Furcht vor dieser Krankheit, wir kannten uns erst wenige Monate, es war wohl 1946, kurz nach dem Erscheinen des ›Ruf‹. Wir gingen am Schliersee spazieren, und er erzählte mir von seinem Vater. Es muß der Frühherbst gewesen sein, ich sehe noch heute die herbstliche Färbung der Landschaft. Wir beide fühlten uns noch sehr jung, wir gehörten nach unserer eigenen Überzeugung der neuen hoffnungsvollen Generation an, und für diese Generation schrieben und arbeiteten wir. Noch ahnte keiner von uns, wohin uns dieser Weg einmal führen sollte, alles war Anfang, für ihn und für mich. Da begann er von seinem Vater zu erzählen und von seiner Furcht, einmal einem ähnlichen Schicksal ausgesetzt zu sein. Sein Vater hatte an Zucker gelitten und, wie er mir erzählte, viel durchmachen müssen, schließlich sei er mit fünfundsechzig Jahren nach einem langen Leiden gestorben, er denke mit Entsetzen daran zurück. Nun befürchte er das gleiche Schicksal. Vielleicht sei auch sein Leben schon mit fünfundsechzig zu Ende. Ich hörte ihm zu, ohne ihm zu widersprechen. Fünfundsechzig, das erschien mir unendlich weit entfernt, noch fünfunddreißig Jahre, eine Ewigkeit.

So weit zu denken, hatte wenig Sinn. Wer wußte denn, was dann sein würde, wir konnten es nicht einmal ahnen. Noch lebten wir in einer Welt der Trümmer, aus der es so bald kein Entrinnen geben würde. Dieses Entrinnen, das Überwinden dieser Zeit, würde, so glaubten wir, unser ganzes zukünftiges Leben anhalten und in Anspruch nehmen. Daran wollten wir uns beteiligen, das erschien uns als unsere Aufgabe, ja, wir waren besessen davon.

Wir hatten beide das Dritte Reich überstanden, ohne Konzessionen zu machen, wir hatten uns beide demütigen lassen, ohne nachzugeben. Ein sechsjähriger Krieg lag hinter uns, wir hatten ihn beide mitgemacht und waren doch heil davongekommen. Nun lag eine hellere Zukunft vor uns: keine Diktatur mehr, keine Despotie, keine Unterdrückung, keine menschenverachtende Brutalität. Nein, seine persönlichen düsteren Zukunftsvisionen berührten mich nicht, sie hatten nichts mit dem zu tun, was uns wirklich bewegte. Ich sprach davon, ich sagte, das alles sei ja eine ferne, sehr ferne Zukunft, die man sich nicht vorstellen könne und in der es diese Krankheit vielleicht gar nicht mehr geben würde, wer könne das schon wissen, eine solche Parallelität der Schicksale zwischen Vater und Sohn erschiene mir ganz unwahrscheinlich.

Er hörte mir zu, während wir am Schliersee entlanggingen. Es war seine Art des Zuhörens, sehr aufmerksam und doch skeptisch, und ich hatte den Eindruck, er wisse wieder einmal alles besser als ich. Doch plötzlich blieb er stehen, sah mich an und lachte. Es war ein Lachen, das ich sehr gern mochte, ein befreiendes Lachen, und diesmal befreite er sich damit von seinen düsteren Ahnungen. »Du hast recht«, sagte er, und dann sprachen wir nicht mehr davon, und er kam auch nie mehr darauf zurück. Doch er behielt recht. Er starb wie sein Vater mit fünfundsechzig Jahren und an dem gleichen Leiden.

Radfahren im Grunewald
Ingeborg Bachmann

Wann entstand der Radfahrclub? Es muß Mitte der sechziger Jahre gewesen sein. Er besaß nur drei Mitglieder. Das eine war Uwe Johnson, das zweite war Ingeborg Bachmann und das dritte war ich, der Präsident. Sie hatten mich beide gewählt, nicht durch Abstimmung, sondern durch Zuruf, denn ein Präsident mußte nach ihrer Meinung sein. Ich habe dieses Amt, soweit ich mich erinnern kann, nach bestem Wissen und Gewissen wahrgenommen.

Ein- oder zweimal in der Woche fuhren wir hinaus ins Grüne, und selbst gelegentlicher Schneefall im ausgehenden Winter hielt uns nicht zurück. Wir fuhren durch den Grunewald, Uwe Johnson voran, dann Ingeborg Bachmann, dann ich. Beide behaupteten, der Präsident müsse immer als letzter fahren, um seine beiden Mitglieder im Auge zu behalten. Es konnte nach ihrer Meinung ja etwas passieren, eine Panne, ein Sturz, ein Beinbruch oder sonst etwas. Ich tat, was meine Pflicht war, und strampelte hinter den beiden her. Uwe Johnson fuhr kraftvoll und schnell, was bei seiner Größe nicht verwunderlich war, Ingeborg Bachmann trat in die Pedale, nicht so kraftvoll natürlich, aber ehrgeizig, und ich versuchte, von hinten durch Zwischenrufe etwas Ruhe in das Tempo zu bringen. Pausen gab es nur selten. Nie suchten wir ein Restaurant oder ein Café auf, die es ja im Grunewald gab. Nein, wir waren besessen von unserer Radfahrerei.

Machten wir gelegentlich doch eine Pause, dann nur, weil Ingeborgs Atem schon etwas zu schnell ging. Rücksichtsvoll stieg dann Uwe von seinem Rad, sagte, er brauche eine Pause, Pausen müßten auch mal sein, aber man sah ihm an, daß eine solche Unterbrechung für ihn nicht notwendig war. Er war in einer seltsamen Art gegenüber Ingeborg galant, es war nach meiner Ansicht eine Variante pommerscher Galanterie, nicht gleich für jeden sichtbar, mehr versteckt als offen. Auch Uwe hatte in Pommern das Licht dieser Welt zum erstenmal erblickt, nicht weit von meinem Geburtsort entfernt, was mich mit ihm verband, wenn auch auf eine vertrackte Weise. Wir waren uns fremd und doch irgendwie vertraut, was wir uns beide nie eingestanden. Auch das ist vielleicht ein pommerscher Charakterzug. Später gab er sich als Mecklenburger aus, was ich ihm ein wenig übelnahm und nie recht glaubte. Als Radfahrer jedenfalls war er für mich ein Pommer.

Ingeborg war das gleichgültig. Sie konnte sowieso einen Mecklenburger nicht von einem Pommern unterscheiden. Die ganze nördliche Hemisphäre war ihr völlig fremd, für sie war eine Provinz wie die andere, und die Menschen erschienen ihr allesamt exotisch. Sie war eben Österreicherin, und für sie begann das wirkliche Leben erst südlich von Klagenfurt. Sie litt in Berlin, meistens fror sie, alles war ihr zu kalt, zu nüchtern, zu sehr ohne Leben, wie sie es sich wünschte. Es ging ihr auch nicht sonderlich gut. Der Arzt hatte ihr das Radfahren verschrieben, Bewegung war notwendig für sie, und so war der Radfahrclub entstanden. Es war ihre Initiative gewesen. Wir beide, Uwe und ich, hatten uns nur angeschlossen, aus Zuneigung vielleicht, aber wohl auch, weil wir selbst etwas Bewegung brauchen konnten. Ansätze zu einem Bauch waren bei Uwe erkennbar, und ich konnte bei mir selbst auch nicht darüber hinwegsehen. Wir tranken beide zuviel Bier, Uwe natürlich infolge seiner Größe etwas mehr als ich, ein Kasten war da oft kein Problem. Kamen wir von unserem Radausflug zurück in den literarisch-politischen Salon, den ich damals mit meiner Frau Toni in der Erdenerstraße betrieb, tranken wir zuerst Tee und dann doch wieder

Bier. Hier, in der Erdenerstraße, versammelten wir uns, es traf sich sozusagen der ganze Club, und dann fuhren wir los.

Der Grunewald war nicht weit entfernt, nur ein paar hundert Meter, wir fuhren am Bahnhof Grunewald vorbei, an einem Tattersall, an Reitern, die sich mühsam auf recht knochigen Pferden abplagten, und fühlten uns auf unseren Rädern weit überlegen. Sie waren neuester Bauart, zuerst hatte sich Ingeborg eines gekauft, dann ich, dann Uwe. Sie fuhren, wie Uwe einmal sagte, fast von allein. Man brauche, meinte er, nur zu treten. Bergauf war es schon etwas mühsam, aber der Grunewald hat ja keine Berge, und kleineren Hügeln fuhren wir meistens aus dem Weg. Uwe, unser Vormann, hatte einen sicheren Instinkt dafür, er fuhr solchen Hindernissen aus dem Weg, bevor wir sie wahrgenommen hatten. Dichteres Unterholz scheuten wir nicht. Unter herabhängenden Zweigen, die man aus dem Gesicht wischen mußte, fühlte auch Ingeborg sich wohl. Manchmal, wenn sie Kopfschmerzen hatte, was in dieser Zeit öfter vorkam, fuhren wir sehr langsam und warteten auf ein Zeichen von ihr, daß die Schmerzen nun vorüber seien und wir wieder schneller fahren könnten, was wir dann auch sofort taten.

Wenn ich so hinter Ingeborg herfuhr und auf ihren Rücken sah, eine scheinbar energische Frau und doch hilflos, mußte ich an unsere frühen Begegnungen denken, in Wien, in Niendorf, in Mainz. Sie waren weit entfernt und lagen schon über ein Jahrzehnt zurück, aber eine Frage war geblieben: War ihre Schüchternheit, ihre Hilflosigkeit echt oder war sie nur angenommen, nur gespielt, um Energie und Härte zu verdecken? Ich habe diese mir selbst gestellte Frage nie beantworten können. Manchmal erschien es mir so, manchmal so. Aber auch in Tagen größter Nähe war es mir nicht erklärbar. Wann immer sie in die Erdenerstraße kam, war sie beides, verdeckte Energie und rührende Hilflosigkeit. Sie wurde mit ihrem Leben nicht fertig oder, besser: das Leben wurde mit ihr nicht fertig. Sie suchte etwas, was es nicht gab und was sie niemals finden konnte. Einmal sagte sie mir, sie brauche einen Mann, der sein müßte wie ein Bettvorleger, aber wo sollte sie den finden, einen Bettvorleger von einem Mann? Und hätte sie ihn gefunden, sie wäre nie zufrieden gewesen. Ihre Nervosität und ihre stete Rastlosigkeit hätten sich nicht gelegt. Sie suchte, worüber sie nie sprach, nach meiner Ansicht einen idealen Partner, der viel zu hoch angesiedelt war. Das reale Leben gab ihn nicht her. Ihre Rastlosigkeit trieb sie umher, von einer Stadt in die andere, Berlin, Zürich, Wien, Rom, überall schien sie zu Hause zu sein und war doch nirgends zu Hause. In Wirklichkeit war sie immer allein.

Einmal, es muß Mitte der sechziger Jahre gewesen sein, saß ich mit ihr in dem Amphitheater von Taormina. Es war Mitte Dezember. Das Theater war leer, es gab zu dieser Zeit keine Touristen. An diesem Vormittag weinte sie. Etwas war geschehen, was sie mir nicht mitteilen konnte oder wollte. Sie sagte nur: »Du kannst dir ja nicht vorstellen, was mir passiert ist.« Ich fragte sie nicht, vielleicht auch, weil ich es nicht wissen wollte. Sie sprach nur von sich, davon, daß sie immer allein sei und mit allem selbst fertig werden müsse, und das sei schwer, zu schwer für sie. Ihre Tränen von damals in dieser halbverfallenen antiken Welt haben mich nie ganz verlassen. Wir saßen ganz oben auf den Steinbänken und sahen hinab auf die ehemalige Bühne ganz unten, und ich hörte, während sie weinte, dem Meer zu. Nein, ich tröstete sie nicht, ich fand auch nicht die Worte, die sie hätten trösten können. Mein Trost, das wußte ich, war überflüssig, er hätte nichts ändern können.

Wenn ich heute an sie zurückdenke, sind da viele Punkte, Begegnungen, Gespräche, Ereignisse. Sie sind wie Blitzlichtaufnahmen der Erinnerung, die keinen Zusammenhang haben. Manches ist verwischt, undeutlich, unklar, anderes um so klarer, um so deutlicher: der Radfahrclub, dieser Tag in Taormina, unsere erste Begegnung, ihre Gedichte, die sie mir auf den Tisch legte, andererseits aber verschämt verbarg. Alles schien mir damals, zu Beginn der fünfziger Jahre, an ihr etwas verworren zu sein, ihre Sprache, diese schüchterne, leise, oft stockende Sprache, die Art, wie sie sich gab, bald bestimmt, bald verunsichert, ja, selbst ihre Bewegungen schienen mir manchmal unkontrolliert, so, als triebe sie eine chaotische Kraft an, die nicht feststellbar war. Das Unbewußte lag immer im Widerstreit mit dem Bewußten.

Einmal, im Juni 1952 in Wien, wir hatten einen Cabaret-Abend besucht und gingen hinterher noch in ein Café, saß sie mir gegenüber und sprach mit mir über ihre Bekannten, die in dem Cabaret aufgetreten waren. Doch plötzlich war sie nicht mehr da, sie saß mir gegenüber und war doch nicht da. Sie brach mitten im Satz ab und entfernte sich. Sie lief davon oder etwas in ihr lief mit ihr davon. Es geschah so plötzlich, daß auch mir die Sprache versagte, ich verstummte, jedes Wort, das spürte ich, war unangebracht. Es hätte sie nicht erreicht, es konnte sie nicht erreichen. Ich saß da und wartete, wartete auf ihre Rückkehr, obwohl sie mir doch gegenübersaß, auf der anderen Seite des runden Tisches, ihr Gesicht nur einen halben Meter von mir entfernt. Ich sah sie an und sie sah mich an, ja, sie sah mich an, aber ihre Augen sahen mich nicht, nahmen mich nicht wahr, sie sahen etwas anderes, etwas, von dem ich nichts wußte, und was ich nicht wahrnehmen konnte. Den Ausdruck ihrer Augen kann ich nicht beschreiben. Selbst wenn ich es wollte, ich könnte es nicht. Mir fehlen die Worte dafür. Ich hätte aufspringen und davongehen können, ich glaube, sie hätte es nicht bemerkt.

Als sie zurückkam, und sie kam nach wenigen Minuten zurück, sprach sie wieder wie vorher, ganz selbstverständlich, so, als sei nichts geschehen, und es war ja auch nichts geschehen. Wir saßen immer noch an dem gleichen Tisch, auf der kleinen Terrasse des Cafés, umgeben von einer überaus milden Juninacht, sprachen über ihre Wiener Bekannten, die ich in dem Cabaret kennengelernt hatte, über ihre Auftritte, ihre Songs, ihr Können oder Nichtkönnen, alles war neu für mich, damals zu Beginn der fünfziger Jahre in dieser noch viergeteilten Stadt. Sie mochte Wien nicht, es war für sie eine sterbende Stadt, von der sie sagte: Sie stirbt bis in alle Ewigkeit dahin. Oft fragte sie mich, ob ich das nicht spüre, dieses allnächtliche Sterben, nicht qualvoll, sondern lustvoll. Sie war wenige Jahre zuvor nach Wien gekommen, aber sie hatte Wien nicht erobert und Wien hatte nicht sie erobert.

Manchmal sprach sie von ihren Wiener Jahren wie von einer Leidensgeschichte. Sie hatte nicht die Anerkennung gefunden, die sie suchte, einmal benutzte sie das Wort »Trampel«. Man habe sie für einen »Trampel« aus Klagenfurt gehalten. Gewiß, sie war noch völlig unbekannt, ihre Gedichte, von denen nur wenige veröffentlicht waren, hatten keine Resonanz gefunden, nicht die Beachtung, die sie auch nach meiner Ansicht verdienten. Einmal führte sie mich in den Prater, ja, sie führte mich, denn ich kannte mich in Wien nicht aus. Es war ein Sonntag, ein Junitag. Wir fuhren mit dem Riesenrad, und mir ging das Harry-Lime-Thema durch den Kopf, der Film ›Der dritte Mann‹ lag noch nicht lange zurück, und so, als seien meine Gedanken auf sie übergesprungen, sprach sie plötzlich davon, sie erzählte von den letzten Jahren in Wien, von dem »Sichdurchschlagen«, von den vier Besatzungsmächten, ›Vier in einem Jeep‹, von der Korruption, der Bestechlichkeit. Sie sprach das alles stockend aus, als belaste es sie, manchmal wegwerfend, selten ironisch, Ironie lag ihr nicht. Aber sie blieb fröhlich, gut gelaunt.

Es war ein besonderer Tag, ihr Geburtstag, der fünfundzwanzigste. Ich hatte sie am Vormittag von ihrer Wohnung abgeholt, und jetzt fuhren wir Riesenrad. Es war ihr Wunsch gewesen, an diesem Tag Riesenrad zu fahren. Auch dieser Tag ist in meinen Erinnerungen eine jener Blitzlichtaufnahmen, die sich plastisch von allen anderen abheben. Ich sehe sie dort stehen, in der Gondel, mir gegenüber, wir beide allein und hinter uns und vor uns nur leere Gondeln. Unter uns der Prater, weit unten, und rings um uns nur Sonne, strahlende Junisonne. Vielleicht wollte sie davonfliegen, weg aus Wien, einer Stadt, die sie nicht liebte und von der sie nicht geliebt wurde. Ich glaube, ich habe es damals so empfunden.

Und da ist eine Steilküste, es ist Abend, fast Nacht. Wir können das Meer nicht sehen, nur hören. Für sie ist es hoch im Norden, weit nördlich, zu weit, – für mich nicht. Ich verstehe sie nicht ganz. Es ist, als sei hier allein die Brutalität der Vergangenheit zu Hause gewesen. Sie spricht es so nicht aus, ich ahne es nur so, es ist die Angst von gestern, die sie ins Heute überträgt. »Die Menschen«, sagt sie, »sind doch noch dieselben«. Sie hat recht, es sind noch dieselben, es ist alles noch nicht lange her, der Zusammenbruch des Dritten Reiches, das Ende des Krieges. Ihr Verhältnis zu dieser Vergangenheit ist nicht haßerfüllt, es ist eher melancholisch, voller Angst, fast eine metaphysische Angst. Die Wiederkehr des gleichen, das beunruhigt sie. Ich versuche nicht, es ihr auszureden, jedes Wort, ich weiß es, wird ihr gegenüber nur banal, nur vordergründig klingen, ihre Furcht hat nichts mit meinen Zweifeln zu tun, sie denkt nicht politisch wie ich. Sie erzählt von sich selbst, von ihrer Kindheit. »Als Kind haben meine Eltern mich für schizophren gehalten.« Sie lacht darüber, sie sagt: »Die Grenze des Bewußtseins ist durchlässig«, und ich spüre, daß sie oft an dieser Grenze ist, ja, ich weiß es vielleicht schon. Und ich weiß es doch nicht, ich kann ihr nicht folgen, wenn sie sich entfernt. Ihre Gedanken springen zu schnell. Manchmal, denke ich, tanzen sie. Sie spricht von der Existentialphilosophie, von ihrem Examen, das sie über Martin Heidegger gemacht hat, und ich erfahre einiges aus ihrem Leben, was mir nicht bekannt ist, ja, sie versucht, mir ein paar philosophische Lehrsätze zu erklären, die sie anscheinend beschäftigen.

Ich verstehe nicht alles und gebe mir auch keine Mühe, es zu verstehen.

Alles, was sie sagt, spricht sie sehr leise aus, manchmal zu leise, manchmal stockend, sie will nicht von sich sprechen, ich spüre es, und spricht doch von sich. Auch in ihren Ansichten zur modernen Philosophie steckt sie selbst, lebt sie selbst, ich nehme es wahr, ohne es wahrnehmen zu wollen. Sie vergißt den Norden, vor dem sie Furcht hat, und auch die Gegenwart, das Meer zu unseren Füßen, das nicht sichtbare und doch ständig vorhandene Meer, und die Nacht, die immer tiefer wird. Sie ist, so scheint es mir, ganz in sich selbst gefangen. Es ist fast hell, als wir die Steilküste verlassen, sie friert ein wenig, aber plötzlich verändert sie sich, es ist, als schüttle sie die Gespräche von sich ab, mit denen wir die Nacht vertan haben, sie lacht, ist fröhlich und springt vor mir her wie ein junges, der Kindheit noch nicht entwachsenes Mädchen.

Sie konnte sich überraschend schnell verändern, doch das spürte man erst, wenn man sie näher kennenlernte. Als ich sie zum erstenmal sah, ist sie mir nicht einmal aufgefallen, sie war für mich irgendein junges Mädchen, apart vielleicht, nicht besonders hübsch, schüchtern, still und schweigsam. Sie fiel mir nicht auf, ja, ich beachtete sie kaum, sie saß auf einem Sofa in Ilse Aichingers Wohnung in Wien und hörte uns zu, Ilse Aichinger und mir. Es war viel Zuneigung, viel Freundschaft in unserem Gespräch, nur Ingeborg Bachmann nahm nicht daran teil. Sie blieb wie ausgeschlossen, ein stummer Teilnehmer, den ich kaum bemerkte. Auf die Idee, daß sie Gedichte schrieb und vielleicht darauf wartete, ebenfalls zu der Tagung eingeladen zu werden, kam ich nicht.

Erst einige Tage später wußte ich, und heute ist es mir voll bewußt, daß ihre ganze Energie auf diesen einen Punkt gerichtet war. Erst als ich ihre Gedichte kannte und wußte, mit wem ich es zu tun hatte, mit einem noch völlig unbekannten Talent, ja, vielleicht einer großen Begabung, veränderte sie sich und wurde in manchen Augenblicken übermütig und fröhlich. Dann trank sie viel, ihr Stummsein löste sich auf, und ich konnte zusehen, wie ihre Hemmungen davonflatterten und wie ein anderer Mensch aus der Schale, hinter der ich alles mögliche vermutete, hervorkam, aus der Verzweiflung vielleicht, aus dem Irresein an sich selbst und ihrer Umgebung, an dem Leben und an der Welt.

Vielleicht war sie immer einsam, vielleicht lebte sie in einer Art von Einsamkeit, die für andere, Außenstehende, auch wenn sie sich als Freunde fühlten, nur schwer begreifbar und erklärbar war. Ihre Stunden des Übermuts waren Ausbrüche, immer wiederholte Ausbrüche aus der Zwangsjacke ihrer Einsamkeit. Doch dann kroch sie wieder zurück, zurück in sich selbst, und man konnte zusehen, wie es geschah. Begriffen habe ich dies erst sehr viel später, über ein Jahrzehnt später, als wir schon im Grunewald radfuhren. Zu jener Zeit aber, nach unserer ersten Begegnung, hatte ich nur ein Interesse: sie zu fördern, ihre Begabung zu unterstützen.

Vier Wochen später, nach unserer ersten Begegnung, nahm ich sie mit nach Niendorf, zur Tagung der ›Gruppe 47‹. Wir fuhren mit einem Autobus. Die beiden Frauen, Ilse Aichinger und Ingeborg Bachmann, saßen neben mir, ich in der Mitte, die eine links, die andere rechts. Die Fahrt war ermüdend lang, manchmal schliefen sie beide ein. Dann lagen ihre Köpfe auf meinen Schultern. Ingeborg Bachmann fuhr ihrer Zukunft entgegen, ihrem schnellen

Aufstieg. Ich ahnte es, wenn auch unsicher, eine Gewißheit gab es nicht. Und vielleicht ahnte auch sie es. Ich kannte schon ihre Sensibilität, ihre empfindsamen seelischen Reaktionen, die sie zu überspielen versuchte, ihre Ahnungen, von denen sie selten sprach und die sie auch vor mir verbarg. Nur hier und da erzählte sie davon. Einmal, ich weiß nicht mehr, wann, sprach sie von ihrer Zukunft. Ihr Leben, sagte sie, würde nur kurz sein, ein langes Leben sei ihr nicht beschieden, das wisse sie genau, und eigentlich wolle sie es auch gar nicht, das Altwerden, das Sich-selbst-Überleben. Es war keine Todessehnsucht, nicht die Suche nach dunklen Horizonten, nein, sie sprach es aus, wie eine selbstverständliche Feststellung. Meinen Widerspruch nahm sie gelassen hin, sie fand ihn unwichtig, albern, zu vordergründig, ein Widerspruch gegen etwas, was nicht zu ändern war und worüber man nicht weiter sprechen mußte. Und doch gab es Stunden der Verzweiflung, Zusammenbrüche, ihre Tränen in Taormina, ihre Klagen über Menschen, die sie nicht verstanden oder nicht verstehen wollten. Und jedesmal suchte sie einen Ausweg bei neuen Freunden, die vielleicht keine waren. Je größer ihre Erfolge wurden, um so mehr solche wahrscheinlich falschen Freunde fanden sich ein.

Als wir nach Niendorf an die Ostsee fuhren, war alles noch Anfang, ja, noch vor dem Anfang, und heute, in der Erinnerung, kommt es mir vor, als hätte ihr Leben erst dort begonnen. Sie hatte Angst vor ihrer ersten Lesung in diesem Kreis, mehr Angst, als ich vermuten konnte, aber sie sprach nicht davon, erst, als alles vorüber war, erzählte sie es mir. Ihre Ohnmacht gleich nach der Lesung war nicht gespielt. Die innere Erregung war übermäßig geworden und hatte sie in die Ohnmacht getrieben. Sie las ihre Gedichte zum Schluß nicht mehr selbst, sie konnte es nicht, ihre Stimme wurde von Gedicht zu Gedicht immer leiser und versagte schließlich ganz. Dieser Vorgang wiederholte sich ein Jahr später in Mainz. Dort saß sie neben mir, las mit der gleichen stockenden, gehemmten und scheinbar immer wieder versagenden Stimme, und ihre Gedichte flatterten um sie herum. Die Blätter fielen lautlos zu Boden, lagen durcheinander auf dem Tisch, und manchmal warf sie ein Blatt so energisch beiseite, daß es in den Raum segelte.

Ihre Lesung glich einem chaotischen Vorgang, wobei, so schien es mir, sie einerseits den Tränen nahe war und andererseits von einer unbestimmbaren Energie getrieben wurde, einer Energie, die nicht sichtbar, nicht erkennbar war. Ihre Stimme war dabei so lyrisch wie ihre Gedichte, dunkel melodisch und so leise, daß jeder sich anstrengen mußte, sie zu verstehen. Ihre Lesungen waren immer ein Ereignis, jedenfalls für mich. Ich saß neben ihr und zitterte gleichsam innerlich mit, ob sie es auch durchhielt, ob nicht wieder ihre Stimme versagte, ob sie in dem Durcheinander ihrer Blätter auch jeweils das Gedicht fand, das sie lesen wollte, ja, ob die Pausen, die sie entstehen ließ, sich nicht zu Minuten der Sprachlosigkeit ausdehnten. Es war ein Auftritt, eine Szene, gewiß, aber sie war nie gespielt, nie gewollt, wie einige ihrer Zuhörer annahmen. Das war sie selbst, die dort neben mir saß, immer sie selbst. Sie wäre gern anders gewesen, als sie war: klar, deutlich, mit sicherer Stimme lesend. Es war ihr nicht gegeben.

Die Unsicherheit, das Chaotische, das Leise, Verlorene, Schüchterne, es war wohl die Haut, die sie schützte. Dahinter verbarg sie sich. Doch ich glaube, sie hat nie an ihrer Begabung gezweifelt, auch nicht in Stunden der Depression. Ihre Welt war nicht die Welt der Realitäten, die sie zwar sah und zu beurteilen versuchte, die ihr aber fremd war und wahrscheinlich immer fremd geblieben ist. Sie war vielleicht auf einer ständigen Flucht vor dieser Welt, wobei das Fliehende, das Davongehen, das Verlassen, den beständigsten Eindruck auf mich gemacht hat. So war es geographisch, und so war es mit den Menschen, ging sie hier von einem Land oder einer Stadt in die andere, so wohl auch von einem Menschen zu einem anderen. Nirgends war für sie der Mittelpunkt, die Ruhe, vielleicht sogar die Harmonie, die sie brauchte, nach der sie strebte und die sie nicht fand. Ich weiß nicht, wie viele Enttäuschungen sie hinter sich gebracht hat. Es müssen viele gewesen sein. Doch sie war zäh. Es war eine seltsame Art von Zähigkeit. Aus jeder Enttäuschung rappelte sie sich wieder heraus, um einer neuen entgegenzuleben. Manchmal hatte ich den Eindruck, sie wünschte sich nichts anderes, als eine einfache Frau zu sein, Eheleben, Kinder, das kleine Glück des Alltags. Sie sprach davon, nie wegwerfend, nie überheblich, nur mit etwas Spott, so, als spotte sie über sich selbst.

In den ersten zehn Jahren nach ihrem Erfolg in Niendorf war sie auf allen Tagungen der ›Gruppe 47‹, las fast immer und hatte immer wieder Erfolg. Ja, ihre Identifizierung mit der ›Gruppe 47‹ ging so weit, daß einige Kritiker sie als die »First Lady« der ›Gruppe 47‹ bezeichneten, natürlich spöttisch, natürlich ironisch, und doch voller Zuneigung.

Auf einer Tagung 1959 auf der Elmau las sie ihre Geschichte ›Alles‹ und fand nur Zustimmung, mehr Jubel als Kritik. Als diese Tagung beendet war und ich als letzter abfahren wollte, kamen ein paar weibliche Angestellte mit einem Nachthemd. Dies, sagten sie, sei das Nachthemd der Ingeborg Bachmann. Sie hätten es in einem anderen Zimmer gefunden, wüßten aber genau, es gehöre ihr, das Zimmermädchen hätte es wiedererkannt. Eines der Mädchen trug das Nachthemd auf beiden Armen und hielt es mir hin, wie ein Wunderding, wie eine Reliquie oder etwas Ähnliches. Ich sagte: »Schicken Sie es ihr nach.« Aber sie wollten es behalten, um es vielleicht hinter Glas aufzubewahren: »Das Nachthemd der Ingeborg Bachmann.« Ich weiß heute noch nicht, ob sie es behalten haben.

Ja, sie war vergeßlich, sie vergaß immer etwas, von einem Nachthemd hatte ich es noch nicht gehört, jedoch von anderen Gegenständen. Sie versäumte Züge, weil sie die Abfahrtzeiten durcheinanderbrachte, sie versäumte Termine, obwohl sie sich diese notiert hatte, aber die Notizzettel nicht wiederfand, unter Umständen kam sie auf einem verabredeten Treffpunkt gar nicht an, weil sie ganz woanders hinfuhr und erst dort ihren Irrtum entdeckte. Doch sie kam immer an, in einer vertrackten Art gelang ihr alles. Im Grunewald, zur Zeit unseres Radfahrclubs, wunderte ich mich manchmal, daß ihr Rad nicht zusammenbrach, die Speichen nicht aus den Felgen sprangen, die Reifen nicht platzten, immer erwartete ich irgendein Malheur, ein kleines wenigstens – aber es geschah nichts. Ihr Fahrrad hielt alle Strapazen aus, schien immer sorgfältig gepflegt, so, als sei ein dienstbarer Geist für sie tätig. Sie erschien pünktlich an den vereinbarten Treffpunkten und hielt alle Verabredungen ein. Vielleicht waren es die Anordnungen ihres Arztes, der ihr das Radfahren ja verschrieben hatte, die das bewirkten.

Gewiß, sie war kein geborener Radfahrer. Aber wer ist das schon, Uwe Johnson und ich waren es auch nicht, wir waren Laien, keine Rennfahrer, keine Experten. Ihr mußte es Vergnügen bereiten. Auch wenn wir schnell gefahren waren, schien sie hinterher nicht abgespannt, nicht ausgepumpt und nicht abwesend. Hier in unserem Club war sie ganz Realistin, immer gegenwärtig, immer ganz da. Die Augenblicke ihrer Verwirrung, die ich zu dieser Zeit schon gut kannte – hier blieben sie aus, hier war sie nicht hilflos, wie sonst so häufig.

Ja, ihre Hilflosigkeit, von der viele glaubten, sie sei nur vorgetäuscht. Nein, sie war es wohl nicht. Ich erinnere mich an eine Tagung am Starnberger See 1957. Sie las ein Gedicht, es hieß ›Liebe dunkler Erdteile‹. Ein Kritiker hatte wohl ›Lieber dunkler Erdteil‹ verstanden und kritisierte es heftig in dem Glauben, das Gedicht sei in Afrika angesiedelt. Andere griffen ein, und es entspann sich eine heftige Debatte. Sie aber saß dort auf dem Stuhl neben mir und klärte das Mißverständnis nicht auf, sie war hilflos, fand keine Worte und verstand wohl die ganze mit soviel gegensätzlichen Argumenten geführte Diskussion nicht. Wahrscheinlich hörte sie gar nicht zu oder konnte nicht zuhören. Sie war wieder irgendwo, fort von denen, die vor ihr saßen und sich bis zur Beleidigung stritten. Natürlich gab es ein allgemeines Gelächter, als sich der Irrtum aufklärte, nur sie lachte nicht mit, weil sie – das war mein Eindruck – gar nicht wußte, was um sie herum geschah. Sie hatte sich losgelöst von ihrem eigenen Gedicht.

Ihre Verwunderung und Bewunderung hoben sich gegenseitig auf oder, anders gesagt, ergänzten sich. Wo sie verwundert war, begann oft die Bewunderung. Keine andere Frau hat sie so sehr in Erstaunen gesetzt und eine so große Bewunderung ausgelöst, wie Anna Achmatowa, die russische Lyrikerin. Gewiß, sie war eine imponierende Frau, sie verkörperte auch für mich Rußland, man konnte sie für die erste Frau Rußlands halten, eine Zarin, eine regierende Fürstin, wenn auch nur im Bereich der Literatur. Sie bekam in Taormina den Prix Italia, ein internationales Ereignis, an dem zahlreiche europäische Schriftsteller teilnahmen. Ingeborg war ihre ständige Begleiterin in Italien, ja, sie wich fast kaum von ihrer Seite. Die Schriftsteller lagen Anna Achmatowa zu Füßen, sie standen in einer langen Schlange an, um sich bei ihr vorstellen zu lassen, sie küßten ihr die Hand mit einer tiefen Verbeugung, und selbst die Mitglieder einer sowjetischen Delegation benahmen sich so, als hätten sie wirklich ihre Zarin vor sich.

Am Abend dieses Tages las sie aus ihren Gedichten vor. Sie las mit einer großen, tiefen, rollenden, fast möchte ich sagen, grollenden Stimme. Es war wie ein Gewitter, das über die Zuhörer hinzog. Die internationalen Schriftsteller aus England, Frankreich, ja, sogar aus Island, aus Italien und Rußland saßen alle mit geduckten Köpfen da und hörten ihr zu. Es war mehr als eine Vorlesung. Es war eine religiöse Andacht. Als sie geendet hatte, geschah etwas für mich Unerwartetes. Anna Achmatowa saß an einem langen Tisch in der Mitte, rechts und links von ihr die Vorsitzenden des Preisrichterkollegiums, und plötzlich stand Ingeborg Bachmann hinter ihr und las ein Gedicht auf sie vor, ein Gedicht der Verehrung für Anna Achmatowa. Es war ein erstaunlicher Anblick für mich. Die auch im Sitzen noch große und stattliche Achmatowa, ihr großflächiges Gesicht, und dahinter, unmittelbar über ihrem Kopf, das Gesicht der Ingeborg Bachmann, zwei Lyrikerinnen mit so unterschiedlicher Ausdruckskraft, die sich völlig wesensfremd sein mußten. Ingeborg las anders als sonst, nicht gehemmt, stockend, verwirrt. Sie hatte sich anscheinend lange auf diese Stunde vorbereitet. Und Anna Achmatowa bedankte sich, bedankte sich mit einem Neigen des Kopfes. Es war ein gnädiges, fast majestätisches Danke. Die Mitglieder der russischen Delegation waren außer sich vor Begeisterung, und dies, obwohl Anna Achmatowa bei ihrer höchsten Führung in Ungnade war und in der Sowjetunion ein Leben im Abseits führte.

Kurz darauf fand ein Fest zu ihren Ehren statt, ein Fest, das durch die Teilnahme von hochgestellten Sizilianern mit ihren Damen zu einem Fest der Brillanten und Perlen wurde. Nun war auch Ingeborg Mittelpunkt, sie gab sich so sicher, als sei ihr diese Art Gesellschaft nicht wesensfremd. Alles schien von ihr abgefallen, sie war elegant gekleidet, sie trug ihre Haare anders als sonst, offen und auf die Schultern fallend, sie war nicht weniger mondän als die sizilianischen Damen. Sie hatte mit ihrem Gedicht die Zuneigung aller erworben, besonders die der Russen, und so saß sie neben Anna Achmatowa, die erste Hofdame einer Königin. Doch als das Fest zu Ende ging, brach alles wieder zusammen, blieb nicht einmal die Fassade stehen, die sie sich so glanzvoll aufgebaut hatte, zeigten sich wieder der Schmerz, der Kummer, zeigte sich die Einsamkeit, in der sie wirklich lebte. Das Flitterwerk der Eleganz verschwand, löste sich auf, und was blieb, waren wiederum Tränen, wie am Tag zuvor im Amphitheater. Ich konnte sie nicht trösten, die Worte, die ich fand, versagten. Sie war unglücklich, zu unglücklich für tröstende Worte und mit ihrem Unglück allein. Ich saß ihr gegenüber, nun genauso hilflos, wie sie es so häufig gewesen war. Sie hielt ihr ganzes Leben für wertlos, sie hatte es vertan, weggeworfen, nicht gelebt, wie sie vielleicht hätte leben können. Es war ein Zusammenbruch und wohl mehr als das: Es grenzte an die Absicht, ein Ende zu finden, die Qual und die Last ihres Lebens schienen ihr zu groß. Ich sprach von ihren Erfolgen, von dem großen Ansehen, das sie genoß, aber alle meine Worte gingen ins Leere, sie erreichten sie nicht.

Ich habe sie nach dieser sizilianischen Nacht nicht wiedergesehen, sie blieb für mich wie verschollen, in Rom verschollen. Sie kam nicht mit nach Amerika, zu einer Tagung der ›Gruppe 47‹ in Princeton. Sie habe, schrieb sie mir, sich den Fuß verstaucht und liege im Bett. Sie bedauerte es, aber ihr Bedauern war vielleicht nicht echt. Sie kam, ein Jahr später, nicht zur letzten Tagung der ›Gruppe 47‹ in die Pulvermühle, es interessierte sie wohl nicht mehr. Und doch war sie es gewesen, die mich ein Jahrzehnt früher überredet hatte, die ›Gruppe 47‹ nicht aufzugeben. Damals war ich müde geworden, glaubte, ich hätte schon genug getan und die Zeit der ›Gruppe 47‹ sei beendet, wenn nicht schon überschritten. Aber sie redete auf mich ein, daß ich es unbedingt weitermachen müßte. Und sie konnte sehr zäh sein, wenn sie etwas durchsetzen wollte. Für sie hatte die ›Gruppe 47‹ eine andere Bedeutung als für mich, für sie waren diese Zusammenkünfte ein Motor, eine ständige Antriebskraft, vielleicht eine überdimensionale Schule.

Als ich sie einmal am Telefon fragte: »Wo stecken denn die anderen, ich höre von niemandem etwas«, antwortete sie: »Die machen ihre Schularbeiten.« Und als ich nicht gleich begriff, was sie meinte, fuhr sie fort: »In vier Wochen ist doch die Tagung der Gruppe. Begreifst du das nicht?« Es war mir neu, was sie sagte, in dieser Klarheit hatte ich es noch nicht gesehen: den Ehrgeiz, den Wunsch eines jeden, besser zu sein als der andere, der Erste vielleicht unter Ersten, die Rivalität. Sie sah es so! Konkurrenzverhalten in der Literatur, eine Triebkraft, die das Niveau der Lesungen in die Höhe trieb. Manches sah sie klarer und deutlicher als ich. Wo ich nur Bewegungen sah, sah sie Einzelheiten, wo für mich Vordergrund war, nahm sie die Hintergründe wahr.

Gewiß, sie hatte es leichter als ich. Auf den vielen Tagungen, an denen sie teilnahm, saß sie immer nur schweigend, betrachtend da, hörte zu und nahm auf, und nur sehr selten reagierte sie. Ich habe auf solchen Tagungen nie ein Urteil von ihr über die jeweiligen Vorlesungen gehört, und doch wußte ich, daß sie sich in allem ein Urteil gebildet hatte. So war es nicht nur auf den Tagungen, so war es auch, wenn sie an einem privaten Treffen im Kreis dieser Schriftsteller teilnahm: Sie schwieg sich fast immer aus, auch bei den heftigsten Diskussionen. Was sie dachte, was sie ansprach, was in ihr vorging, das haben auch wohl jene nie ganz erfahren, die ihr nahestanden, ja, die mit ihr befreundet waren oder sich mit ihr befreundet glaubten. Immer blieb da eine Entfernung, die nicht zu überbrücken war.

Sie war immer arm, oder fast immer. Auch noch, als sie schon sehr bekannt war, in den fünfziger Jahren, schrieb sie für wenig Geld Besprechungen, die wohl heute in ihrem Nachlaß kaum noch zu finden sein werden. Sie schlug sich durch, wie sich viele damals durchschlagen mußten, sie nur hilfloser als die anderen. Nie sprach sie von der Emanzipation der Frau, von der Selbstverwirklichung. Es war kein Ziel für sie, sie war es, sie brauchte es nicht. Der Preis aber, den sie dafür zahlen mußte, war hoch, sehr hoch. Doch sie hätte nie anders leben können, ihre Begabung, ihre Persönlichkeit ließen das nicht zu. Ihre Ausbruchsversuche mußten scheitern, wie sie auch gescheitert sind. Die Versuche, die sie unternommen hat, waren von Anfang an dazu verurteilt. Sie wußte es und wollte es doch nicht wahrhaben, immer glaubte sie, es gäbe eine Verbindung zwischen dem Alltäglichen und dem Ungewöhnlichen, zwischen dem Allgemeinen und dem Besonderen. Immer wieder versuchte sie es, und nur sehr selten, vielleicht nie, waren diese Versuche glücklich, immer stieß sie an die Grenzen, die ihr gesetzt waren.

Radfahren im Grunewald: Dort auf den Rädern schien alles anders zu sein, dort war sie für ein oder zwei Stunden nur eine Frau wie jede andere, eine Frau, der ein Arzt das Radfahren verschrieben hatte. Sie war fröhlich, ausgelassen und sprang auf ihr Fahrrad wie ein junges Mädchen, fast sportlich. Nie zeigten sich bei ihr Ermüdungserscheinungen.

Der Radfahrclub bestand nicht lange, nur ein paar Monate, ein ausgehender Wintermonat, ein Vorfrühling, doch als der Frühling beginnen sollte, war eines unserer drei Mitglieder plötzlich verschwunden, war einfach abgereist, nach Rom natürlich, unser einziges weibliches Mitglied: Ingeborg Bachmann.

Liebst du das Geld auch so wie ich?
Heinrich Böll

Es gibt Städte, die ich nicht mag. Sie sind mir fremd, und ich habe keine Beziehungen zu ihnen. Meistens kenne ich diese Städte nicht und habe auch nicht das Bedürfnis, sie kennenzulernen. Ich habe keine Sympathie für sie, und sobald eine solche Stadt namensmäßig in meinen Gesichtskreis tritt, entsteht in mir nicht ein helles, vielleicht farbenprächtiges Bild, sondern ein graues, verschwommenes. Eine solche Stadt war für mich Köln. Ich kann mir schwer erklären, warum das so war, ich hatte die Stadt nie gesehen, nie besucht, und war nicht einmal dort vorbeigekommen. Sie lag für mich fern, irgendwo, jenseits meiner Erfahrungen und meiner Wünsche, mehr unbewußt als bewußt, ja ich hatte wohl nie viel darüber nachgedacht. Vielleicht war es der Habitus dieser Stadt, vielleicht die Sprache ihrer Bewohner, ihre zur Schau getragene Fröhlichkeit, ihr Lebensstil, der einem ehemaligen Küstenbewohner so ganz fremd sein mußte.

Das änderte sich, wenn auch nicht gravierend, als der erste Kölner in mein Leben trat. Es war ein echter Kölner, dort geboren, dort aufgewachsen, dort wohnhaft, und nach dem Tonfall seiner Sprache konnte er gar nichts anderes als ein Kölner sein. Wahrscheinlich waren auch alle seine Vorfahren Kölner gewesen. Es war eine Überraschung für mich, denn bis dahin, in den wenigen Nachkriegsjahren, waren zwar schon alle möglichen Städtebewohner in der ›Gruppe 47‹ aufgetreten, Hamburger und Frankfurter, Wiener und Mainzer, aber noch nie ein Kölner. Ich vermutete dort auch keine neuen schreibenden Talente, ja, ich nahm wohl an, daß ein Kölner vor lauter Fröhlichkeit und Lebensüberschwang gar nicht zum Schreiben käme.

Es war im Mai 1951, als ich diesen Irrtum korrigieren mußte. Die ›Gruppe 47‹ tagte in Bad Dürkheim, und der Kölner kam, las und siegte. Zuerst nannte ich ihn Herrn Böll, dann Heinrich Böll, dann Heinrich und schließlich Hein, Freund Hein aus Köln. Er benahm sich so bescheiden, so zurückhaltend und vielleicht auch so unsicher, daß er mir in den ersten zwei Tagen gar nicht recht auffiel. Wahrscheinlich hat er sich auch nicht wohl gefühlt in diesem Kreis junger Leute, von denen die meisten viel redeten, viel diskutierten, immer in Spannungen waren und eine wie elektrisch geladene Nervosität verbreiteten. Sie hatten alle ja ihre Zukunft noch vor sich, und jeder von ihnen war wohl überzeugt, daß die literarische Zukunft ihm gehören würde. Neuankömmlinge nahmen sie wahr, aber doch nur nebenbei, fragten mich auch hin und wieder, wer dieser oder jener sei, erwarteten Überraschungen, Durchfälle oder neue Entdeckungen, was sie stets mit einer prickelnden Neugier erfüllte. Im übrigen redeten sie nur miteinander, oft die ganzen Nächte durch, und da in Bad Dürkheim genügend Wein vorhanden war, schütteten sie zuviel davon in sich hinein, was man ihnen am nächsten Tag aber nicht anmerkte. Dann saßen sie alle konzentriert und gesammelt auf ihren Stühlen und hörten den Lesungen zu.

Auf jeden Neuankömmling mußte dieser Kreis zunächst irritierend wirken, scheinbar ein Kreis von engen Freunden, unzertrennlich, mit eigenen, nicht sichtbaren und nicht erkennbaren Gesetzen und Ritualen. Alles schien so geordnet und war doch nicht geordnet. Dazu kam die Angst derer, die ein Manuskript in der Tasche hatten und lesen wollten, die Angst vor dem Sessel, der neben mir stand. Dann meine eigene Angst um diesen oder jenen, der vorlesen wollte, eine Angst, die ich hinter Leutseligkeit und Strenge zu verbergen suchte. Ich liebe Erfolge mehr als Niederlagen, grobe Verrisse und Zusammenbrüche. Neuentdeckungen bedeuteten immer eine Freude, nicht nur für mich, Durchfälle aber empfand ich oft als peinlich, und manchmal zogen sie schnelle Abreisen nach sich, Depressionen und auch Tränen.

Ich weiß nicht, wie Heinrich Böll diese Atmosphäre damals 1951 in Bad Dürkheim empfunden hat, sie muß auch ihn irritiert haben, vielleicht hat sie auch ihn magisch angezogen, wie so viele andere, und gleichzeitig abgestoßen, ich weiß es nicht. Er stand noch ganz am Anfang seiner Karriere, niemand kannte ihn, niemand wußte etwas von einem Heinrich Böll aus Köln, und er ahnte wohl auch nicht, daß er mit seiner Lesung in Bad Dürkheim die erste Sprosse der Leiter bestieg, die bis in die schwedische Akademie und zum Nobelpreis führen sollte. Der Preis der ›Gruppe 47‹ war nur ein Anfang. Er gewann ihn mit einer Stimme Vorsprung vor Milo Dor. Nicht alle waren mit dieser Wahl einverstanden. Einige sahen das Ende der ›Gruppe 47‹ schon vor sich, aber es hatten sich alle an dieser Wahl beteiligt, und sie war nach meiner Ansicht unumstößlich.

Kurz darauf tauchte Heinrich Böll in München auf. Er suchte einen Verleger, der ihm ein monatliches Salär zahlen konnte. Er war arm. Arm waren wir natürlich alle, oder fast alle, aber er war einer der ärmsten unter uns. Er machte keinen Hehl daraus, ja, er sprach öfter davon als andere, seine drei Kinder machten ihm Sorgen, seine elende materielle Existenz. Er wollte nicht mehr als einen Vorschuß von dreihundert Mark im Monat, damit glaubte er auszukommen. So fuhr er, von Milo Dor begleitet, in München herum, von Verleger zu Verleger, trug sein Anliegen vor, hatte aber nirgends Glück. Die Verleger wollten ihn nicht, noch glaubte einer von ihnen an eine neue deutsche Literatur. Sie hielten unsere Bemühungen zwar für ehrenwert, doch für hoffnungslos, sie waren rückwärts orientiert. Ihr Interesse galt der ausländischen Literatur und der emigrierten deutschen Literatur der zwanziger Jahre. Der vorhandene riesige Nachholbedarf war ihre Domäne. Experimente mit jungen, neuen Leuten waren ihnen zu gefährlich. So ging es damals in München auch Heinrich Böll. Er fand nur Ablehnung, kein wirkliches Interesse.

Ich hatte einen Verleger, er hieß Kurt Desch, er war zu jener Zeit einer der größten Verleger in München. Heinrich ging auch dorthin, doch er kam auch bei Kurt Desch nicht an. Er hielt diesen jungen, scheinbar schüchternen Mann aus Köln für zu katholisch, und einen extrem katholischen Autor wollte er nicht.

So fuhr Heinrich ein paar Tage später ergebnislos nach Köln zurück, ein Autor auf der Suche nach einem Verleger, der ihm einen kleinen Vorschuß zahlen konnte. Ich habe mich oft gefragt, was mögen jene Verleger wohl zehn oder fünfzehn Jahre später gesagt haben, als Bölls Erfolge für alle sichtbar wurden. Ob sie sich an ihre Fehlentscheidung von 1951 noch erinnert haben? Ich glaube nicht, denn wer erinnert sich schon gern an Unterlassungen und Fehler, die weit zurückliegen.

Heinrich aber hatte in Dürkheim gesiegt und in München verloren, und sein Aufstieg sollte noch viele Jahre auf sich warten lassen. Ich frage mich heute, ob seine Liebe zum Geld damals entstand, in der großen Armut und der Zeit seiner drückenden Not, oder ob es eine natürliche Veranlagung ist, ein Familienerbstück, das man für sein ganzes Leben nicht mehr los wird, ganz gleich, in welchen materiellen Wohlstand man hineinwächst. 1967, kurz vor der letzten Tagung der ›Gruppe 47‹, ich war schon so gut wie entschlossen, es die letzte sein zu lassen, fuhr ich nach Köln, um mit Heinrich zu sprechen. Ich wußte nicht, wie ich den letzten Preis der ›Gruppe 47‹ finanzieren sollte, ich hatte keine Lust, bei den Rundfunkanstalten oder bei den Verlegern betteln zu gehen. So war ich zu der Ansicht gekommen, daß die beiden erfolgreichsten ehemaligen Preisträger der Gruppe, Grass und Böll, diesen Preis finanzieren sollten. Ich hielt das zwar für selbstverständlich, wollte sie aber darum bitten. Ich kam mir wie ein Bettler vor, war aber entschlossen, mich nicht abweisen zu lassen. Grass hatte bereits zugesagt, und so konnte wohl auch Böll nicht umhin. Ich traf ihn in Köln nicht an, er war irgendwo auf dem Lande, ich glaube, der Ort hieß Düren, dort, sagte man mir, erwarte er mich.

Ich fuhr mit einer Bummelbahn durch ein flaches, frühsommerliches Land, linksrheinisches oder rechtsrheinisches Land, auch darin kannte ich mich nicht aus. Alles um mich herum erschien mir sehr provinziell, verträumt, versponnen, selbst die Kühe auf den Weiden kamen mir zeitweise vor, als hätten sie alle ›Doktor Murkes gesammeltes Schweigen‹ gelesen.

Böll erwartete mich auf dem Bahnhof wie einen alten, sehr engen Freund. Der Empfang war herzlich, noch wußte er nicht, was ich von ihm wollte. Später saßen wir auf einer Bank, nicht weit vom Bahnhof entfernt. Ich trug ihm mein Anliegen vor, ich wollte nicht mehr und nicht weniger als zweitausendfünfhundert Mark von ihm. Ich weiß nicht, wie lange er gezögert hat, bevor er ja sagte, vielleicht hat er überhaupt nicht gezögert und heute kommt es mir nur so vor, auf jeden Fall sagte er mir das Geld zu. Merkwürdigerweise verband er diese Zusage mit einer Bitte, die er aber nur etwas gehemmt und undeutlich äußerte. Er wollte, daß ich das mit der ›Gruppe 47‹ beende und damit endgültig Schluß mache, jedenfalls habe ich es so verstanden. Er gab keine Begründung dafür, sagte nicht warum, und ich fragte ihn auch nicht danach. Ich war sowieso der Meinung, daß das ausschließlich meine Sache sei und niemand mir da hineinzureden hätte. Das mag vermessen gewesen sein, aber in dieser Zeit war ich es noch. So ging ich auf Heinrichs gemurmelten Hinweis »mach doch Schluß«

67

nicht weiter ein, es war auch nicht nötig, ich hatte das Geld, um den Preis der ›Gruppe 47‹ finanzieren zu können, und das genügte mir. Sicher haben wir noch über dies und jenes gesprochen, doch ich weiß nicht mehr, wovon, es mag mir gleichgültig gewesen sein.

Wenige Stunden später warteten wir in dem kleinen Bahnhof auf den Bummelzug, der mich wieder nach Köln zurückbringen sollte. Wir waren guter Laune. Heinrich war sichtbar erleichtert, und ich war es auch. Wir mußten warten. Der Bummelzug hatte wohl zu sehr gebummelt. Während des Wartens verschwand Heinrich hinter einer Säule oder einem Träger, der wie eine Säule aussah. Unbeabsichtigt ging ich ihm nach, denn für mich war er plötzlich wie entschwunden. Und da stand er hinter der Säule und las ein Telegramm oder eine Mitteilung, die er in der Tasche die ganze Zeit mit sich herumgetragen haben mußte, er las sie, so schien es mir, zum soundsovielten Male, und als sei er mir eine Erklärung schuldig, sagte er: »Stell dir vor, ich habe gerade zweihundertfünfzig Mark verdient, beim ›Spiegel‹, wie findest du das?« Ich antwortete »Na gut«, war aber nicht weiter erstaunt, und er sah mich an, etwas unsicher, aber fragend, und dann sprach er den Satz aus, den ich nie wieder vergessen sollte: »Liebst du das Geld auch so wie ich?«

Nein, ich habe diese Frage nicht beantwortet, ich wich ihr aus, sie kam zu unmittelbar, zu direkt, ich hatte nie darüber nachgedacht, ich empfand, dessen war ich mir sicher, keine Liebe zum Geld. Man brauchte es, aber lieben konnte man es deswegen nicht. Er aber liebte es, und es mußte eine sonderbare Art der Liebe sein. Hatte ich ihm nicht gerade zweitausendfünfhundert Mark abgenommen? Und jetzt war er glücklich über zweihundertundfünfzig Mark, die er an diesem Tag verdient hatte. Sah er auf den Pfennig, war er sparsam, vielleicht geizig in kleinen Summen, gab aber große sehr viel leichter weg? Seltsamerweise war er mir in diesem Augenblick auf dem kleinen Bahnhof hinter der vermeintlichen Säule näher als vorher, und obwohl wir ganz entgegengesetzte Naturen waren, empfand ich so etwas wie Freundschaft für ihn. Es kam mir vor, als hätte er sich mir offenbart, ja, einen Charakterzug seines Wesens gezeigt, den er sonst wohl zu verbergen suchte. Als der Bummelzug endlich einlief, brachte er mich wieder auf den Bahnsteig bis an mein Abteil, und wenn ich mich recht erinnere, umarmten wir uns zum Abschied, so vertraut waren wir durch seine Liebe zum Geld geworden.

Ich fuhr zurück nach Köln, glücklich über meine erfolgreich beendete Mission, nun hatte ich das Geld für den letzten Preis der ›Gruppe 47‹ zusammen. Sieben Jahre früher, es muß im März 1960 gewesen sein, saß ich am Bannwaldsee bei Füssen und versuchte zu schreiben. Ilse Schneider-Lengyel hatte mir ihr kleines Haus, in dem einmal die ›Gruppe 47‹ entstanden war, zur Verfügung gestellt. Es war ein seltsames Haus. Es hing voller Masken, afrikanische und südamerikanische Masken, die alle recht furchterregend aussahen, und manchmal hatte ich Angst, sie könnten eines Nachts alle lebendig werden. Ilse Schneider-Lengyel sammelte Masken und hatte, Jahre zuvor, ein Buch über Masken herausgegeben. Vor dem Haus lag der Bannwaldsee, der ihr gehörte, und rings herum gab es nur Wälder, weite, für mich finstere Wälder. Rehe und Hirsche kamen bis an das Haus und sahen durch die Fenster, und der Schnee lag stellenweise noch meterhoch.

Und hier tauchte eines Tages, an einem Spätnachmittag, Heinrich Böll auf. Er muß zu dieser Zeit schon wohlhabend gewesen sein, denn er kam mit einem Citroën, der für mich recht neu aussah. Er wollte sich mit mir über einen Mann unterhalten, den ich aus politischen Gründen hatte fallenlassen, und den er zu verteidigen versuchte. Wir saßen in einem der winzigen Zimmer, umstellt von Masken, die er wohl kaum wahrnahm oder nicht wahrnehmen wollte, und während er den Mann verteidigte, dem ich zu nahegetreten war oder gar verleumdet hatte, tauchte in mir der Satz auf, der später noch oft wiederkehren sollte, »der gute Mensch aus Köln«. Ich sah, wie sehr er sich bemühte, das Menschliche am Menschen herauszustellen, und er brachte es fertig, auch in mir so etwas wie Mitleid hervorzurufen, obwohl ich zu dieser Zeit in allen politischen Dingen noch sehr rigoros war. Doch es war nicht dies allein, was ihn zu mir in diese weite Einsamkeit geführt hatte, er hätte, sagte er mir, sowieso einmal vorbeikommen wollen, und jetzt habe sich das so ergeben.

Er befand sich auf einer Vorlesereise durch diese Gegend, durch das Allgäu, von einer kleinen Stadt zur anderen und meistens von einem Gymnasium zum anderen. Schon am nächsten Tag mußte er wieder irgendwo in einer Aula lesen. Er klagte, wie beschwerlich das sei, jede Nacht in einem anderen Hotelbett, die Verleger, die solche Reisen vorbereiteten und bis in die kleinsten Details festlegten, wüßten gar nicht, welchen Strapazen sie den Autoren zumuteten.

Ich fragte ihn, warum er das dann täte, kein Verleger hätte soviel Gewalt über ihn, er könne es doch einfach ablehnen, sich weigern und nein sagen. Doch da schüttelte er den Kopf. Das ginge leider nicht, sagte er, die Verleger wüßten schon, warum sie so großen Wert auf solche Vorlesereisen legten: sie erhöhten den Absatz der Bücher und machten die Autoren auch in der Provinz bekannt. Ja, war so, man las sich hoch, wie ein anderer es genannt hatte, es diente dem Verleger und gleichzeitig dem eigenen Namen. Und je mehr man herumreiste, um so bekannter wurde man vielleicht. Ich war gegen diese Vorlesereisen, empfand sie fast als Erniedrigung, sagte aber an diesem Abend nichts davon.

Heinrich klagte weiter. Manchmal sei der Saal voll, sagte er, manchmal halbvoll, und dann wären es unter Umständen auch nur ein paar Leute, zehn oder zwölf, das sei dann sehr deprimierend. Es war kein Spiel für ihn, kein erfreuliches Spiel, und Reise- und Abenteuerlust hatte er auch nicht. Er litt darunter, ich sah es ihm an, es bedrückte ihn, aber er beugte sich diesem Zwang, auch wohl im eigenen Interesse. Er kam mir vor wie sein eigenes Opfer. Doch es war noch etwas anderes, was ihm besonders schwerfiel. Er erzählte mir davon in seiner leisen, leicht selbstironischen Art, einer Art des Erzählens, die mir hier in diesem einsamen, etwas gespenstischen Haus besonders auffiel. »Ich lese«, sagte er, »immer dieselbe Geschichte, kannst du dir das vorstellen? Jeden Abend dieselbe Geschichte, in jeder Stadt, in jedem Dorf, in jeder Aula.«

Nein, ich konnte es mir nicht vorstellen, ich sagte, nur um etwas zu sagen: »Das muß ja sehr langweilig sein«, und er antwortete: »Langweilig ist es nicht, es ist viel schlimmer. Das Schlimme ist, die Geschichte wird für mich immer schlechter, mit jeder Lesung finde ich sie um ein paar Prozent schlechter, ja, es fällt mir immer schwerer, sie vorzulesen, jeder Satz wird dann zu einer Qual, ich fange an zu schwitzen, werde unsicher und würde am liebsten aufhören, aber das kann man dann nicht.« Er tat mir leid, ich konnte mir seine Qual gut vorstellen. Ich hätte wieder sagen können: »Warum tust du es denn?« Aber ich sagte es nicht. Vorlesereisen standen zu dieser Zeit hoch in Mode, und wer nicht reiste, war wohl auch nicht gefragt. Ich selbst machte viele Jahre später eine solche Rundreise und erlebte dasselbe, fiel von einer Enttäuschung in die andere, auch natürlich von einem Rausch in den anderen, verfluchte die Hotelbetten in den kleinen Städten und gab schließlich entkräftet für immer auf. An diesem Abend aber war mein Mitgefühl ganz bei Heinrich, und ich dachte zeitweise »der arme Heinrich«, und dies ganz besonders, als er mich noch am gleichen Abend verließ, um noch zur rechten Zeit irgendwo in diesem dunklen, winterlichen Land einen Gasthof zu erreichen, in dem er angemeldet war.

Einmal hielt er eine Rede auf mich. Das war zehn Jahre nach dem Entstehen der ›Gruppe 47‹ am Starnberger See, eine Art Jubiläum. Er nannte mich Mutter und Vater der Gruppe. Die Bezeichnung Mutter mißfiel mir, und das Wort Vater hörte ich auch nicht gern. Ich wollte weder das eine noch das andere sein. Vielleicht war es aber nur verhaltener Spott oder rheinische Ironie, die ich nicht verstehen wollte oder konnte. Zu dieser Zeit stand er schon im Vordergrund und galt als einer der Erfolgreichsten unter uns.

An dieser Tagung nahmen alle teil, Ilse Aichinger und Ingeborg Bachmann, Wolfgang Hildesheimer und Günter Grass, der aber noch völlig unbekannt war. Er kam aus Paris, wo er, was niemand wußte, an seiner ›Blechtrommel‹ schrieb. Er galt zu dieser Zeit als hoffnungsvolles Talent, eine Naturbegabung, sagte man, ließ es aber dabei bewenden. Er las aus einem Theaterstück, das wir ›Onkel, Onkel‹ nannten, das vielleicht auch so hieß, und ›Onkel, Onkel‹ wurde schnell zu einem geflügelten Wort unter uns. Auch Heinrich beteiligte sich an den Vorlesungen, aber ich weiß nicht mehr genau, was er damals gelesen hat. Zum ersten Mal durfte auf dieser Tagung eine Rundfunkstation mitschneiden. Es war das Nachtstudio des Bayerischen Rundfunks, dessen Leiter Gerhard Scszesny war. Ich hatte es erlaubt, und der Bayerische Rundfunk finanzierte dafür als Gegenleistung die Abschlußfeier, die bis in die Morgenstunden andauerte und auf der Heinrich Böll seine Rede hielt.

Obwohl er wahrscheinlich schon damals viele Vorbehalte hatte, was ich erst heute weiß, spielte er doch mit und war nicht mehr als einer von uns. Einmal sagte er mir, irgendwann, so viele Menschen auf einem Haufen, Literaten allzumal, bedrückten ihn, sie irritierten ihn und machten ihn unsicher. Ich habe solche manchmal vorhandene Unsicherheit zwar bemerkt, nahm sie aber nicht ernst, vielleicht habe ich sie auch für gespielt gehalten oder als Schutzwall gesehen. Sie hatten ja alle ihre Eigentümlichkeiten, waren bewußte Individualisten, Egozentriker fast alle, Literaturbesessene, und viele von ihnen dachten wohl nur an ihre eigenen Erfolge, freuten sich aber merkwürdigerweise auch über die Erfolge anderer, was oft für mich in keinem Einklang miteinander stand. Rivalität gab es gewiß, Neid und Mißgunst, wohl hin und wieder am Rande auch intellektuellen Hochmut, der gelegentlich aufblitzte, doch das alles wurde überdeckt von einer freundschaftlichen Atmosphäre, die keine großen Ausbrüche zuließ.

Heinrich beteiligte sich nie an der Kritik, er hörte immer nur schweigend zu, lachte mit, wenn gelacht wurde, und war für mich zeitweise ein Teilnehmer, der gar nicht teilnahm. Nie hat er mit mir über solche Zusammenkünfte gesprochen, nie hat er mich um irgendeinen Rat gefragt, und auch ich habe mich genauso verhalten, auch ich wollte keinen Rat.

Was er von der ›Gruppe 47‹ gehalten hat, weiß ich auch heute noch nicht. Als er in Stockholm den Nobelpreis entgegennahm, hielt er eine Rede über die deutsche Nachkriegsliteratur und erwähnte die ›Gruppe 47‹ mit keinem Wort. Es hatte sie anscheinend gar nicht gegeben oder sie hatte eine so geringfügige Rolle gespielt, daß man sie nicht erwähnen mußte. Dabei hatten mir die Schweden schon lange vorher erzählt, diese Auszeichnung Heinrich Bölls sei auch eine Auszeichnung der ›Gruppe 47‹ oder sollte es jedenfalls sein. Gewiß, er entschuldigte sich später für diese Unterlassung, was ihn aber wirklich dazu bewegt hat, das habe ich nie erfahren. Ich führte es damals auf seinen rheinisch-katholischen Charakter zurück, was mir als ehemaligem norddeutschen Küstenbewohner besonders nahelag, ich nannte ihn für mich ein rheinisches Schlitzohr, vergaß es aber schnell wieder.

Wir blieben bei unserer distanzierten Freundschaft. Nur einmal hat er mich wirklich verblüfft. Ich hatte ein Fernseh-Gespräch über den 20. Juli 1944 zu leiten. Jeder der Teilnehmer sollte erzählen, was er an diesem Tag gemacht, wo er sich aufgehalten und wie er ihn erlebt hatte. Auch Heinrich nahm daran teil. Seine Geschichte, die er erzählen wollte, war besonders reizvoll, sie spielte in einem Lazarett in Rumänien, in dem er zu dieser Zeit als Verwundeter in Behandlung war. Ich weiß nicht mehr genau, wie die Geschichte verlief, auf jeden Fall handelte es sich um Hosen, um Wehrmachtshosen, die Heinrich illegal an rumänische Zivilisten vertrieb. Als wir dann im Studio des SFB saßen, fünf Erzähler um einen runden Tisch, erzählte er eine ganz andere Geschichte als jene, die er erzählen wollte und die ich bereits kannte. Hatte er in der ersten Geschichte im Mittelpunkt gestanden, so war er jetzt nur noch ein kühler, distanzierter Beobachter, die starke Ich-Bezogenheit war weg, er selbst war nun nicht mehr der Handelnde, der sich selbst ein wenig bloßstellte und ironisierte.

Ich hörte ihm betroffen zu und alle anderen wohl auch, denn ich hatte vorher einigen bereits erzählt, welche wundersame, humorvolle und selbstkritische Geschichte wir von Heinrich hören würden. Nun war sie mehr oder weniger belanglos, und ich war enttäuscht. Als wir dann, ein oder zwei Stunden später, in meiner Wohnung saßen, fragte ich ihn, warum er denn nicht die Geschichte erzählt habe, von der ich so angetan gewesen sei, und nun verblüffte er mich zum zweiten Mal, denn er antwortete: »Ich werde mir doch nicht meine Biographie verderben.«

Er sagte es so selbstverständlich, so liebenswürdig, daß ich es ohne Widerspruch hinnahm, obwohl mir der Verzicht auf eine gute, selbstkritische und humorvolle Geschichte in meiner Sendung immer noch leid tat, ja, mich fast schmerzte. Ich empfand es wie den Bruch eines Versprechens. Und das mit seiner Biographie begriff ich nicht, es war mir unverständlich. Konnte man denn selbst schon zu Lebzeiten seine eigene Biographie zurechtschneidern, hier und da verfeinern und sie unter Umständen so manipulieren, daß sie keine dunklen, schadhaften Stellen mehr aufwies. Aber vielleicht lebte ich selbst zu sehr der Gegenwart, während andere schon an die Zukunft dachten, an ihre Biographie, wie sie einmal aussehen sollte.

Bald aber mußte ich erkennen, daß Heinrich mit seiner Biographie-Gestaltung keineswegs allein war. Eines Tages sprach auch Uwe Johnson davon, und ich glaube, er benutzte den gleichen oder einen sehr ähnlichen Satz, auch für ihn war seine eigene Biographie wichtig, er nahm sie ernst, genauso ernst wie Heinrich. Was ich aber bei dem einen trotz aller Enttäuschung noch nicht ganz ernst genommen, mehr oder weniger für eine Marotte gehalten hatte, mußte ich nun bei dem anderen doch ernst nehmen. Nun erschien es mir, als bastelten alle an ihrer Biographie, nicht nur Heinrich. Ich hielt das zwar für ein sinnloses Unterfangen, fand mich aber damit ab. Was hätte ich auch weiter tun sollen. Belustigt hat es mich jedoch bis heute.

Nie habe ich mich in den Charakter Heinrich Bölls hineinversetzen können. Die Barriere, die zwischen uns bestand, war zu groß, zu hoch. Sie ließ sich nicht ohne weiteres überspringen. Vielleicht werde ich ihm auch jetzt nicht gerecht. Wir kamen beide aus armen Familien, waren beide unter harten Bedingungen aufgewachsen, waren beide in Feind- und Gegnerschaft zum Nationalsozialismus groß geworden. Was also trennte uns? Ich meine, es war die Landschaft, die Umgebung, die andere Welt, aus der jeder kam.

Er war ein Rheinländer, und ich kam von der pommerschen Küste, ein Preuße, wenn man so will. Auch wenn man wie ich aus einer liberalen Familie kam, ließ sich das Preußische weder verbergen noch verdrängen.

Wo ich glaubte, kontrolliert zu denken, dachte er nach meiner Ansicht oft unkontrolliert, vor allen Dingen in politischen Fragen, auch wenn wir in den Grundanschauungen einer Meinung waren. Wo ich meinte, rational zu denken, etwa in der Terrorismusfrage, stellte ich bei ihm Irrationalismen fest, die mich irritierten und denen ich nicht folgen konnte. Das rheinische Gemüt schien mir dann stärker als mein vielleicht armseliger preußischer Verstand. Leicht hätte daraus eine Gegnerschaft entstehen können, auch auf dem Boden der gleichen Grundanschauungen, aber sie entstand nicht. So seltsam es klingt: die Literatur verhinderte es. Oft erschienen mir sein Denken, seine Empfindungen, seine streitbaren Gefühlsausbrüche bürgerlich-anarchisch, und dann kam er mir vor wie ein rheinischer Anarchist. Ich wußte von seinem Haß auf das rheinisch-katholische Großbürgertum, er hatte mir davon erzählt, er hielt es für korrupt, charakterlos und doppelzüngig, es lebte nach seiner Ansicht in einer gespaltenen Moral, auch in der Politik. Christentum, Geschäft und Politik, alles war ineinander verwoben, ein engmaschiges Netz, das nicht zu zerreißen war.

Nie habe ich begriffen, wo er selbst eigentlich stand, zu welcher Partei, zu welcher Gruppe, zu welcher Richtung er sich eigentlich hingezogen fühlte. Er kam nicht, wie so viele von uns, aus der marxistisch-sozialistischen Bewegung, er war vielleicht immer nur er selbst: Heinrich Böll.

Einmal, er war noch nicht sehr bekannt, es muß Mitte der fünfziger Jahre gewesen sein, las er im Cuvilliéstheater in München. Ich sollte ihn einführen, was damals noch notwendig war, denn nicht jedermann kannte den Namen Böll.

Es ist mir nicht mehr gegenwärtig, was ich gesagt habe, nur eines weiß ich noch, ich nannte ihn einen Links-Katholiken, ja ich bezeichnete ihn wiederholt als links-katholisch, was ich für ganz selbstverständlich und fast für eine Auszeichnung hielt. Links-katholisch, das war damals für ein paar Jahre sehr in Mode, es ging von Frankreich aus, und auch in der Bundesrepublik gab es eine Reihe von Intellektuellen, die man so bezeichnete. Das Wort beinhaltete keine Abwertung, im Gegenteil. Ich fand das auch die richtige Bezeichnung für Heinrich Böll.

Aber ich irrte mich. Heinrich war verstimmt. Schon kurz nach seiner Vorlesung ließ er es mich spüren. Er sprach kein Wort mehr mit mir, und alle, die nach seiner Vorlesung mit uns zusammensaßen, bemerkten es. Ich hatte ihn eingestuft, und er wollte nicht eingestuft werden. Damals habe ich diese seine Mißstimmung auf das Wort links zurückgeführt, denn katholisch war er ja. Doch es hatte wohl tiefere Ursachen, er wollte keiner Gruppe und keiner Richtung angehören. Es bereitete ihm Unbehagen, ein Unbehagen, das er auch an diesem Abend erkennen ließ. Er wollte – so sah ich es damals und so sehe ich es noch heute – ein Einzelgänger sein, einer, für den nur das eigene Gewissen, die eigenen Überlegungen und Gedanken und die eigene Moral Gültigkeit hatten und im Mittelpunkt standen.

Das klingt, als wolle ich ihn der Überheblichkeit beschuldigen, aber er war nicht überheblich. Bescheidenheit verdeckte den Anspruch, den er an sich selber stellte. Seine Moral war seine Moral, nicht die irgendeiner Weltanschauung, einer sozialen Bewegung oder gar einer religiösen Gemeinschaft. Er machte sie oft auch zum Maßstab für andere und dies vielleicht mehr unbewußt als bewußt. Ich glaube, er konnte gar nicht anders.

Nicht immer konnte ich ihm folgen, manchmal hätte ich ihn gern mitverteidigt, wenn er politisch angegriffen wurde, aber es war zu schwierig, ich hätte mich selbst aufgeben müssen. Er empfand und dachte anders als ich. Wo ich glaubte, gesellschaftspolitisch zu denken und zu handeln, dachte er in seiner individualistischen Moral und handelte danach. Die Diskrepanz war zu groß und ließ sich nicht ohne weiteres überdecken. Ich habe es nie versucht, und vielleicht war dies mein Fehler. Aber auch er hat nie mit mir darüber gesprochen. Begegneten wir uns, so war dieses Thema eine Tabuzone, die wir nicht berührten.

Im Jahr 1956 entstand mit der Wiederbewaffnung eine Art Refaschisierungs-Welle, halb- oder ganzfaschistische Verlage machten sich bemerkbar, faschistische Zeitungen und Zeitschriften entstanden, wir versuchten uns dagegen zu wehren, mit Versammlungen, Prozessen, Kundgebungen. Ich rief mit Gerhard Scszesny und Hans Jochen Vogel zusammen in der Sportschule von Grünwald den ›Grünwalder Kreis‹ ins Leben, dessen Aufgabe es war, sich gegen die Destabilisierung der noch jungen Demokratie zur Wehr zu setzen. Große Versammlungen gab es in München, Hamburg, Berlin und Köln, wir wurden angegriffen, verleumdet, geschmäht, setzten uns aber schließlich durch, irgendein Journalist erfand das Wort von der »demokratischen Feuerwehr«. Auch Heinrich nahm daran teil und war, soweit ich mich erinnere, auch in Grünwald dabei, aber er aktivierte sich nicht wie andere, er blieb im Hintergrund und gehörte nur zu der großen Schar der Sympathisanten. Damals habe ich das nicht weiter beachtet, und erst sehr viel später fiel es mir auf, erst dann, als er mit seinen eigenen Ansichten in den Vordergrund trat. Um so erstaunlicher war es, daß wir nach diesen Anfängen in den fünfziger Jahren nie wieder über die politischen Probleme miteinander gesprochen haben.

Er ging seinen Weg allein. Er machte sich zum Anwalt der Verfolgten, auch dort, wo es nichts zu verteidigen gab. In den Jahren des Terrorismus, der Anbetung der Gewalt, konnte ich seine Ansichten nicht teilen. Das änderte sich, als er mehr und mehr für die Verfolgten und Unterdrückten diktatorischer Regime eintrat. Er setzte sich für Menschen ein, nicht aber für eine politische Weltanschauung, für ein vorgezeichnetes Gesellschaftssystem oder Staatssystem. Am stärksten überzeugte er mich, als er gegen die polnische Militärdiktatur nach der Zerstörung der ›Solidarnosc‹ auftrat.

Staaten, ganz gleich welcher Art, waren ihm wohl immer suspekt, und ich weiß nicht einmal, was er von der parlamentarischen Demokratie hielt. Vielleicht war auch sie ihm nicht ganz geheuer. Sein Ressentiment gegen den Staat kam wohl aus seiner Jugend im Dritten Reich, der Staat als Feind, als Unterdrücker, als brutaler Machthaber, so wie seine Liebe zum Geld vielleicht aus einer einmal übergroßen Armut entstanden war. Diese beiden Erlebnisse seiner Jugend, der Staat und die Armut, scheinen sein Leben weitgehend mitbestimmt zu haben.

1951 auf der Tagung in Dürkheim, als er den Preis der ›Gruppe 47‹ erhielt, konnte ich ihm tausend Mark in Scheinen übergeben. Ich trug sie in der Rocktasche bei mir, weil mir Geld zu dieser Zeit nicht viel bedeutete, ich besaß es nicht, und die anderen hatten es auch nicht. Ich brauchte es zwar, aber es erschien mir nebensächlich angesichts des großen Aufbruchs in der Literatur. Heinrich nahm das Geld und erzählte mir dabei von dem armseligen Leben seiner Familie. »Ich muß sofort zur Post laufen«, sagte er, »und das Geld überweisen. Meine Kinder hungern und schlafen im Kohlenkasten«.

Diesen Ausspruch habe ich nie vergessen.

Serbien muß sterbien
Milo Dor

Als Kind hatte ich eine seltsame Vorstellung von einem Serben. Er trug in meiner Phantasie einen gewaltigen Schnauzbart, darüber saß eine scharfgeschnittene riesige Nase, seine Beine bogen sich nach außen, waren nicht gerade O-Beine, aber doch Reiterbeine, und sein Gesicht war von einem grimmigen Aussehen. Er gehörte zu meinen Feinden. Es war zu Beginn des Ersten Weltkriegs, ich war sieben Jahre alt. Und so, wie wir als Kinder bei jeder Gelegenheit »Gott strafe England« sagten, so sagten wir auch »Serbien muß sterbien«. Natürlich kannten wir nicht die Zusammenhänge, wußten auch nicht, wo Serbien lag und warum es »sterbien« mußte, aber sterbien sollte es, und das vielleicht um jeden Preis. Selbstverständlich verwischte sich die Vorstellung von einem Serben im Lauf der Zeit, doch es vergingen viele Jahre, ja, Jahrzehnte, bevor ich einen echten Serben kennenlernen sollte. Der Erste Weltkrieg ging verloren und auch der Zweite, bis eines Tages ein echter Serbe in mein Zimmer trat. Das war im Sommer 1950.

Er kam aus Wien, besaß kein Geld, das zu dieser Zeit noch für uns alle sehr knapp war, und hatte einen Koffer voll Manuskripte bei sich. Die Manuskripte waren nicht alle von ihm, sondern auch von anderen Autoren, die ihn anscheinend auf die Reise in die gerade frisch entstandene Bundesrepublik geschickt hatten. Er war so etwas wie ein Reisender in Literatur, ein Handelsvertreter, ja, er brauchte sich nur noch seine Manuskripte über die Schultern zu schlagen, dann wäre er mir wie ein Teppichhändler vorgekommen.

Wie aber kam er zu mir? Nun, als er sich auf den Weg

nach München machte, hatte er nur eine Adresse, eine Anlaufstation, und die hieß: Erich Kästner im Café Leopold. In München angekommen, wanderte er also zum Café Leopold, und tatsächlich saß Erich Kästner dort an einem runden Tisch und schrieb. Nun wußte Erich Kästner natürlich nicht, was er mit dem jungen Literaten aus Wien anfangen sollte, doch es gab schon die ›Gruppe 47‹, und so schickte er ihn über Kolbenhoff zu mir. Es war aber so, daß Milo Dor keinen Pfennig Geld besaß, er hatte sich darauf verlassen, irgendwie schon zu Geld zu kommen. Es war eine Art Fatalismus, die in langer Gestapo-Haft entstanden war. Er erzählte Erich Kästner davon, und da griff dieser in seine Brieftasche und reichte ihm einen Fünfzigmark-Schein. Das war in dieser Zeit, im Juli 1950, viel Geld. Ich vermute, es war soviel wie heute tausend Mark, und ich erwähne es deshalb, weil ich diese großzügige Geste nie vergessen habe. Milo Dor trat also in mein Leben, ein Serbe mit serbischer Lebensart, geschickt von Erich Kästner, und er hat sich bis jetzt, fünfunddreißig Jahre lang, nicht wieder daraus entfernt.

Seine Heimat war Belgrad, aber die Gestapo hatte ihn nach Wien verschleppt, und dort hatten sich die Gefängnistore 1945 endgültig für ihn geöffnet. Ich weiß nicht, ob er in Titos Partisanenarmee mitgekämpft hat, auf jeden Fall hat er der Kommunistischen Partei angehört, als die Deutschen Belgrad eroberten, und vielleicht hat er sich mit Tito eines Tages überworfen. Jedenfalls sah ich zeitweise so etwas wie einen Partisanenmajor oder Partisanenkapitän in ihm, und ich glaube, er ist wohl auch so etwas gewesen. Gesprochen habe ich nie mit ihm darüber, doch vielleicht war uns unsere eigene Vergangenheit in den Jahren der Nachkriegszeit zuweilen lästig und suspekt. Wir sprachen eigentlich nur noch von der Gegenwart und der Zukunft und warfen nur selten einen Blick zurück.

Wie Walter Kolbenhoff, war auch Milo Dor in seiner

Jugend ein Gläubiger gewesen, der alle Lösungen der gesellschaftlichen Widersprüche im Kommunismus sah und der dann durch eine Flut von Enttäuschungen gehen mußte. Anders jedoch als Walter Kolbenhoff kam Milo nicht aus der Arbeiterschaft, sondern aus dem Belgrader Bürgertum. Sein Vater war Arzt, und er war in einem gewissen Wohlstand aufgewachsen. Aber es gehörte zum guten Ton Belgrader Gymnasiasten, in jenen Jahren Mitglied der Kommunistischen Partei zu sein. Auch Milo gehörte zu dieser Jugend, die von dem Einmarsch der Deutschen überrascht wurde und die sich plötzlich als zweitrangig eingestuft sah. Man kann sich kaum vorstellen, welcher Haß in dieser Zeit aufgeflammt sein muß. Die einen gingen in die Berge, und die anderen wanderten von Haftzelle zu Haftzelle. Sie waren alle miteinander, wie Milo sie einmal in einem Romantitel bezeichnet hat, ›Tote auf Urlaub‹. Doch ich kann in diesem Rahmen nicht weiter darauf eingehen, auch nicht auf Milos Schicksal in dieser Zeit.

Zurück also zum Jahre 1950, als er, geschickt von Erich Kästner, in meinen Gesichtskreis trat, und das mit einem Koffer voll Manuskripte, die alle jemanden suchten, der sie druckte, und das möglichst gegen gute Honorare. Doch ich war überfordert. Ich hatte kaum Möglichkeiten, Manuskripte unterzubringen. Die meisten Verleger interessierten sich wenig für neue Literatur. Der Nachholbedarf in dieser Zeit war sehr groß, und so genügte es, Autoren der Vergangenheit zu drucken, die in den Jahren des Dritten Reiches nicht erscheinen durften. Wiechert war wichtiger als irgendein hochbegabter junger Autor. So blieb es bei einigen Ratschlägen, bei einer Empfehlung zum Rundfunk und bei ein paar sonstigen Handreichungen. Ich weiß nicht, was Milo noch unternommen hat. Ein paar Jahre später reiste er jedenfalls mit einem Koffer voll Manuskripte von Rundfunkstation zu Rundfunkstation und bot seine Waren in den verschiedensten Abteilungen an. Den Grundstein zu diesen vielen Geschäftsreisen hat er wohl in diesen ersten Tagen gelegt.

Ich lud ihn zur nächsten Tagung der ›Gruppe 47‹ ein, und wenige Monate später tauchte er in Bad Dürkheim auf. Er brachte einen Kollegen mit, der Federmann hieß und mit dem zusammen er unter dem Pseudonym Fedor (Federmann und Dor) Romane und Kriminalromane für die gerade neu entstehenden Illustrierten schrieb. Beide waren hundearm und beide waren auf der Jagd nach Geld, das sich in dieser Zeit so schwer erjagen ließ. Ein Teil ihrer Habe befand sich in Wien immer auf der Pfandleihe, und hatten sie einmal Geld, um sie auszulösen, so landete kurz darauf der andere Teil in diesem Haus, in dem sie gute Gäste waren. Sie leisteten sich alles, ohne sich irgend etwas leisten zu können. Doch sie schlugen sich durch und jammerten nie. Sie waren österreichische Autoren, doch in dieser Zeit war es ziemlich gleichgültig, ob man Österreicher, Schweizer, Bundesrepublikaner oder sonstwer war. Für uns galt nur der deutsche Sprachraum und keine Staatszugehörigkeit.

Milo beteiligte sich an den Lesungen, und er las mit Erfolg. Mit Heinrich Böll zusammen kam er in die Stichwahl, aber Heinrich Böll gewann mit einer Stimme Vorsprung. Beide hatten vor der Wahl ausgemacht, daß jeder dem anderen Geld pumpen würde, falls er die Wahl gewann. Und so geschah es. Der Preis bestand aus tausend Mark, die ich in der Tasche hatte, und Milo bekam hundert Mark von Heinrich Böll geliehen. Für beide muß es ein goldener Frühlingstag gewesen sein.

Einige Zeit später waren beide bei mir in München auf der Suche nach einem Verleger. Sie gingen zeitig am Vormittag los und kamen erst am Spätnachmittag zurück. Beide waren enttäuscht. Sie wollten nur einen kleinen Vorschuß von dreihundert Mark im Monat, aber kein Verleger hatte auf ihren Vorschlag angebissen. An neue Autoren glaubte niemand. Beide hatten also an diesem Tag kein Glück, und der Geldmangel blieb noch für viele Jahre ihr Begleiter.

Das war auch noch so, als ich 1952 nach Wien kam und ich Fedor bei der Arbeit sah. Da saß Federmann in einem langen, schmalen Raum, einem Schlauch von einem Zimmer, an der Schreibmaschine, und Milo marschierte in dem Zimmer hin und her und diktierte, wobei ihn Federmann oft unterbrach und den Mann, um den es sich handelte, nicht links, sondern rechts über die Straße schickte. So arbeiteten sie beide, der eine ergänzte den anderen, verbesserte ihn oder half seiner Phantasie aus. Ich glaube, sie schrieben in der Zeit, als ich in Wien war, an einem Kriminalroman. Es war ein seltsames Gespann. Milo liebte das Leben, wie es vielleicht nur ein Serbe lieben kann, und der andere versuchte mitzuhalten, war aber zu schwach, um es wirklich zu können. Er litt unter Milos Ausschweifungen, trabte aber immer munter hinterher. Milo hatte mir im Münchner Fasching versprochen, mir in Wien tausend schöne Frauen zu Füßen zu legen, aber es blieb bei seiner Freundin, die er mir anbot, auf die ich aber verzichtete. Er holte seine verlorenen frühen Jahre nach, Jahre der Okkupation, der Verfolgung, der Gefängnisse.

Unter den neuen österreichischen Autoren spielte er eine Rolle, und es schien mir so, als sei er mit allen befreundet. Es waren ereignisreiche zehn Tage, die ich im April 1952 in Wien verbrachte. Um mir in Wien ein schönes Leben zu bieten, schleppte Milo alles zur Pfandleihe, was in seiner Wohnung nicht niet- und nagelfest war. Trotzdem ging das Geld immer wieder aus. Geld schien mir in Wien überhaupt eine größere Rolle zu spielen als bei uns, vielleicht, weil man noch ärmer war.

Milo wurde in den folgenden Jahren so etwas wie ein Verbindungsmann für uns zur österreichischen Literatur.

Er brachte alle möglichen Leute heran, unter ihnen Herbert Eisenreich und andere. Eigentlich war er gar kein österreichischer Autor, sondern ein Serbe, ein Jugoslawe, aber er schrieb deutsch und fühlte sich der großen österreichischen Literatur aufs engste verbunden. Außerdem war er ein Kind der k.u.k. Monarchie, in seinen Adern floß nicht nur serbisches, sondern auch ungarisches, griechisches und vielleicht auch rumänisches Blut. Genau kenne ich mich da nicht aus. Sein Vater aber war wohl ein echter Serbe. Jedenfalls sah er so aus. Er besaß die Nase, die Augen, wenn auch nicht die Beine, meiner Kindervorstellung. Er war von einer großserbischen Gastfreundschaft, die man kaum beschreiben kann. Kam ich in Belgrad an – und später besuchte ich Milos Familie häufiger –, dann bogen sich die Tische bereits unter den mich erwartenden Speisen. Nie war ich fähig, soviel zu essen und soviel Slibovitz zu trinken, wie mir angeboten wurde. Er hieß Milan, sein Sohn hieß Milo und dessen Sohn Mile. Nie habe ich das ganz auseinanderhalten können. Alle zusammen nannten sich Doroslovac, das war der Familienname. Auf der Suche nach einem geeigneten Schriftstellernamen ließ Milo eines Tages das »oslovac« weg und nannte sich Dor, was mich oft an einen Roman meiner Buchhändlerzeit erinnerte, der den Titel ›Dor und der September‹ trug. Der Titel fiel mir ein, wann immer ich ihm begegnete, obwohl er sich erst jetzt dem September nähert.

Sein Verhältnis zu Jugoslawien war sehr merkwürdig. Er galt wohl als Abweichler, ja, ich glaube, in den ersten Jahren durfte er Belgrad nicht einmal besuchen, obwohl viele seiner Jugendfreunde in hohen Stellungen, sogar in der Regierung saßen. Vielleicht sahen viele in ihm nunmehr einen Österreicher, der sein Land verlassen und damit verraten hatte. Erst in den letzten Jahren hat sich das verändert. Nun gilt er auch in Jugoslawien als jungslawischer Autor. Er müßte eigentlich, wie das heute so üblich ist, an einer Identitätskrise leiden, bald Österreicher, bald Jugoslawe, aber ich habe nie so etwas an ihm bemerkt. Da ist vielleicht zuviel Welt in ihm zusammengekommen, zuviel Literatur, einer, der – wenn auch abseits vom großen Strom – mit der Literatur aufgewachsen ist. Er ist kein Experimentator, kein Sprachkünstler, er ist ein Realist. Seine Lehrmeister waren die großen Erzähler des vergangenen und dieses Jahrhunderts. Und er kann erzählen. Ich jedenfalls höre ihm gerne zu.

Aber vielleicht bin ich mit ihm über viele Ecken verwandt, irgendwie, denke ich manchmal, komme auch ich vom Balkan. Es ist ein Wunschtraum. Oder ein Familiengerücht. Irgendwann zogen Zigeuner aus dem Balkan nach dem Norden und nahmen meinen Großvater als Säugling mit. Im Erzgebirge angekommen, legten sie meinen Großvater einem Pastor vor die Tür. Später schlug er sich als Weber bis an die Ostsee durch, nicht ohne vorher eine große Familie gegründet zu haben. Tatsächlich, einmal, als ich in den Bergen an der dalmatinischen Küste herumfuhr, sahen alle, die mir zu Fuß oder auf Eseln entgegenkamen, aus wie mein Onkel Otto oder mein Onkel Philipp oder wie mein Vater Richard. Seitdem kann ich mir vorstellen, daß vielleicht ein kleiner, ganz winziger Zweig meiner Familiengeschichte auch zu Milo führt. Ein verwegener Gedanke, gewiß. Aber wer kennt sich in der Vorgeschichte derer schon aus, die aus der großen Masse kommen.

Fast in jedem Sommer fuhr ich in den fünfziger Jahren nach Jugoslawien, nicht als Tourist, sondern um dort meine Dinare zu verleben, die sich auf der Bank in Belgrad als Honorare ansammelten. Sie ließen sich in dieser Zeit nicht konvertieren, ich mußte sie in Jugoslawien verbrauchen. Und jedesmal war ich in der Familie Doroslovac für einige Tage zu Gast. Ich erwähne dies, weil ich auf Milos Mutter zu sprechen kommen will, die man Bebo nannte. Sie war, ich glaube, eine Halbgriechin, schwarzäugig, sehr energisch und in einer Weise geschäftstüchtig, wie es vielleicht nur Griechen sein können. Sie schätzte das Geld, was ihr einziger Sohn, Milo, nicht tat, den sie aber trotzdem liebte. Doch es gab ständig Auseinandersetzungen. Sie hielt nichts von dem, was Milo tat, ja, ich glaube, in ihren Augen war der Beruf eines Schriftstellers ein Taugenichts-Beruf.

Milo sah es anders. Für ihn war das Schreiben, die Literatur, sein Lebenselement. Er tat sich schwer, er hatte viele Hindernisse zu überwinden. Deutsch ist nicht seine Muttersprache. Der Erfolg von Dürkheim wiederholte sich nicht. Es gelang ihm nicht, sich durchzusetzen. Trotzdem, es gibt Romane von ihm, die eine größere Anerkennung verdienen, als ihnen zuteil wurde. Vielleicht kommt diese Anerkennung irgendwann noch nach. Ich teile die mir bekannten Schriftsteller in Frühbegabungen und Spätbegabungen ein. Milo ist eine Spätbegabung.

Tränen in Marktbreit
Günter Eich

Er war bescheiden, zurückhaltend, jemand, der ihn nicht genau kannte, hätte gesagt, ein stiller Mensch. Sein Gesicht war auf den ersten Eindruck nichtssagend, das Gesicht eines Lehrers vielleicht, eines Oberlehrers. Niemand konnte ahnen, was sich dahinter verbarg. Ich wußte fast nichts von ihm, nichts von seinem Leben vor dem Krieg und während des Krieges, nichts von seiner Jugend, seiner Kindheit. Es hat mich auch nicht interessiert, und ich habe nie danach gefragt. In dieser Zeit, wenige Jahre nach dem Krieg, war das unwichtig.

Ich hatte einige seiner Kriegsgefangenengedichte im ›Ruf‹ abgedruckt. Der Schriftsteller Horst Lange hatte mich auf ihn aufmerksam gemacht. »Dort hinten in den oberbayerischen Bergen«, sagte er, »sitzt ein begabter Lyriker.« Ob er mir nicht einmal einige seiner Kriegsgefangenengedichte schicken dürfe. So lernten wir uns kennen. Die Gedichte erschienen im November 1946 im ›Ruf‹. Aus der ersten Begegnung entstand eine lange Freundschaft, die viele Jahre bestand.

Eines Tages kam er zu mir und schlug mir eine Stadt als Tagungsort der ›Gruppe 47‹ vor. Es war eine kleine Stadt, und sie hieß Marktbreit. Sie sei, sagte er, etwas abgelegen, dort seien wir ganz unter uns. Ich war damit einverstanden, wollte aber die Stadt vorher kennenlernen. So fuhren wir beide im März 1949 nach Marktbreit. Wir fuhren mit einem Personenzug, der auf jeder Station hielt. D-Züge dorthin gab es nicht, oder noch nicht. Wir mußten zweimal umsteigen. Alles um uns herum war noch geprägt vom Krieg und von den ersten Nachkriegsjahren. Wir saßen in einem Dritte-Klasse-Abteil auf geschwungenen

Holzbänken, und er sprach von seiner Frau, die gerade gestorben war, wenige Tage zuvor, was ich erst jetzt erfuhr.

Ich hatte seine Frau nur zweimal gesehen, und jedesmal hatte mich ihr Anblick erschreckt, etwas Verfallenes, Hexenartiges war von ihr ausgegangen, ihre viel zu langen Fingernägel gaben ihren nervösen Händen etwas Krallenartiges, ihre Augen flackerten leicht, wenn man sie ansprach, und ihre Antworten waren stockend, mehr geflüstert als gesprochen und oft unverständlich. Mir wurde nicht ganz klar, wie sie gestorben war. Aber ich saß ihm gegenüber und hörte ihm zu. »Sie war morphiumsüchtig«, sagte er. Und nach und nach erfuhr ich die Geschichte dieser Ehe. Er hatte sehr gelitten, mehr vielleicht, als er mir eingestand. Immer wieder war er gezwungen gewesen, Morphium zu beschaffen, dabei sei er die schwierigsten Wege gegangen, immer wieder habe er sich erniedrigen müssen. Er erzählte mir nicht alles, und alles war wohl auch nicht erzählbar. Er schwieg zwischendurch, oft eine halbe Stunde lang, und sah zum Fenster hinaus. Er wollte das alles nicht aussprechen und mußte es doch erzählen.

Ich erfuhr nicht, woher er diese Frau kannte, wie und wo er sie kennengelernt hatte. Was er erzählte, waren immer nur Wiederholungen, anders formuliert, über ihre Interessen und ihre Verzweiflungen, über ihre Selbstmordabsichten, wenn sie unter Morphiumentzug leben mußte. Das habe ihn veranlaßt, sich immer erneut auf die Suche nach Rezeptquellen zu machen. Ja, sie habe ihm leid getan, er habe es nicht mit ansehen können: die Krämpfe, dieses ganz und gar Außer-sich-Sein. Aber manchmal frage er sich heute, ob er sie überhaupt geliebt habe. Er sprach mehr zu sich selbst, mehr zum Abteilfenster hinaus, nur hin und wieder kam sein Blick zu mir, streifte mich flüchtig und verschloß sich gleich wieder. Einmal sagte er: »Entschuldige, daß ich dir das alles erzähle, es wird dich gar nicht interessieren, und eigentlich wollte ich es dir auch nicht erzählen.«

Ich weiß nicht mehr, was ich darauf geantwortet habe, wahrscheinlich habe ich gesagt: »Es interessiert mich sehr«, oder etwas Ähnliches. Ich war befangen und empfand etwas wie Unbehagen, das ich zu unterdrücken suchte. Ich spielte den Gleichgültigen und den zugleich Interessierten und gab mir Mühe, mitfühlend zu wirken. Ich versuchte, mir das vorzustellen, sein Leben in diesen Nachkriegsjahren in einem kleinen Zimmer, einem zerbombten Haus, in alten verschlissenen Möbeln, mit dieser kranken, süchtigen Frau, arm, ohne Geld, und immer auf der Suche nach Morphium. Er schwieg jetzt, schwieg lange, als bereue er es nun, gesprochen zu haben. Der Zug, so schien mir, fuhr immer langsamer, blieb unnötig lange auf den Stationen stehen und zuckelte dann weiter.

Es war Nachmittag, als wir in Marktbreit ausstiegen. Das Bahnhofsgebäude sah verwittert aus, als sei es aus der Kaiserzeit übriggeblieben. Alles wirkte trostlos auf uns, die fast leeren Straßen, die vereinzelten Pferdefuhrwerke, die niedrigen Häuser. Wir blieben vor dem Bahnhofseingang stehen, es regnete leicht, und wir wußten nicht, wohin wir gehen sollten. Natürlich zum Marktplatz, ins Rathaus, in irgendeinen Gasthof, aber wir hatten plötzlich keine Lust mehr. Er stand mir gegenüber, sein Gesicht nicht weit von dem meinen entfernt, und plötzlich liefen Tränen über dieses Gesicht. Er sagte, er stammelte es fast: »Sie hätte nicht sterben müssen, nein, das hätte sie nicht.« Er weinte, und für einen Augenblick schien er mir völlig verzweifelt, er gab sich die Schuld am Tod seiner Frau. Er hätte sie aus der Anstalt zurückholen müssen, wohin er sie wenige Wochen vor ihrem Tod gebracht hatte. Er hätte anders handeln müssen, ganz anders, er bezichtigte sich der Schuld und wartete doch gleichzeitig auf eine Antwort von mir.

Ich versuchte, ihn zu beruhigen, jetzt empfand ich echtes Mitgefühl für ihn, ja, ich wollte ihn trösten, ich mußte ihm darüber hinweghelfen, bevor wir in die Stadt gingen. Es fiel mir schwer, sehr schwer, ich sagte etwas von der Unabwendbarkeit des Schicksals, er hätte sie nicht retten können, er sei völlig schuldlos. Es waren Worte, Allgemeinplätze, die jeder hätte sagen können, doch er beruhigte sich, vielleicht waren es gerade diese nichtssagenden Worte, die er in diesem Augenblick brauchte. Er sagte: »Entschuldige, komme ich dir nicht zu sentimental vor?« Und ich antwortete: »Nein, nein.« Und dann gingen wir in die Stadt.

Wir fanden alles, was wir suchten: einen großen Gasthof, in dem alle wohnen konnten, und ein seltsames, fast mittelalterliches Gebäude, der Rest einer ehemaligen Burg vielleicht, das Rathaus, mit einem Turm, der ganz oben einen großen Raum besaß, in dem wir tagen konnten. Der Raum nannte sich das ›Hochzeitszimmer‹. Das Rathaus stand gleich neben dem Gasthof, nur ein paar Schritte entfernt. Eine ausgetretene Wendeltreppe führte in den Turm zum ›Hochzeitszimmer‹ hinauf. Nachdem ich mir das alles genau angesehen hatte, schien mir das außerordentlich gut für uns geeignet. Wir fuhren noch am selben Tag zurück, aber wir sprachen nicht mehr von seiner gerade verstorbenen Frau.

Vier Wochen später trafen wir uns alle in dem Gasthof. Die Zimmer reichten gerade aus, wir besetzten den ganzen Gasthof. Alles war noch ein wenig primitiv. Es gab noch kein fließendes Wasser in den Zimmern, und um die Toilette zu finden, mußte man durch das halbe Haus rennen. Bier gab es noch nicht, dafür aber ein Getränk, das sich Molke nannte. Es schmeckte entfernt nach Bier, hatte aber kaum etwas mit richtigem Bier zu tun. Alle waren mit der Eisenbahn gekommen, aber einige sahen aus, als hätten sie sich die ganze Strecke erwandert. Autos hatten wir zu dieser Zeit alle noch nicht. Niemandem sah man die Strapazen an, die er auf sich genommen hatte, um hierher zu kommen. Sie alle waren ja Strapazen gewöhnt und scheuten sie nicht. Wie wir den ersten Abend in dem Gasthof verbracht haben, ist mir nicht mehr bewußt. Ich erinnere mich nur, daß wir sehr fröhlich waren und voller Neugier auf den nächsten Tag. Günter Eich war schon vor mir gekommen, er war gut gelaunt und hatte wohl Abstand zum Tod seiner Frau gewonnen, so daß er wieder lachen konnte. Gewiß, er lachte selten offen und laut. Sein Humor war hintergründig, ein schwarzer Humor, fast könnte man sagen: eine Art leiser Humor, der manchmal anarchische Züge annahm.

Er las am nächsten Tag ein paar Gedichte. Seine Stimme veränderte sich, sobald er zu lesen begann. Sie zu beschreiben fällt mir schwer. Es war der leicht schwebende Ton, ein Klang voll wissender Trauer, ich möchte sagen, die Stimme selbst war poetisch. Es gab nur wenige Autoren, die ihre Gedichte so eindrucksvoll lesen konnten. Er hatte auch an diesem Tag Erfolg wie immer. Auf seine Lesung folgten ein paar Minuten zögernden Schweigens, bis sich der eine oder der andere zu Wort meldete. Es war keine Weihestunde, das war es nicht, mit einem solchen Verhalten hätte man ihn wohl gekränkt. Auch er liebte den rauhen und radikalen Ton, der unter uns herrschte. Ein Jahr zuvor, in Jugenheim, war er auf eine seltsame Idee gekommen. Er las, mit meiner Einwilligung, einige Gedichte von Annette von Droste-Hülshoff, von Theodor Storm und von Emanuel Geibel vor, und wir gaben sie als Gedichte junger Autoren aus, die man mir eingeschickt hatte. Nach einem verblüfften sehr langen Schweigen sagte einer: »Merkwürdig, mir kommen die Gedichte seltsam verstaubt vor. Oder irre ich mich?« Die Namen wurden genannt, und Günter Eichs Auftritt endete mit einem allgemeinen Gelächter. Mir ist dabei nicht klargeworden, ob er sich über die anderen lustig machen oder ob er nur ihre kritischen Fähigkeiten prüfen wollte.

Doch zurück zu Marktbreit. Dort saßen wir, drei Tage lang, in dem Turmzimmer, das sich ›Hochzeitszimmer‹ nannte, lasen, kritisierten und diskutierten. Das Zimmer war holzgetäfelt, ein paar alte Stühle, ein kleiner Tisch, ein verschlissenes Sofa, das war alles. Die meisten hockten auf dem Boden oder in den Fensternischen, stundenlang, es störte sie nicht. Ich weiß nicht mehr genau, wer dort alles gelesen hat. Alfred Andersch war dabei, Wolfgang Bächler, Ilse Schneider-Lengyel, Walter Kolbenhoff, Nicolaus Sombart. Die Kritik gefiel mir nicht sonderlich. Es schlich sich ein gereizter, leicht hämischer Ton ein, den ich zu unterdrücken versuchte, was mir aber nicht immer gelang. Der Ton ging von einem Mann aus, den ich leichtsinnigerweise eingeladen hatte, einen Pastorensohn, der sich für einen bedeutenden Kritiker hielt. Die anderen reagierten darauf nun ebenfalls gereizt. Einige fühlten sich gekränkt, beleidigt, mißverstanden. Das ›Hochzeitszimmer‹ nahm zeitweise einen explosiven Charakter an. Es sah aus, als würde ich diese Tagung nicht gut zu Ende bringen. Die allgemeine Nervosität und Gereiztheit wurde jede Viertelstunde auch noch von dem dröhnenden Klang der Turmuhr unterbrochen und gleichzeitig erhöht, ein Glockenklang, bei dem man seine eigene Stimme nicht verstand. Manchmal unterbrach ich die Kritik, schnitt ihr einfach das Wort ab und gab mich härter, als ich war oder sein wollte. Trotzdem vergingen die drei Tage, ohne daß die hintergründig schwelende Unruhe zum Ausbruch kam. Abends im Gasthof siegte wieder die Harmonie, siegte die Freundschaft, die so stark vorhandene Gemeinsamkeit.

Es kam der letzte Tag, ein Sonntag. Wir saßen im ›Hochzeitszimmer‹, als ein Faß Wein hereingerollt wurde, ja, ein ganzes Faß. Es wurde durch die Tür hereinbugsiert, und mir war nicht klar, wie man es die Wendeltreppe heraufgeschafft hatte. Es war ein Geschenk des Bürgermeisters, das mit großem Hallo empfangen wurde. Die meisten waren dafür, es gleich anzuzapfen. Aber ich war nicht damit einverstanden. Es wollten noch einige am Nachmittag lesen, und eine weinselige Zuhörerschaft, das schien mir zu gefährlich. Ich vertröstete auf den Abend, dann wollten wir ja unser Abschlußfest feiern, und dafür, so sagte ich, sei der Wein gerade richtig. So lasen wir am Nachmittag angesichts des Weinfasses, das vor mir stand, es gab das übliche Hin und Her, doch der gereizte Ton hatte sich immer noch nicht ganz gegeben. Es war kurz vor dem Abschluß, als sich Nicolaus Sombart meldete. Er habe, sagte er, über einige der anwesenden Autoren satirische Glossen geschrieben, ob er die noch lesen dürfe? Mir schien ein solcher Versuch angesichts der unterschwelligen Unruhe nicht angebracht, doch alle waren dafür, sie wollten hören, was der Nicolaus Sombart über den einen oder anderen da geschrieben hatte. Es machte sie neugierig. Unwillig gab ich nach, schloß aber vorher die Tagung mit ein paar Worten ab und sagte schließlich: »So, und jetzt kann sich jemand anderer auf meinen Stuhl setzen. Was jetzt kommt, hat nichts mehr mit der ›Gruppe 47‹ zu tun.« Um das zu demonstrieren, wollte ich nicht mehr dabeisein. Ich verließ das ›Hochzeitszimmer‹, ging die Wendeltreppe hinunter und hinüber in den Gasthof.

Ich weiß nicht mehr, wie lange ich dort saß und womit ich mir die Zeit vertrieb, es mögen ein oder auch zwei Stunden gewesen sein, als Günter Eich hereinkam und mich aufforderte, sofort zurück in den Turm zu kommen. »Die streiten sich alle, die sind alle durcheinander.« Ich lief hinter ihm her, die Wendeltreppe hinauf und blieb erschrocken an der Tür des ›Hochzeitszimmers‹ stehen: Sie stritten sich nicht nur, sie beschimpften sich. Einer warf dem anderen vor, daß er gar nicht schreiben könne, jeder hielt den anderen für einen Dilettanten. Sie hatten das

Weinfaß angezapft, hielten gefüllte Gläser in den Händen und schienen mir fast alle betrunken. Überraschend schnell muß der Frankenwein seine Wirkung getan haben. Er war, wie sich später herausstellte, geschwefelt und hatte alle in einer Weise streitsüchtig gemacht, die ich nicht für möglich gehalten hätte.

Hilflos stand ich an der Tür. Ich mußte den Streit schlichten, es war meine Aufgabe, sie zu beruhigen, aber ich kam mir ohnmächtig gegenüber dem Wein und seiner Wirkung vor. Ganze Gruppen standen sich gegenüber, Gruppen von drei, vier Mann, ihre Schimpfereien aufeinander arteten aus in persönliche Kränkungen, Beleidigungen. Jeden Augenblick konnten sie aufeinander losgehen, um ihre Auseinandersetzungen auch handgreiflich auszutragen. Auf meinem Stuhl aber saß der Mann, der den hämischen, gereizten, leicht gehässigen Ton in diese Tagung hineingetragen hatte, der Pastorensohn, und lachte. Es kam mir vor, als hätte er Kienspäne in den Händen, um sie immer erneut in das Feuer des ausgebrochenen Streits zu werfen. Er hatte, auch das erfuhr ich erst später, die Diskussion nach der Lesung von Nicolaus Sombart geleitet und sie in diesen Streit ausarten lassen, wenn nicht sogar hineingeführt.

Mein erster Versuch, mich zwischen die Streitenden zu stellen, mißlang. Man nahm keine Notiz von mir. Ich versuchte, sie zu beruhigen, ich appellierte an ihre Vernunft, aber sie ließen sich nicht unterbrechen und schoben meine Worte mit einer zornigen Handbewegung beiseite. Ganze Kaskaden von gehässigen Sätzen flogen hin und her. Ich wurde ärgerlich, ja, ich spürte, wie der Streit auch auf mich übergriff, bald war ich auf der einen Seite, bald auf der anderen. Einige riefen mir zu: »Halt dich da raus, es geht dich nichts an!« Trotzdem gab ich vorerst nicht auf, doch auch ich wurde immer zorniger. Am liebsten wäre ich zu dem Weinfaß gegangen, wo ein paar Gläser standen, und hätte sie wütend durch das ›Hochzeitszimmer‹ geworfen. Doch ich war im Rückstand, ich konnte die anderen nicht mehr einholen, sie waren schon alle betrunken. Jede Viertelstunde aber dröhnte dazu die Turmuhr, und es kam mir vor, als sei auch sie nicht mehr ganz nüchtern. So blieb ich mit zunehmender Mutlosigkeit an dem Weinfaß stehen, hörte Unsinnigkeit hier und Maßlosigkeit dort und hoffte auf irgendein Ende. Einige lallten schon, saßen auf dem Boden, ließen aber von den anderen nicht ab.

Draußen war bereits Nacht, als ich mich entschloß, das Ganze in einer Art zu beenden, die mir nicht sehr lag. Ich sagte, das Zimmer müsse geräumt werden, der Bürgermeister verlange es. Ich sagte es so energisch und so laut ich konnte, fast im Befehlston. Der Bürgermeister sei verärgert über unser Benehmen, er hätte nichts gegen unseren Streit, nur sollten wir ihn bitte drüben im Gasthof fortsetzen. Im Gasthof, so dachte ich, müßten sie sich beruhigen, mußte alles ein Ende haben. Zugleich begriff ich, daß ich nicht mehr notwendig war. Ich konnte gehen, es war nicht mehr meine Sache, nicht mehr das, was ich gewollt hatte. So ging ich als erster, ich ging die Wendeltreppe hinunter, und dort, ganz unten, stand Günter Eich, er, der mir diese Stadt vorgeschlagen hatte und mit dem ich vor vier Wochen hierher gefahren war. Er sagte, zwei- oder dreimal, und jetzt begriff ich erst, warum er weinte: »Das ist das Ende der ›Gruppe 47‹.«

Am nächsten Morgen hatte sich zwar der Streit gelegt, aber viele sprachen nicht mehr miteinander, ja, sie beachteten einander kaum. Auf dem Bahnsteig stiegen alle, als der Zug einlief, in verschiedene Abteile: verfeindete Gruppen, die nichts mehr miteinander zu tun haben wollten. Günter Eich umarmte meine Frau Toni mit den Worten: »Wir werden uns nie wiedersehen.« Und ich stand daneben und dachte, welch ein Zusammenbruch, hatte aber keineswegs die Absicht, aufzugeben. Zwei feindliche, feindselige Gruppen waren entstanden, und auf dem Umsteigebahnhof im Wartesaal saß jede Gruppe in einer anderen Ecke des Saals. So fuhren wir nach München zurück, unausgeschlafen, zerschlagen, müde und traurig. Einige der Tagungsteilnehmer sahen grün und gelb aus, als kämen sie aus einem Fegefeuer, in dem sie über Literatur gesprochen hatten. Das war im April 1949.

Ein Jahr später in Inzigkofen – 1950 – wurde zum ersten Mal der Preis der ›Gruppe 47‹ vergeben. Alle nahmen nach dem Ende der Lesungen an der Wahl teil, und in freier und geheimer Abstimmung wurde Günter Eich gewählt. Marktbreit und der weinselige Streit in dem ›Hochzeitszimmer‹ waren vergessen.

Erst achtzehn Jahre später kam es wieder zu ernsthaften Auseinandersetzungen. Das war 1967 in der Pulvermühle, einem Gasthof auf dem Lande, in der Fränkischen Schweiz. Günter Eich saß vor mir, dicht vor meinem Stuhl, etwas tiefer als ich. Nun war er nicht mehr glatt rasiert wie damals in Marktbreit, sondern trug einen eisengrauen Bart, der mich an die letzten Jahre von Hemingway erinnerte, mit dem er doch so wenig gemeinsam hatte. Vor dem Gasthof demonstrierten Studenten, die sich zum Ziel gesetzt hatten, uns politisch zu beeinflussen. Sie verbrannten ihnen nicht genehme Zeitungen unter den Obstbäumen, lärmten mit Lautsprechern herum und gaben uns ihre Parolen bekannt. Im Saal selbst war Streit entstanden, Günter Grass gegen Reinhard Lettau, dessen Anrede »Genosse« er zurückwies, und gegen Martin Walser. Diesmal war es ein politischer Streit. Es ging um die Parteinahme für die draußen demonstrierenden Studenten, es kam zu einer Art Fraktionsbildung, noch nicht voll sichtbar, aber spürbar.

Für einen Augenblick war ich wieder hilflos wie seinerzeit in Marktbreit, die Auseinandersetzungen konnten in einen allgemeinen Streit mit unkontrollierbaren Folgen ausarten. In dieser Spannung öffnete sich die Tür, und ein Mann als Clown verkleidet bewegte sich, die Hand voller Luftballons, mit dem Ausruf »Familie Saubermann!« durch den Mittelgang. Ehe noch jemand etwas sagen konnte, war Toni aufgesprungen, war ihm entgegengegangen und hatte den zurückweichenden jungen Mann mit dem Ausruf »Raus!« wieder ausgesperrt. Doch der Streit ging weiter. Da beugte sich Günter Eich vor, stand halb von seinem Stuhl auf und sagte: »Laß mich jetzt lesen.«

Kaum hatte er auf dem Stuhl neben mir Platz genommen, begann er zu lesen, und schon nach den ersten Sätzen trat Ruhe ein, dann Stille, gespannte Aufmerksamkeit. Die sich erhoben hatten, um sich über die Stuhlreihen hinweg anzuschreien, setzten sich wieder. Günter Eich nahm sie gefangen, nicht nur mit seiner Stimme, mit der Art, wie er las, sondern auch mit dem, was er las. Er las Aphorismen, ich will sie hier einmal so nennen, aber es war mehr als das, und ich finde heute noch nicht die rechte Bezeichnung dafür. Er las von »Vater Staat« und »Mutter Natur«, und jeder Satz hatte mehr Gewicht als alles, was bis dahin gesagt worden war. Die Gefahr war überstanden, und das Gewitter verzog sich so schnell, wie es gekommen war.

Günter Eich war oft dabei, fast auf allen Tagungen, meist las er mit Erfolg, einmal wurde ihm der Entwurf eines Hörspiels verrissen, doch dies ist am stärksten in meiner Erinnerung geblieben: seine Tränen in Marktbreit und sein Sieg über polemische und gehässige Streitsucht in der Pulvermühle.

In Chruschtschows Badehose
Meine Reise nach Rußland mit Hans Magnus Enzensberger

Das war, als Rußland noch ein dunkles Land war, für mich unerforscht, das Land der großen Revolution, des Terrors, des Stalinismus, ein Land unheimlich und geheimnisvoll. Noch gab es keinen Tourismus dorthin, noch keine Entspannungspolitik, noch keine Geschäftsreisenden. Einmal, in meiner Jugend, hatte mich die Sowjetunion magisch angezogen, aber diese Jugendträume waren längst verflogen, zerstört durch die großen Schauprozesse unter Stalin, durch frühe Enttäuschungen in der Kommunistischen Partei und durch andere Einflüsse. Es war nicht viel davon geblieben. Nur Skepsis und ein wenig Angst vor dem Ungewissen.

Die Einladung zu einem internationalen Schriftstellerkongreß in Leningrad kam aus Italien, von einem gewissen Vigorelli auf Veranlassung von Ingeborg Bachmann, die in Rom lebte. Und die gleiche Einladung bekam auch Hans Magnus Enzensberger, den ich in Helsinki treffen sollte. Also machte ich mich auf den Weg, flog über Kopenhagen nach Helsinki, und tatsächlich stand dort Hans Magnus in der Halle des Flughafens. Er war hervorragend gekleidet, trug einen eleganten, damals sehr modischen Pepita-Anzug, ein Weltmann auf einem Abstecher nach Leningrad, und ich kam mir daneben recht unbeholfen und ein wenig provinziell vor. Ich weiß nicht mehr, was wir miteinander gesprochen haben, er gab sich wie immer, leicht sarkastisch, ironisch, und es schien, als mache ihm die Reise nach Leningrad nicht die geringste Schwierigkeit.

Neugierig war auch er, das konnte er nicht verbergen,

und so ließen wir uns mit einem russischen Flugzeug nach Leningrad transportieren, umgeben von sogenannten internationalen Schriftstellern, die ununterbrochen aufeinander einsprachen, fast in allen Sprachen der Welt, und sich nie eine Pause gönnten.

In Leningrad angekommen, schritten wir beide aus dem Flugzeug hinaus, er voran und ich hinter ihm her, und noch auf der Gangway hörte ich unten meinen Namen rufen. Ein mir zugeordneter Dolmetscher erwartete mich. Natürlich wußte ich nichts von ihm und kannte ihn nicht. Enzensberger wurde nicht erwähnt. Er war anscheinend hier völlig unbekannt, was sich aber schnell ändern sollte. Er hatte eine Art, sich leise, aber unaufhaltsam in den Vordergrund zu schieben, die für mich verblüffend war. Als ich sie bemerkte, war es schon zu spät. Da stand er schon im Rampenlicht. Er kam mir vor wie ein Tänzer, der sich mit ein paar eleganten Sprüngen über alle Widrigkeiten, Gegensätzlichkeiten und alles Widersprüchliche erhebt und so die Aufmerksamkeit aller auf sich zieht. Vorerst aber mußte er um seinen Pepita-Anzug bangen.

Wir wohnten im Hotel Jewropéskaja, und als wir am Abend noch einen kleinen Spaziergang auf dem Newski-Prospekt machten, wurden wir innerhalb kürzester Zeit von Jugendlichen umringt. Seine Eleganz zog sie anscheinend an, sein Pepita-Anzug stand im Mittelpunkt ihres Interesses, sie befühlten ihn, griffen den Stoff an, fragten nach dem Preis, schlugen einen Tausch vor, Anzug gegen Kaviar oder sonst etwas, und machten schließlich Anstalten, ihm den Pepita-Anzug auszuziehen. Wir entgingen diesem Ansinnen durch die Flucht zurück ins Hotel. Das Hotel trug noch den Glanz längstvergangener Zeit. So mußte die herrschende Klasse zur Zeit des Zaren gelebt haben, alles schien mir etwas zu groß, zu klotzig, die Schreibtische, die Tintenfässer darauf, und selbst die Badewannen waren so, daß man darin ertrinken konnte.

Ich weiß nicht, wie Hans Magnus diesen verblichenen Glanz empfand, noch hatte das große Spiel nicht begonnen. Wir gingen in Begleitung meines Dolmetschers an der Newa entlang, Hans Magnus wieder heiter, sarkastisch und skeptisch, das Abenteuer mit dem Pepita-Anzug schien vergessen, da setzte sich der Dolmetscher plötzlich und unversehens auf eine Bank, breitete die Arme aus und sagte: »Ich bin dagegen.« Und wir standen beide vor ihm, etwas hilflos, und wußten nichts mit dem Satz anzufangen. Wollte er uns aushorchen, uns zum Sprechen bringen, sollte es eine Prüfung unserer Gesinnung werden? Hans Magnus sah zur Newa hinüber, und mir fiel nichts Besseres ein als ein »So, so«. Vorsicht, so schien uns, war geboten. Der Dolmetscher erhob sich wieder, ging mit uns weiter an der Newa entlang, und bald wußten wir, mit wem wir es zu tun hatten. Kostja Bogaterew war ein Gegner des Systems, und er machte kein Hehl daraus. Wir wunderten uns nur über seine Offenheit, sagten aber selbst wenig, um nicht in eine Falle zu laufen. Fallensteller gab es wahrscheinlich zahlreiche in der Sowjetunion.

Kurz darauf begann der Kongreß. Ich glaube, der Italiener Vigorelli eröffnete ihn. Wir beide, Enzensberger und ich, wurden als Delegation begrüßt, die Delegation aus der Bundesrepublik. Der Saal, in dem sich die internationalen Schriftsteller versammelten, war prunkvoll, die Reden aber, die gehalten wurden, äußerst langweilig, spröde, sie vollzogen sich nach einem Ritual, das wir nicht kannten und das bei Hans Magnus ein immer wiederkehrendes verhaltenes Gähnen hervorrief.

Am nächsten Tag bekam ich heftige Zahnschmerzen, und Kostja Bogaterew, mein Dolmetscher, brachte mich in eine zahnärztliche Polyklinik. Diese Klinik hatte mehrere Stockwerke, und überall arbeiteten Frauen, nur Frauen, in jedem Zimmer, in jedem Saal, vier, fünf nebeneinander. Auch ich wurde einer Zahnärztin zugeteilt, die mich mit viel Sorgfalt und Fürsorge behandelte. Im Gegensatz zu den anderen Frauen, die ich gesehen hatte, war sie jung und hübsch, und dementsprechend fand ich die Behandlung durch sie äußerst angenehm. Doch wie soll ich mein Erstaunen beschreiben, als ich zurückkam. Der Kongreß sprach nur noch von Hans Magnus Enzensberger, ja, er war in aller Munde. Eine damals sehr bekannte französische Schriftstellerin geriet fast in Entzücken, als sie mir von seinem Auftritt erzählte. Ja, Hans Magnus hatte während meiner Abwesenheit eine Rede gehalten und nicht nur eine Rede. Es waren aus meiner Sicht die ersten Schritte eines Tänzers gewesen, ein erstes Solo vielleicht, das alle zur Bewunderung hingerissen hatte. Inmitten der öden, langweiligen Reden mußte es ein Glanzstück gewesen sein. Ich traf ihn nicht gleich wieder, er blieb vorerst verschwunden, wahrscheinlich in Anspruch genommen von den »internationalen Schriftstellern«, nach wenigen Stunden ein kleiner Star dieses Kongresses. Ich ärgerte mich nicht, fand aber diesen Auftritt während meiner Abwesenheit doch nicht ganz fair. Schließlich waren wir eine Delegation, wenn auch nur eine Kleinst-Delegation, aus nur zwei Mitgliedern bestehend.

Der Kongreß sollte am Sonnabendmittag zu Ende gehen, doch am Abend davor gab es noch ein großes Fest. Ich zog meinen blauen Anzug an, den ich für einen solchen Fall mitgenommen hatte, ging dorthin und fragte meinen Dolmetscher: »Wo steckt denn Enzensberger?« »Der«, erwiderte Kostja Bogaterew, »tanzt Krakowiak.« Offensichtlich hatte er sich schneller angepaßt als ich es selbst bei großem artistischen Können für möglich gehalten hatte. Ja, er tanzte, ich sah ihn auf der Tanzfläche, es war zwar kein echter Krakowiak, den er tanzte, aber etwas Ähnliches, eine Mischung aus vielen Tänzen mit gekonnten Verrenkungen. Ich ging weiter durch die Reihen der vielen Tische mit den feiernden Schriftstellern daran, allein, und kam mir etwas verlassen vor, als ich meinen Namen rufen hörte. Der Ruf kam von unten, eine halbe Treppe tiefer, wo sich anscheinend eine größere Bar befand. Der Ruf meines Namens wiederholte sich, und ich ging die halbe Treppe hinunter in der Hoffnung, irgendwelche mir bekannten Leute zu treffen, aber es waren Fremde, Russen, die dort um einen großen, runden Tisch herum saßen. Sie waren alle größer als ich, wuchtiger, breitschultriger, sie hatten Wassergläser voller Wodka vor sich und tranken dazu Rotwein aus hohen Kristallgläsern. Sie forderten mich auf, mich zu ihnen zu setzen, und ich nahm Platz neben einer Frau, die mir ebenfalls recht wuchtig erschien, eine Dame, eine hohe Funktionärin vielleicht, mit starken, bloßen Armen, neben denen mir die meinen wie zwei dünne Strohhalme vorkamen. Auch mir wurden ein Kristallglas mit Rotwein und ein volles Wodkaglas hingestellt, und schon begannen alle, auf dies und das zu trinken, auf den Kongreß, auf die internationalen Schriftsteller, auf Friede und Völkerfreundschaft, und jedesmal wurden die Gläser geleert, zuerst das Rotweinglas und dann das Wasserglas mit dem Wodka hinterher.

Mit Wehmut dachte ich daran, daß mir meine Frau kurz vor meiner Abreise noch die Stabilisierungstablette gegen Trunkenheit hatte besorgen wollen, mit der auch der Kanzler Adenauer seine Rußlandreise angeblich überstanden hatte. Doch daraus war nichts mehr geworden. Sie hatte mir nur die russische Ausgabe meines ersten Romans ›Die Geschlagenen‹ mitgegeben, um mich bei eventuellen Unannehmlichkeiten oder gar einer Verhaftung ausweisen zu können. Trotzdem, so dachte ich, die trinken dich nicht unter den Tisch. Doch dann stand einer von ihnen auf und sagte: »Wir trinken auf die Tapferkeit der deutschen Soldaten.« Ich weiß nicht mehr, was ich bei diesem Trinkspruch empfand, etwas unklar und neblig war mir schon im Kopf, doch ich blieb sitzen, während alle aufstanden und ihre Gläser leerten. Ich trank mit und dachte dabei an Hans Magnus, der oben Krakowiak tanzte. Er hätte vielleicht die richtige Antwort gefunden, ich hätte vielleicht aufstehen müssen, um auf die Tapferkeit der russischen Soldaten zu trinken, aber ich hielt nichts von Tapferkeit, und außerdem fiel es mir auch schon schwer, aufzustehen.

Da kam ein Mann auf mich zu, der sich anscheinend im Hintergrund der Bar aufgehalten hatte. Er war sehr groß, zu groß, fast ein Riese, er erschien mir so, ich mußte von unten nach oben zu ihm aufsehen, er nannte seinen Namen. Es war irgend etwas mit »Soholew« oder »Sobelew«, ich verstand es nur halb und vergaß es gleich wieder. Er schlug mir auf die Schulter und sagte, er sei Admiral der russischen Flotte. Er stand neben meinem Stuhl, ein riesiger Klotz von einem Mann, und fragte, was ich denn gewesen sei. Ich wußte nicht gleich eine Antwort, sagte aber schließlich, nur um etwas zu sagen, ich hätte es nur bis zum Schiffsjungen gebracht. Darauf lachte er, lachte so dröhnend, daß in meinen Augen der große, runde Tisch zu beben begann und die Gläser aneinanderklirrten. Wieder schlug er mir auf die Schulter, diesmal noch kräftiger als vorher, und sagte: »Ich ernenne Sie hiermit zum Admiral der deutschen Flotte.«

Wieder hoben alle ihre Gläser, um auf den neuernannten Admiral zu trinken. Ich versuchte aufzustehen, kam aber nur noch unsicher von meinem Stuhl hoch, der Nebel in meinem Kopf war jetzt so dicht, daß ich nur mühsam »Hoch« sagen konnte, ich sagte es russisch, wie die anderen, aber ich verstand mich wohl nur noch selbst. Als ich mich wieder setzen wollte, fiel gegen meinen Willen mein Kopf auf die Tischplatte in meine ausgebreiteten Arme. Nun hatte der Nebel meinen Kopf ganz erreicht, ich empfand nichts mehr, wußte nichts mehr, ja, ich schlief so fest ein, daß ich nicht bemerkte, was um mich herum vor sich ging.

Ich weiß nicht, wie lange ich dort mit dem Kopf auf der Tischplatte gesessen hatte, doch als ich erwachte, waren alle Stühle leer, saß niemand mehr an dem Tisch außer der wuchtigen Frau mit dem bemerkenswert großen Busen. Sie sah mich prüfend und, wie mir schien, etwas mitleidig an, legte ihre Hand auf meinen Arm und sagte irgend etwas, was ich nicht verstand. Erst jetzt sah ich, daß sie schwarze, saugende, etwas ölhaltige Augen hatte und glänzende, schwarze, eng am Kopf anliegende Haare, die straff nach hinten gekämmt waren. Eine Frau, dachte ich, die einen das Fürchten lehren kann, doch sie war anziehend liebenswürdig, half mir, aufzustehen und nahm mich in ihren Arm. Sie führte mich die halbe Treppe hinauf, dann durch den Saal, der jetzt ebenfalls leer war. Nein, auch Hans Magnus tanzte nun nicht mehr. Er war verschwunden, und ich hatte das Gefühl, er hatte mich für immer hier in Rußland allein gelassen.

Wir gingen einen Gang entlang, an dem rechts und links die Zimmer lagen, in denen wir wohnten, ich in unsicherem Gleichgewicht, mehr schwankend als gehend, doch die Frau neben mir hielt mich so fest unterm Arm, daß ich nicht fallen konnte. Da sah ich mein Zimmer, erkannte die Zimmernummer und sprang mit einem plötzlichen Anfall von Energie auf die Tür zu, schob die wuchtige und mir so wohlgesonnene Frau beiseite, schlug die Tür hinter mir zu, versuchte, tief Luft zu holen, fiel aber gleich über die riesige Badewanne, die im Vorraum stand. Lange ließ ich kaltes Wasser über meinen Kopf laufen, doch was dann geschah, weiß ich nicht mehr. Hier erlischt meine Erinnerung.

Ich erwachte am späten Vormittag des nächsten Tages. Kostja Bogaterew, mein Dolmetscher, stand neben meinem Bett und schüttelte mich: »Du mußt aufstehen, du mußt aufstehen, du mußt in den Kongreß!« Es dauerte lange, bis ich begriff, wo ich mich befand. Endlich erhob ich mich, denn Kostja gab nicht nach. Für ihn war es wichtig, mich noch rechtzeitig in den Kongreß zu bringen. Er war verantwortlich für mich. Ich hätte mich gern wieder hingelegt, mein Kopf war schwer und noch immer, so schien es mir, voller Nebel.

Im Badezimmer, wenn man das so nennen darf, neben der riesigen Badewanne, sah ich in den Spiegel. Das Gesicht, das mir entgegenstarrte, war mir mehr als unsympathisch, zerschlagen, übernächtigt, aufgedunsen. Doch dann stellte ich mit Erschrecken fest: Meine halbe Zahnprothese, die ich zu dieser Zeit trug, war verschwunden. Ich begann zu suchen, kroch auf dem Boden neben der Badewanne herum, suchte den Vorflur ab und alarmierte Kostja, der in einem großen vorrevolutionären Sessel saß. Er fühlte sich offensichtlich wohl in dieser exquisiten feudalistischen Umgebung. Kaum hatte er meinen Schreckensschrei: »Meine Prothese ist weg!« gehört, sprang er wie elektrisiert auf, nichts durfte weg sein, nichts, gar nichts, er bürgte, jetzt begriff ich es erst ganz, für meine Sicherheit. Ich beteuerte ihm, trotz des schmerzlichen Verlustes: »Wir werden sie schon finden«, doch nun krochen wir beide im Zimmer herum, untersuchten die Badewanne, klopften die Handtücher aus, warfen die Kopfkissen und die Decken auf dem großen Bett durcheinander, nahmen jede Stelle des das ganze Zimmer bedeckenden Teppichs in Augenschein, doch wir fanden nichts, die Zahnprothese blieb verschwunden.

»Du mußt trotzdem in den Kongreß gehen«, sagte Kostja, »ich werde inzwischen alles alarmieren, ich lasse die Bar durchsuchen, in der du gestern warst, die Polyklinik auch, und die Zahnärztin müssen wir verständigen. Vielleicht hat sie deine Prothese.« Ich sah ihn an, er war schokkiert und ein wenig ängstlich, es ging um meine Sicherheit, und dazu gehörte anscheinend auch die Prothese. Seinetwegen mußte ich in den Kongreß gehen, das begriff ich jetzt, während er sich auf die Suche nach meiner Zahnprothese machte. Ich fand das Ganze sehr unerquicklich und auch unerklärbar, dazu kam eine wachsende Unsicherheit. Ich sah nicht gut aus mit meiner halben Reihe gesunder Zähne und dem dann folgenden leeren Raum im Mund, ja, als ich in den Spiegel sah, kam ich mir vor wie ein Galeerensträfling, dem man gerade die Zähne ausgeschlagen hatte, und das alles in einem noch nicht alkoholfreien, aufgedunsenen Gesicht.

Trotzdem ging ich in den Kongreß. Der Saal war bis auf den letzten Platz gefüllt, und ganz vorn, in der ersten Reihe an der Ecke zum Mittelgang, sah ich Hans Magnus sitzen. Er hatte sich anscheinend weit nach vorn gearbeitet. Ich freute mich, ihn wiederzusehen. Es gab mir ein wenig von meiner Sicherheit zurück. Da kam der Italiener Vigorelli im Mittelgang auf mich zu und sagte: »Sie müssen sofort sprechen, wir haben schon auf sie gewartet.« Ich erschrak, ich wollte nicht sprechen, unter keinen Umständen jetzt, in dem Zustand, in dem ich mich befand. Ich versuchte abzuwehren, aber Vigorelli schob mich fast aufs Rednerpodium. Und plötzlich gab ich nach, ich weiß heute noch nicht, warum, ich war wohl noch immer nicht ganz ausgenüchtert. Ich dachte: Du wirst es schon schaffen. Und schon stand ich ziemlich erhöht hinter dem Rednerpult. Vor mir, unter mir, sah ich die »internationalen Schriftsteller« sitzen, Prominente zum Teil, deren Gesichter ich kannte, Konstantin Fedin, die Sarraute, Scholochow, Sartre, die Beauvoir.

Vielleicht, dachte ich, kann man sie zum Lachen bringen, und dann hatte ich unter Umständen gewonnen. So erzählte ich, daß man mich gestern Nacht zum Admiral ernannt hätte und wie ich über dieser Ernennung eingeschlafen sei. Niemand lachte. Einige sahen mich, so kam es mir vor, entgeistert und fassungslos an. Anekdoten dieser Art waren hier in dem strengen Ritual solcher Kongresse wohl nicht möglich und höchst unangebracht. Ich hatte plötzlich das Gefühl zu lachen, wie jemand, der noch voll unter Alkohol steht, aber ich mußte weiterreden. Es blieb mir nichts anderes übrig. Aus Ärger über mein jämmerliches Auftreten vielleicht und über meine humorlosen Zuhörer, begann ich gegen den sozialistischen Realismus zu sprechen, und jetzt schienen mir einige Gesichter unter mir noch fassungsloser als vorher. Ich weiß nicht mehr genau, was ich gesagt habe, auf jeden Fall erklärte ich die sowjetische Literatur der letzten Jahre für rückständig. Auch das rief keine Bewegung im Saal hervor, vielleicht waren meine Sätze unklar, mehr gelispelt als gesprochen, und mit einem kurzen Dank für die Einladung schloß ich meine Rede ab.

Alle, die vor mir in dem Saal saßen, schwiegen, ein peinliches Schweigen, nur einer klatschte, laut und ununterbrochen. Es war Hans Magnus, ich sah ihn sitzen, dort ganz vorn, an der Ecke des Mittelganges, und war im Augenblick froh über diese Art von Solidarität innerhalb unserer Delegation. Doch gleich darauf, ich glaube, es sprach noch Jean Paul Sartre, ging der Kongreß zu Ende. Ich habe kaum noch hingehört, ich kam mir deplaciert vor mit meiner mißglückten Rede und meiner fehlenden Prothese. Kaum beachtet verließ ich den Saal. Da geschah etwas Unerwartetes. Ganz hinten am Ende des Saals standen die Kabinen der Dolmetscher, deren Übersetzungen wir durch Kopfhörer bei jeder Rede hörten. Als ich dort vorbeikam, sprangen zwei oder drei der Dolmetscher aus den Kabinen, und einer von ihnen flüsterte mir zu: »Ihre Rede war großartig.« Sie begrüßten mich wie einen alten Freund und begleiteten mich bis in mein Hotel, ja, sie waren ganz außer sich vor Freude, daß jemand auf diesem Kongreß ganz offen das gesagt hatte, was sie für die Wahrheit hielten. Ich fühlte mich erleichtert über diesen Zuspruch, aber trotzdem nicht ganz wohl. Ich hätte in dem

Zustand, in dem ich mich befand, nicht sprechen dürfen. Mein Kopf war noch immer nicht ganz klar, Nebel wallten darin herum, Alkoholnebel, und meine Prothese war weg und würde sich vielleicht nie wieder einfinden.

Kostja erwartete mich im Hotel, er war niedergedrückt, bekümmert. Er hätte, sagte er, alles in Bewegung gesetzt, selbst die Poliklinik sei durchsucht worden, auch das Verhör der jungen, hübschen Zahnärztin, die mich behandelt hätte, sei ergebnislos verlaufen. Sie habe nur geweint. Ich hatte den Eindruck, meine verlorengegangene Prothese entwickelte sich hier in Leningrad zur Geheimen Staatsaktion, was mich nicht froher werden ließ. Bekümmert legte ich mich aufs Bett, während sich Kostja wieder auf den Weg machte. Doch bevor er ging, sagte er noch, an der Tür stehend: »Wir werden Himmel und Hölle in Bewegung setzen. Darauf kannst du dich verlassen.«

Mein Schlaf war schwer und voller Träume. Die Halbprothese lief kichernd durch das Zimmer. Ihr waren zwei dürre, lange Beine gewachsen, mit denen sie bald auf dem Fußboden, bald auf dem Tisch herumsprang, und in einer Ecke stand Konstan Fedin, der sowjetische Schriftsteller, und sagte: »Es tut mir leid, aber wir übernehmen die volle Verantwortung.«

Ich erwachte am Spätnachmittag. Es war halb dämmrig im Zimmer. Die schweren braunen Samtportieren vor dem großen Fenster waren noch zugezogen, wie in der vergangenen Nacht. Ich war deprimiert. Ohne meine Prothese konnte ich hier nicht bleiben, frühzeitig, vielleicht schon morgen oder übermorgen, mußte ich meinen Aufenthalt in der Sowjetunion beenden. So lief ich hin und her, ging in den Vorraum, wusch mich über der riesigen Badewanne, trat ans Fenster, schob die Portiere etwas zurück und sah trübsinnig auf den Hotelhof und die Gebäude dahinter. Da erblickte ich meine Prothese. Ein überglücklicher Schreck durchfuhr mich. Sie lag auf dem

Fensterbrett hinter der Portiere, etwa zwei Meter von mir entfernt. In diesem Augenblick ging das Telefon neben meinem Bett. Es war Kostja. Er hatte den Satz »Ich habe nichts erreicht« noch nicht zu Ende gesprochen, da schrie ich schon in den Apparat: »Ich habe sie, Kostja, ich habe sie!« Und er antwortete: »Ich komme sofort, ich komme sofort« und warf seinen Hörer in die Gabel. Ich ließ mich erschöpft in einen der großen Sessel fallen, aber ich war so erleichtert, daß ich ein paarmal laut auflachte. Da kam auch Kostja schon herein. Er mußte ganz in der Nähe oder unten im Hotel gewesen sein. Auch er war über alle Maßen erleichtert, ja, wir beide hätten fast einen gemeinsamen Tanz aufgeführt, so hell erschien uns nun die düstere Welt. Doch er ging ans Telefon und rief drei oder vier Stellen an, er sprach russisch natürlich, und ich verstand kein Wort, anscheinend teilte er allen in Frage kommenden Personen unseren Erfolg mit. Es klang für mich wie eine Siegesmeldung.

Wie aber war meine Prothese dorthin gekommen, auf die Fensterbank hinter die schwere Portiere? Aus dem Mund konnte sie mir ja niemand genommen haben, ein Sabotageakt schien Kosta ausgeschlossen. Obwohl, sagte er, man hier ja mit allem rechnen müsse. Verräter und Saboteure gäbe es überall, wahrscheinlich auch hier im Hotel. Ich lachte, und er stand vor mir, die Hände auf dem Rücken, leicht gebeugt, und jetzt sah ich, was mir bis dahin nicht aufgefallen war: Auch er hatte nicht mehr alle Zähne zur Verfügung, und die, die noch vorhanden waren, standen krumm und schief. Sie waren ihm, was ich erst viel später erfuhr, in einem stalinistischen Strafgefangenenlager ausgeschlagen worden. Jetzt aber sagte er: »Du mußt sehr betrunken gewesen sein. Du hast alles selbst gemacht.« Das leuchtete mir ein, was er sagte, obwohl ich es mir nicht erklären konnte.

Kurz darauf fuhren wir mit einem Nachtzug nach Moskau. Kostja erledigte vorher noch etwas, was mir sehr am Herzen lag. Einige Jahre vorher war ein Buch von mir in Rußland erschienen, ›Die Geschlagenen‹. Honorar hatte ich nie gesehen. Jetzt konnte ich es gebrauchen. Kostja mobilisierte einen hohen Funktionär, und der sagte mir nach einigem Widerstreben zu, daß ich mir mein Honorar in Moskau abholen könnte. Ich glaubte es noch nicht ganz, wollte es aber mit Kostjas Hilfe versuchen. Von Hans Magnus sah ich nichts mehr, es war, als habe ihn der russische Boden verschluckt.

Der Zug, mit dem wir nach Moskau gebracht werden sollten, fuhr am Abend, ein Nachtzug. Als ich mein Abteil aufsuchte, ein kleines Zimmer mit Rüschen und Deckchen, ein Zweibettzimmer, lagen auf dem zweiten Bett eine Reihe von Damenbekleidungsstücken, ein Mantel, eine Kostümjacke, ein Hut, und daneben stand eine Damenhandtasche. Ich lief hinaus zu Kostja, der noch auf dem Bahnsteig stand, und sagte ihm, mein Abteil sei ja schon besetzt, und zwar von einer Dame. »Ach«, antwortete er, »mach dir nichts daraus, das ist hier so üblich, schon seit alters her, das war schon unter dem Zaren so.« Ich erschrak. Wie sollte ich diese Nacht mit einer mir wildfremden Frau verbringen, wer war sie und wie sah sie aus? War sie jung, hübsch, oder vielleicht das Gegenteil? Nein, es paßte mir nicht, es war mir peinlich, irgendwie, und wenn es eine Russin war, konnte ich mich ja kaum mit ihr verständigen. Doch Kostja blieb gelassen. Es beunruhigte ihn nicht. »Du wirst schon damit fertig werden«, sagte er und ging davon zu seinem Dolmetscher- und Begleiterabteil, wo er, wie er mir am Morgen klagte, sehr viel schlechter untergebracht war.

Ich ging wieder zurück in mein Abteil, und jetzt war alles, was auf dem zweiten Bett gelegen hatte, verschwunden, der Mantel, die Kostümjacke, der Hut und auch die Damenhandtasche. Gleich darauf kam ein Mann herein, er stellte sich vor, ein rumänischer Schriftsteller, er habe, sagte er, mit seiner Kollegin das Abteil getauscht, auf ihren Wunsch natürlich, sie hätte nicht mit einem ihr fremden Mann in einem Abteil schlafen wollen. Jetzt tat es mir leid. Eine Rumänin, dachte ich, eine Rumänin, von deren unvergleichbaren Schönheit ich so viel gehört hatte. Vielleicht war mir ein Abenteuer entgangen, ein platonisches sicherlich, aber immerhin.

So kam ich am nächsten Morgen in Moskau an. Der rumänische Schriftsteller, der mich nicht gestört hatte, verschwand, und Kostja kam ins Abteil. Er wunderte sich, daß keine Dame neben mir auf dem Bett saß, nicht gerade mit mir Hand in Hand, aber doch vertraulich. Er nahm stillschweigend meinen Koffer, und ich ging hinter ihm her, hinaus auf den Bahnsteig.

Ich weiß nicht mehr, was in den Tagen in Moskau alles geschah, vieles ist mir entfallen, nur einige Erinnerungen sind noch ganz klar. Hans Magnus wohnte im Hotel Moskwa in einem Zimmer neben dem meinen. In seinem Zimmer war, wenn ich so sagen darf, ständig Betrieb, ein dauerndes Kommen und Gehen. Er habe, sagte mir Kostja, ständig Besprechungen, gäbe Interviews, ja, sei überlaufen von Leuten, die etwas von ihm wollten oder sich für ihn interessierten. Ich wunderte mich darüber. Es war noch nicht einmal eine Woche vergangen. Damals in Leningrad auf dem Flugplatz kannte man nur mich, und jetzt war es umgekehrt. Jetzt kannte man nur noch ihn. Ich war so gut wie vergessen. Ich fand es erstaunlich und irgendwie bewundernswert.

An einem dieser Tage sollte in einem Theater, dessen Name mir entfallen ist, ein großes Vorlesen »internationaler Lyriker« stattfinden. Mich hatte man dazu nicht eingeladen, und ich wollte auch nicht hingehen, aber Kostja bestand darauf, er quälte mich immer wieder damit, als wir abends durch Moskau schlenderten. Schließlich gab ich nach, doch der Saal war überfüllt, und so gelangten wir durch einen Hintereingang auf die Bühne, saßen dort ganz hinten, vor uns zwei, drei Reihen »internationaler Schriftsteller«. Wir konnten nur die Rücken der Vortragenden und Vorlesenden sehen, nicht aber das Publikum. Auch uns nahm niemand wahr. Der Präsident des russischen Schriftstellerverbandes, Mitglied des Zentralkomitees, kündigte die einzelnen Lyriker jeweils mit einer kurzen Einführung an. Es lasen Rumänen, Engländer, Bulgaren, und dann kam zu meiner Überraschung Hans Magnus dran. Der Präsident kündigte ihn mit erhobener Faust, ich sah es von hinten, offensiv, kämpferisch an, und Kostja übersetzte es mir. Er sagte, und ich kann es nur in dieser Übersetzung wiederholen: »Und jetzt liest Hans Magnus Enzensberger, der Organisator und Chef der antifaschistischen Kampfgruppe 47.« Es verschlug mir nicht den Atem, wie Kostja es erwartete, ich mußte nur lachen, nicht laut, nein, das hätte ich nicht gewagt, es hätte die feierliche Veranstaltung vielleicht gestört, ich sagte nur: »Komm, laß uns gehen«, und dann schlichen wir uns beide von der Bühne herunter und durch den Hintereingang wieder hinaus.

Einige Tage später, ich glaube, es war ein Sonntag, fuhr der ganze Kongreß oder das, was noch von ihm vorhanden war, eingeladen vom russischen Schriftstellerverband, auf einem Dampfer die Moskwa hinunter oder hinauf. Es war ein sonniger Spätfrühlingstag. Auf dem geräumigen Achterdeck waren weißgedeckte Tische aufgestellt unter großen Persenningen gegen die allzu heißen Mittagssonnenstrahlen. Man trank Wodka und Weißwein, aber vorwiegend Wodka, und ich hütete mich nach dem Vorfall mit meiner Zahnprothese, dem Wodka allzu fleißig zuzusprechen. Die Russen, die an meinem Tisch saßen, brachten einen Trinkspruch nach dem anderen aus, und einer von ihnen, den ich behalten habe, hieß: »Wenn dir der

Wind heftig ins Gesicht bläst, sollst du dich rumdrehen und rückwärts gehen.«

Es dauerte nicht lange, bis alles mehr oder weniger betrunken oder zumindest stark angeheitert war. Mit jedem Kilometer, den der Dampfer auf der Moskwa zurücklegte, wurde es lustiger, ja, zeitweise erschien es mir, als sei der Dampfer selbst schon nicht mehr ganz nüchtern. Ich ging an der Reling entlang, um mir die vorbeiziehende Landschaft anzusehen, und da sah ich Hans Magnus wieder. Er kam im Vorderschiff aus einer Kajüte oder etwas Ähnlichem und schien leicht angetrunken. Er war es aber nicht, wie ich schnell feststellen konnte. Das volle Wodkaglas in seiner Hand war nur eine Art Schutzschild, eine spanische Wand, hinter der er sich verbarg. Offensichtlich stieß er mit jedem an, trank aber nur wenig, ein Tröpfchen vielleicht, und goß dann irgendwann heimlich den Rest in die Moskwa. Ich stellte es mir so vor und fand es äußerst geschickt. Man mußte wohl ein halber Akrobat sein, um den trinkfesten Russen zu entgehen. Jedenfalls stand Hans Magnus vor mir, lachte, war fröhlich und mußte jedem, der ihn nicht kannte, stark angeheitert erscheinen.

Der Dampfer legte eine Pause ein, eine Rast für alle, er legte an einer kleinen Insel oder Halbinsel an, die dicht bewaldet war, wir stiegen aus und ergingen uns unter und zwischen den Bäumen. Ich stand irgendwo im Gespräch mit Kostja und einigen anderen, als plötzlich Hans Magnus auf mich zukam. Es sollte, sagte er, eine Delegation des Kongresses zu Chruschtschow ans Schwarze Meer fahren, ich sei dafür vorgeschlagen, aber er würde sehr gern fahren. Ja, er bat mich, zurückzutreten und dafür ihn fahren zu lassen. Es lag ihm sehr viel daran, man spürte es, und ich hatte wenig Lust, ans Schwarze Meer zu fahren. Ich kannte es schon, wenn auch nur von bulgarischer Seite aus. Und Chruschtschow gegenüberzusitzen im Kreis so vieler internationaler und, wie mir schien, oft recht cleverer Schriftsteller, schien mir auch nicht sehr reizvoll. Ich schwankte eine Weile, hörte zu, was die anderen sagten, doch Hans Magnus gab nicht nach. Es war wohl Neugier, und ich dachte jugendliche Neugier, was ihn zu seiner Bitte bewog. Ich war nicht mehr ganz nüchtern, und an diesem herrlichen russischen Sonntag anscheinend von Wohlwollen gegenüber jedermann. So gab ich schließlich nach und sagte: »Na gut, fahr du, ich bleibe in Moskau.« Er bedankte sich und verschwand so schnell, wie er plötzlich aufgetaucht war. Der dichte Wald verschluckte ihn und seine Begleiter. Kostja, der neben mir stand, war nicht ganz einverstanden. Er wäre gern selbst mit zu Chruschtschow gefahren.

Am nächsten Tag kam Kostja etwas aufgeregt schon frühzeitig in mein Zimmer. Wir könnten, sagte er, mein Honorar abholen, es sei soweit, alles sei geregelt. Der Verlag läge weit draußen am Rande von Moskau. Er nannte einen Stadtteil, dessen Namen ich sofort wieder vergaß. Noch am Vormittag machten wir uns auf den Weg, mit der U-Bahn, mit der Straßenbahn. Endlich, nach fast zwei Stunden, erreichten wir das Haus, in dem sich der Verlag befand. Wir wurden an die Buchhaltung verwiesen. Es war ein kleines Zimmer, das wir betraten. Hinter einem großen Schreibtisch saß ein Mann, der aussah, als hätte ihn Gogol gezeichnet. Er trug einen Federhalter, noch mit einer alten Stahlfeder versehen, hinter dem Ohr. Er sah uns über seine Nickelbrille an, als sei es geradezu unerhört, ihn zu stören und auch noch Geld abholen zu wollen. Wir wurden zusehends kleiner unter seinem prüfenden Blick. Ohne ein Wort an uns zu richten, nahm er seinen Federhalter hinter dem Ohr hervor und begann mit der etwas kratzenden Stahlfeder ein paar Formulare auszufüllen. Ich kam mir dabei zeitlich stark zurückversetzt vor, zurückversetzt ins vorige Jahrhundert. Dies, dachte ich, ist Rußland. Dann mußte ich eins der Formulare unterschreiben, nicht mit meinem Kugelschreiber, sondern mit seiner Stahlfeder. Mit einer Handbewegung bestand er darauf. Ich tauchte die Stahlfeder in das Tintenfaß, das auf dem Schreibtisch stand, und unterschrieb. Darauf erhob sich der Buchhalter und trat an den Panzerschrank, der in einer Ecke des Zimmers stand. Auch er mußte ein Überbleibsel des vorigen Jahrhunderts sein. Der Buchhalter drehte lange an einem großen Rad, bevor er ihn öffnen konnte. Dann nahm er viele Scheine heraus, die er vor uns auf dem Schreibtisch stapelte. Es wurde ein immer größerer Berg, der sich vor uns auftürmte, und wir standen ratlos davor.

Fünftausend Rubel in kleinen Scheinen, damit hatten wir nicht gerechnet. Kostja hatte nur eine Aktentasche bei sich, das war alles, wir hätten aber einen Koffer gebraucht. Wir stopften die Aktentasche voll, dann die Hosentaschen, dann die Jackettaschen, und nach kurzer Zeit sahen wir beide etwas aufgeblasen aus, und Kostja hatte große Angst, daß wir so nicht heil ins Hotel zurückkommen würden. Er befürchtete einen Überfall in der Straßenbahn oder sonst irgendwo. Überall, sagte er, sei es mit soviel Geld in den Taschen gefährlich. Er riet mir, äußerst vorsichtig zu sein, sonst wären wir unsere Scheine schnell wieder los, ich sollte auf jedermann achten und mich von allen fernhalten. So gingen wir los, der Buchhalter ließ uns ohne jeden Gruß gehen, es ärgerte ihn offensichtlich, daß er uns soviel Geld hatte übergeben müssen. Vielleicht hatte er uns deswegen auch das Geld in lauter kleinen Scheinen ausgezahlt. Wir traten auf die Straße und sahen uns nach allen Seiten sichernd um, und ich kam mir einen Augenblick lang vor wie ein Dieb, der dem Buchhalter sein Geld entwendet hatte.

Unbehelligt kamen wir wieder in meinem Hotel an, erleichtert natürlich, suchten alle Scheine zusammen, die wir in unseren Taschen hatten, und stapelten sie nach Größe und Höhe. Doch wo sollte ich das Geld lassen, hier im

Hotelzimmer war es nach Kostjas Ansicht auch nicht sicher. Eine Bank sei unten im Hotel, sagte er, dort müßten wir es deponieren. Und so geschah es. Doch bevor wir dazu kamen, ging das Telefon. Kostja nahm ab und begann, wie in den Tagen vorher auch, sofort zu schimpfen, russisch natürlich. Ich verstand kein Wort. »Mit wem schimpfst du denn da immer?« fragte ich. »Ach was«, antwortete er, »das sind Mädchen, die unten im Hotel herumsitzen und die dich sprechen wollen.« »Und warum wollen die mich sprechen?« »Das kannst du dir doch denken. Du bist ein Ausländer und hast dementsprechend Geld. Und amüsieren willst du dich vielleicht auch.« Ich schwieg. Daran hatte ich noch gar nicht gedacht, obwohl mir die Mädchen in der Hotelhalle schon aufgefallen waren. Gleich darauf trugen wir das Geld hinunter, jetzt sorgfältiger und so in unseren Taschen verpackt, daß es niemand gleich bemerken konnte. Hinter dem Schalter der kleinen Bank saß eine Frau von beträchtlichem Körperumfang. Sie legte ein Konto an, nannte mich dabei Gans statt Hans, und übergab mir eine Art Sparkassenbuch. Ich bat Kostja, sich nach den Zinsen zu erkunden, worauf sie antwortete: »Ein Prozent. Wenn Sie nach hundert Jahren wiederkommen, sind Sie reich.«

Ich hatte genügend Geld zurückbehalten, um noch einkaufen zu können, denn meine Frau hatte mir eine Liste mitgegeben, auf der aber nur verschiedene Arten von Pelzen standen. Keine Mäntel, nein, das nicht, aber doch Pelze. Dies natürlich vorsorglich, falls ich mein Honorar bekommen sollte.

Schon am nächsten Tag gingen wir los. Kostja und ein junger georgischer Schriftsteller begleiteten mich. Wir gingen die Gorkistraße hinauf, und ich kaufte alles mögliche, eine Pelzmütze, eine goldene Uhr, Ohrringe, Schallplatten, alles, was ich zu Hause nie gekauft hätte. Aber das Geld hatte ja keinen Wert für mich, mitnehmen konnte ich es nicht, umtauschen auch nicht, es war so gut wie wertlos. Jedenfalls schien es mir so. Ich bestand auf einem Pelzladen, doch Kostja zögerte, und schließlich lachten beide, der georgische Schriftsteller und er, es amüsierte sie offensichtlich, daß ich unbedingt Pelze kaufen wollte. Anscheinend war es schwierig, ein Pelzgeschäft zu finden. Wir gingen die ganze Gorkistraße hinauf, bis wir endlich ein Geschäft fanden, das Pelze zu verkaufen hatte. Hinter den Ladentischen saßen wiederum, wie schon in der Bank, Frauen von beträchtlichem Körperumfang. Sie empfingen uns sehr liebenswürdig, ja, mit Fröhlichkeit und Lachen. Es machte ihnen wohl Spaß, drei Männer, die sich für Pelze interessierten, in ihrem Laden zu sehen.

Ich gab Kostja meine Pelzliste, aber bei jedem Pelz, den er verlangte, schüttelten sie nur immer wieder die Köpfe. Nein, den Pelz oder jenen hatten sie nicht. Statt dessen warfen sie kleine braune, nicht verarbeitete Pelze auf den Tisch und sagten wiederholt, was Kostja mir übersetzte, »Nehmen Sie Zobel!« Zobel aber stand nicht auf meiner Liste, und also lehnte ich ihn ab.

Jetzt begannen wir drei nun alle möglichen Pelze, die sie uns anboten, umzulegen und uns vor den großen Spiegeln zu bewundern. Die Frauen lachten mit uns, und schließlich kaufte ich zwei Polarfüchse, die mir, wie Kostja behauptete, am besten standen. Und so verließen wir den Laden. Doch dann fiel mir ein, wie ich mit all dem, was ich gekauft hatte und vielleicht noch kaufen würde, durch den russischen Zoll kommen sollte, und Kostja antwortete auf meine geäußerten Bedenken: »Das ist ganz einfach. Du legst dir die beiden Polarfüchse um den Hals, legst dazu die Ohrringe an, Schmuck natürlich, den du vielleicht noch kaufst, und setzt dir die Pelzmütze auf. Dann halten sie dich für einen nordischen oder sonstwie exotischen Schriftsteller und lassen dich ohne Kontrolle durch.«

Eines Tages tauchte auch Hans Magnus wieder auf.

Kostja erzählte mir davon. Die ganze Delegation, sagte er, sei von ihrem Besuch bei Chruschtschow am Schwarzen Meer zurück. Er wußte anscheinend alles, was dort geschehen war. Die Schriftsteller hätten aus ihren Büchern vorgelesen, und Chruschtschow hätte mehr oder weniger mißfällig zugehört. Es war, alles in allem, wohl nicht ganz so gewesen, wie einige Optimisten es erwartet hatten. Am meisten amüsierte er sich über Hans Magnus. Ich weiß nicht, was an der Geschichte über ihn stimmte oder was nicht stimmte. Chruschtschow sei mit den Schriftstellern am Schwarzen Meer entlanggegangen, und da sei eine Biene über ihn hergefallen. Chruschtschow habe sich unwillig gewehrt, Enzensberger aber habe tröstend zu ihm gesagt in seinem nun schon besten Russisch: »Die Bienen müssen schwärmen, wenn die Ernte gut werden soll.« Nach Kostja ein russiches Sprichwort.

Daraufhin habe ihn Chruschtschow aufgefordert, doch ein Bad im Schwarzen Meer zu nehmen. Nun Enzensberger: »Aber ich habe ja keine Badehose.« Und Chruschtschows Antwort: »Nehmen Sie meine.« Dabei hätten sie gerade vor Chruschtschows Badehaus gestanden. Ohne Zögern sei Hans Magnus in die Badezelle gegangen, habe sich dort eine der Badehosen Chruschtschows angezogen und sei damit ins Meer gegangen. Mir erschien die Geschichte ganz unwahrscheinlich. Chruschtschows Leibesumfang und der von Hans Magnus lagen mir doch zu weit auseinander. In einer solchen Badehose hätte er sich verheddern und untergehen müssen, doch Kostja blieb dabei. Er fand alles sehr tapfer, in seinen Augen war Hans Magnus fast ein Held: In der Badehose des Generalsekretärs, des höchsten der Hohen, ins Schwarze Meer zu gehen, das war mehr, als man von einem Besuch in der Sowjetunion erwarten konnte.

Ich dachte, wenn es so weitergeht, wird Hans Magnus bald zum Helden der Sowjetunion ernannt oder mit dem

Leninorden ausgezeichnet. Aber ich wußte auch von der Erzählkunst meiner russischen Freunde, von ihrer Vorliebe, alles ins Phantastisch-Grausame oder ins Lächerliche zu erheben. Hans Magnus erwähnte mir gegenüber diese Erlebnisse nicht. Das Schwarze Meer und Chruschtschow hatten ihn wohl nicht sonderlich beeindruckt. Er fand nur, die »internationalen Schriftsteller« seien etwas zu devot gegenüber Chruschtschow gewesen. Sonst sprach er nicht mehr darüber. Er war zu beschäftigt und verständigte sich bereits, wenn auch nur bruchstückhaft, auf russisch. Ich bewunderte seine Sprachbegabung, lieh ihm auf seinen Wunsch einige von meinen vielen Rubeln und flog kurz darauf allein nach Berlin zurück. Er aber blieb, drang wohl immer tiefer ins russische Leben ein und heiratete später sogar eine Russin. Aber das ist schon eine andere Geschichte, die nur er selbst erzählen kann.

Noch am Abend meiner Rückkehr nach Berlin ging ich in eine Bar. Dort kannte ich den Barkeeper, von dem ich wußte, daß er sich in der Kürschnerei auskannte. Ich wollte wissen, was Zobelpelze hier wohl wert waren, denn das Angebot »Nehmen Sie Zobel!« ging mir immer noch nach. Was ich erfuhr, versetzte mir fast einen Schock. Ohne Mühe hätte ich mit meinem Koffer voll Zobelpelzen aus den fünftausend Rubeln eine Summe von dreißigtausend Mark gemacht, eine für mich und für die damalige Zeit gewaltige Summe. So aber war mir nicht mehr als ein russisches Sparkassenbuch geblieben, mit dem ich nichts anfangen konnte. Und auch meinen Begleiter – das andere Mitglied meiner Delegation, Hans Magnus Enzensberger – hatte ich, wie mir schien, in der Weite Rußlands verloren.

Simon Dach als Geburtstagsgeschenk
Günter Grass

Manchmal, wenn ich mit mir allein bin und ich mich mit ihm in Gedanken unterhalte, nenne ich ihn Günterchen. Das klingt respektlos, ist es aber nicht. Es ist auch keine Verniedlichung seiner Person. Offiziell sage ich ja immer Günter, und wenn ich ihm gegenübersitze, kommt mir das ›Günterchen‹ gar nicht in den Sinn. Auch ist er selbst schuld daran, hat er mich doch des öfteren als seinen Vater bezeichnet. Das ist zwar vom Altersunterschied her denkbar, er ist genau zwanzig Jahre jünger als ich, aber sonst ganz unvorstellbar. Trotzdem, und das gebe ich zu, habe ich hin und wieder väterliche Gefühle ihm gegenüber. Dann möchte ich ihm einen Rat geben, möchte ihm sagen, mach das und das doch etwas anders, oder halte dich in dieser oder jener Frage zurück, oder auch, und dies häufiger, verzettel dich nicht. Aber ich tue es nie. Immer ist da etwas, was mich zurückhält, und ich kann nicht ganz genau sagen, was es ist. Er ist mir auf der einen Seite sehr nah, ein enger Freund, und auf der anderen Seite fremd. Diesen seltsamen Zwiespalt zwischen Freundschaft und Fremdsein kann ich nicht erklären und muß es wohl auch nicht.

Als ich ihn zum ersten Mal sah, kam er mir wie ein Zigeuner vor, was bei mir nach erstem Erschrecken, er sah ziemlich verwildert aus, sofort Sympathie hervorrief, denn ich führe meine Abstammung väterlicherseits auf Zigeuner zurück und hielt gern Großvater, Urgroßvater und Ururgroßvater für solche, konnte es aber nie beweisen. Es gab Anzeichen dafür, gewiß, aber sie verschwanden schon nach meinem Großvater in einer mysteriösen, nicht mehr auffindbaren Ahnenreihe. Damals wußte ich noch nicht, was Kaschuben sind, und als ich später erfuhr, daß Günter vielleicht von den Kaschuben abstammt, sah ich im Lexikon nach, und sofort rückten alle Kaschuben für mich in die Nähe von Zigeunern. Das mag naiv sein, aber auch Günter ist bei allen Talenten, Begabungen und manchmal recht akrobatischen intellektuellen Luftsprüngen doch ein naiver Mensch. Insofern mag das mit den Vätern und den Söhnen doch seine Berechtigung haben, wenn auch nur aus sehr großer Entfernung.

Unsere erste Begegnung war gewiß seltsam. Ich hatte ihn nicht eingeladen, und eigentlich wollte ich ihn auch nicht dabeihaben. Günter Grass, das bedeutete mir nichts, und der Name besagte mir nichts. Niemand meiner Tagungsteilnehmer kannte ihn. Nur ein sehr junger Lektor quälte mich mit diesem Namen. So ließ ich mich schließlich doch noch im letzten Augenblick erweichen. Und der, der dann hereinkam, war eben Günter Grass, ein Unbekannter für alle und ein unbeschriebenes Blatt für mich.

Damals, es liegt nun dreißig Jahre zurück, habe ich ihn nicht mehr beachtet als alle anderen, aber er kam von diesem Tag an zu jedem Treffen der ›Gruppe 47‹, ließ nichts aus, las immer wieder, drei Jahre lang vergeblich, und reiste auch noch unter den widerlichsten Umständen an, trotz großer Armut, aus Berlin oder auch aus Paris. Er war immer dabei, las immer, und anscheinend machte es ihm nichts aus, wenn er nicht so ankam, wie er es vielleicht erwartet hatte. Er versuchte nicht, sich in den Mittelpunkt zu stellen, nein, er schien bescheiden, was er vielleicht gar nicht war. Da er in den ersten Jahren aus einem Schauspiel las, das ›Onkel, Onkel‹ hieß, nannten ihn einige Spötter hinter seinem Rücken Onkelchen, eine Bezeichnung, die zu ihm in keiner Hinsicht paßte.

Einige Kritiker hielten ihn für eine Naturbegabung, was wohl eher abwertend als anerkennend gemeint war, und ich weiß heute noch nicht, was eigentlich eine ›Naturbegabung‹ ist. Entweder, man ist begabt, oder man ist es nicht. Und wenn man es ist, dann ist man es immer von der ›Natur‹ her. Akademische Bildung brütet keine Begabung aus. Was mir frühzeitig bei Günter auffiel, ist jedoch etwas anderes. Für mich war er damals eine Art Lerngenie. Ich konnte gleichsam zusehen, wie schnell er sich in dem Kreis zurechtfand, in den er doch so unvorbereitet gekommen war und von dem er so gar nichts wußte. Ich glaube, er holte die Literaturkenntnisse, die andere besaßen, in großer Geschwindigkeit nach, bald kannte er sich auch in der Literatur der zwanziger Jahre aus, und in wenigen Jahren war er auch zu einem eloquenten Kritiker gewachsen. Vielleicht war die ›Gruppe 47‹ so etwas wie eine Schule für ihn, eine Schule seltsamer Art vielleicht, aber eben doch eine. Wie sehr er in diesen ersten Jahren gearbeitet haben muß, kann ich nur annehmen, beweisen kann ich es nicht.

Als ich ihn einmal in seiner ersten Wohnung in Berlin besuchte, das war noch vor seinem großen Erfolg, lagen aufgeschlagene Bücher von Jean Paul herum, und mir wurde klar, daß er auch Jean Paul nachholte, ja, ihn brauchte. Bald hatte er auch die Kritiker eingeholt. In den letzten Jahren konnte ich auf sein kritisches Mitwirken nicht mehr verzichten. Diese Lernbegabung setzte mich immer wieder in Erstaunen, und wäre ich ein Lehrer gewesen, so müßte ich ihn als meinen besten Schüler heute noch rühmen. Aber ich war kein Lehrer, und von Günter Grass kann man sagen, er war nur sein eigener Schüler. In der ›Gruppe 47‹ aber war jeder Lehrer und Schüler zugleich, jeder profitierte von den anderen, was aber niemand heute noch zugeben wird. Dazu sind viele doch zu selbstgefällig. Günter Grass, so nehme ich an, wird wohl kein Hehl daraus machen. Er nutzte dieses seltsame Geflecht von Lehrern und Schülern mit seiner Lernbegabung restlos aus.

Er war nicht eitel wie andere. Eitelkeit und Geltungssucht verstellten ihm nicht den Blick. Natürlich kann ich auch dies nicht mit absoluter Sicherheit sagen. Es gibt, und wer weiß das nicht, versteckte Eitelkeit und versteckte Geltungssucht. Nur, wenn es auch bei ihm so war, habe ich davon wenig bemerkt. Als der Durchbruch für ihn in der ›Gruppe 47‹ kam, nachdem er drei Jahre vergeblich gelesen hatte, schien alles gleichsam selbstverständlich. Freude ja, sogar große Freude, aber keine Selbstgefälligkeit, keine Eitelkeit, keine befriedigte Geltungssucht. Er genoß seinen Erfolg mit sichtlicher Erleichterung. Vielleicht, weil er ahnte oder wußte, daß nun die Zeit der Armut für ihn vorbei war.

Auf der vorhergehenden Tagung 1957 in Niederpökking am Starnberger See war er, aus Paris kommend, noch mit Grafiken angereist, die er an andere Autoren verkaufen wollte. Das Haus, in dem wir zusammenkamen, war eine Gewerkschaftsschule, eine ehemalige Starnberger Villa, die mit einem schmückenden Turm versehen war. Dort stellte er damals seine Grafiken aus. Wie viele der Tagungsteilnehmer davon Kenntnis genommen haben, weiß ich nicht, ich meine, seine Ausstellung wurde nicht viel beachtet. Nur Wolfgang Hildesheimer kaufte ihn. Wenn ich mich recht erinnere, eine Grafik für hundert Mark. Als er, Hildesheimer, vor mir die Wendeltreppe zu der Dachstube des Turms hinaufstieg, drehte er sich zu mir um und sagte: »Du, der ist begabter als alle anderen. Der wird noch zu großen Erfolgen kommen.« Vielleicht war sein Ausspruch damals nicht genau so, wie ich ihn hier wiedergebe, aber er war überzeugt von Günters Begabung.

Ein Jahr später in Großholzleute löste seine Lesung aus der ›Blechtrommel‹ eine Art Wirbelsturm aus. Alle bestürmten mich, diesmal den Preis zu vergeben, den ich schon seit drei Jahren nicht mehr vergeben hatte. Jene Autoren, die neben ihrer eigenen Arbeit Lektoren bei irgendwelchen Verlagen waren, telefonierten mit ihren

Verlegern. Jeder hätte die ›Blechtrommel‹ gern in seinem Verlag gehabt. Viele von ihnen legten noch fünfhundert Mark zu dem Preis dazu, so daß eine für die damalige Zeit anständige Summe zusammenkam. Jeder ließ sich wohl in dem Gefühl mitreißen, selbst an dem Erfolg beteiligt zu sein. Für Günter war es ein Tag des Triumphes, der sich in dieser Intensität trotz aller späteren Erfolge wohl nicht wiederholt hat. Ich selbst habe eine solche Euphorie in der ›Gruppe 47‹ nicht wieder erlebt. In wenigen Stunden, sozusagen über Nacht, war Günter zu einem bekannten Autor geworden.

Kurz darauf lernte ich eine Eigenschaft an ihm kennen, die ich nicht vermutet hatte: Er war geschäftstüchtig. Kaum hatte er seinen Erfolg in der Tasche, trieb er seinen Verleger oder die Verleger auch schon in die Enge. Beim nächtlichen Skat mit Eduard Reiferscheidt vom Luchterhand Verlag ließ er die Prozente immer steiler nach oben steigen. Waren die Autoren jahrelang herumgelaufen, um überhaupt einen Verleger zu finden, so wurden jetzt einige von ihnen die Fordernden, die ihren Preis verlangten. Günter Grass tat das seine dazu, ja, ich möchte sogar meinen, er hat diese Umkehr mit bewirkt. Als Sohn eines kleinen Kolonialwarenhändlers in Danzig kannte er sich mit dem Geld anscheinend besser aus als andere. Jeden Sonntagvormittag, so erzählte er mir einmal später, habe er sich im Auftrag seines Vaters auf den Weg machen müssen, gestundete Rechnungsbeträge einzuholen. Für jeden kassierten Betrag habe er von seinem Vater ein kleines Entgelt bekommen. Ich kann mir vorstellen, wie der kleine Günter Grass von einem Haus zum anderen gelaufen ist, immer dorthin, wo Schuldner wohnten, dort klingelte und meistens von mürrischen Leuten empfangen wurde, die nur ungern ihre Schulden bezahlten und ihm wohl auch oft die Tür vor der Nase zuschlugen. So sehe ich ihn noch als Kind jeden Sonntagvormittag treppauf, treppab laufen, und die

Erfahrung dieser Sonntage hat, so denke ich, wohl auch sein Leben mit geprägt.

Sein Erfolg in der ›Gruppe 47‹ setzte sich schnell fort, der Wirbelsturm, der dort begonnen hatte, ergriff nun andere, dem nationalen Erfolg folgte der internationale, und das alles in sehr kurzer Zeit. Ambivalent blieb in diesen Jahren sein Verhältnis zu den Kritikern, vorwiegend zu denen der ›Gruppe 47‹. Sie beschäftigten sich viel mit ihm, schrieben lange Artikel, und einige von ihnen ließen dabei durchblicken, daß er eigentlich doch nur ein Autodidakt sei. Darüber ärgerte er sich, was ich nie ganz begriffen habe. Ich sah es genau umgekehrt. Je autodidaktischer jemand war, um so größer meine Bewunderung. Der ›Gruppe 47‹ blieb er dennoch eng verbunden. Er ließ keine Tagung, kein Treffen, keine Begegnung aus. Immer wieder stellte er sich der Kritik, las immer wieder vor und hörte sich geduldig an, was andere über ihn und seine Arbeiten zu sagen hatten, auch Ablehnung und schroffe Kritik störten ihn nicht.

In Sigtuna in Schweden las er aus seinem Theaterstück ›Die Plebejer proben den Aufstand‹, worauf eine langanhaltende Diskussion folgte, in der sein Stück heftig kritisiert wurde, ja, einige hielten es fast für die Schändung eines großen Namens, nämlich den des Bert Brecht. Unter der Decke schwelte während dieser Auseinandersetzung ein großer Krach, der jeden Augenblick ausbrechen konnte und den vielleicht nur ich bemerkte. Günter geriet in Erregung, die Sätze, die hin und her gingen, wurden massiver, und ich dachte: Jeden Augenblick wird er explodieren. Ich sah es ihm an, aber er explodierte nicht, er blieb nicht gerade gelassen, aber doch, soweit es ging, sachlich und ohne Emotionen. Vielleicht war es auch die Disziplin, die in der ›Gruppe 47‹ üblich war, und der er sich unterwarf, weil er sie für notwendig hielt. Aus Einsicht also, nicht aus Anpassung. Für mich wurde er in diesen Jahren einer der Zuverlässigsten. Mit ihm konnte ich immer rechnen.

Seltsamerweise habe ich ihn nie für einen politischen Menschen gehalten. Dafür, so muß ich jedenfalls in den ersten Jahren gemeint haben, war er zu begabt. Als ich mit Willy Brandt einmal übereinkam, ein Treffen zwischen Politikern und Schriftstellern in Bonn zu organisieren, lud ich ihn nicht dazu ein, was er mir später oft vorhielt. Auf diesem Treffen verabredeten wir, ein ro-ro-ro-Taschenbuch zusammenzustellen, eine massive Wahlunterstützung der SPD, da uns ein Wechsel in der Regierung notwendig erschien. Dieses Taschenbuch trug den Titel ›Die Alternative‹. Ich sammelte die Beiträge ein, schrieb alle Autoren der ›Gruppe 47‹ an, ließ aber Günter aus, weil ich ihn für völlig uninteressiert hielt. Ich wollte den Band herausgeben, unterließ es aber, als Erich Kuby mich darauf hinwies, daß ich dafür zu weit links stünde. Noch während der Unterredung telefonierte ich mit Martin Walser, der sich sofort bereit erklärte, als Herausgeber zu fungieren. Er erschien uns damals als politisch völlig unverdächtig, ja, fast als neutral. An Günter Grass dachte ich nicht. Es erschien dementsprechend auch kein Beitrag von ihm in diesem Taschenbuch.

Wenige Monate später, die ›Alternative‹ war inzwischen erschienen, kam es zum Bau der Mauer in Berlin. Ich war in der DDR, in Bansin, auf Besuch bei meiner Familie und fuhr sofort zurück, eine Fahrt, die ohne Zwischenfälle verlief. Zu meiner Verwunderung rief noch am Abend meiner Rückkehr nach München Günter aus Berlin an. Wir müßten, sagte er, sofort etwas unternehmen, jetzt sei auch die ›Gruppe 47‹ aufgerufen. Wenn ich ihm freie Hand gäbe, würde er ein solches Treffen kurzfristig in Berlin organisieren, ich müßte aber sofort kommen. Tatsächlich trafen sich in seiner Wohnung einige Schriftsteller, aber sie waren genauso hilflos wie alle anderen in diesen

Tagen auch. Der einzige Vorschlag, der später auch realisiert wurde, kam von Walter Höllerer. Er schlug vor, West-Berlin zu einem kulturellen Zentrum zu machen, das hieß aus unserer Sicht, zu einem literarischen Mittelpunkt. Ich hatte mich während dieser Tage mit Willy Brandt verabredet, der zu dieser Zeit noch Oberbürgermeister von Berlin war. Wir wollten uns über das Taschenbuch ›Die Alternative‹ unterhalten, das weder ihm noch mir sonderlich gefiel. Als Günter davon erfuhr, bat er mich, ihn mitzunehmen, er wollte Willy Brandt kennenlernen und sich ein Bild von ihm aus unmittelbarer Nähe machen.

So fuhren wir ins Rathaus Schöneberg. Was dort im einzelnen besprochen wurde, ist hier belanglos. Brandt hatte sich viele Notizen gemacht, er hatte offensichtlich die ganze ›Alternative‹ kritisch durchgekämmt. Wir sprachen fast eine Stunde darüber, aber dann geschah etwas für mich Überraschendes. Brandt stand vor einer Wahlreise, er sprach kurz davon, und plötzlich fragte Günter ihn, ob er, Günter Grass, nicht an dieser Wahlreise teilnehmen könne. Brandt nickte, etwas irritiert, aber nicht ganz ohne Zustimmung, und verwies ihn an Egon Bahr, seinen damaligen Pressesprecher. Ich war überrascht, diese Frage hatte ich noch weniger erwartet als Willy Brandt. Was wollte er auf dieser Wahlreise? Ich konnte mir nicht erklären, was ihn zu dieser Frage veranlaßt hatte. Echtes politisches Interesse konnte ich mir nicht recht vorstellen, es konnte, so dachte ich, nur Neugier sein, die Neugier eines Romanciers, für den auch eine Wahlreise ein interessantes und vielleicht einmal brauchbares Sujet ist. Ich irrte mich gründlich. Günter erwies sich auch hier als das Lerngenie, für das ich ihn hielt.

Wenige Jahre später trat er selbst als Wahlkämpfer auf. Ich aber weiß heute noch nicht, was ihn dazu veranlaßte. War es echte politische Überzeugung, gewiß, das war es auch, oder wollte er sich selbst beweisen, daß er auch dies konnte, eine Art Probe, wie weit seine Talente und seine Begabung reichten. Ich erlebte ihn zum ersten Mal im Zirkus Krone in München. Sein Auftritt war für München eine Sensation. Der riesige Rundbau war gesteckt voll. Nur mit Mühe bekam ich noch einen Platz in der sechsten Reihe, den jemand für mich freigehalten hatte. Dann trat Günter hinter einem Vorhang heraus und ging ans Podium. Beifall empfing ihn. Alles schien mir sehr geschickt arrangiert, und seine Rede stellte die manches Politikers in den Schatten, nichts war langweilig, nichts einstudiert, alles schien spontan, sich von Einfall zu Einfall fortredend. Ich dachte, sieh da, dieser nicht gezeugte Sohn, sieh an, sieh an, aber ich hätte gern gedacht, dein Schüler, der so weit über dich hinausgewachsen ist. Aber auch das wäre nur die halbe Wahrheit und für mich zu vermessen gewesen. Trotzdem, ich kam aus dem Staunen nicht heraus und auch nicht aus einem leichten Unbehagen.

Gewiß, ich hatte mich in den ersten Nachkriegsjahren für das politische Engagement der Schriftsteller eingesetzt, hatte ein solches Sich-Einsetzen für notwendig gehalten, um eine neuerliche Fehlentwicklung zu verhindern, hatte dabei aber nie an einen unmittelbaren Einsatz für eine Partei gedacht, schon gar nicht an Parteimitgliedschaft oder Parteiarbeit. Natürlich stand ich damals der Opposition nahe, wollte einen Wechsel in der Regierung, betrieb das Taschenbuch ›Die Alternative‹, war aber nicht bereit, darüber hinauszugehen. Schon der damals auftauchende Slogan vom »Gewissen der Nation«, Schriftsteller als das Gewissen der Nation, ging mir zu weit. Es störte mich der Anspruch, der darin zum Ausdruck kam, und der nach meiner Ansicht überhöht war. Auch glaubte ich, Schriftsteller müßten weitgehend unabhängig sein, schon um ihrem Protest gegen demokratische Fehlentwicklungen ein größeres Gewicht zu geben. Nur Günter ging einen anderen Weg. Er war damals nicht weit von mir entfernt, löste aber doch bei mir, wie schon gesagt, ein leichtes Unbehagen aus. Erst im Zirkus Krone wurde mir das sowohl optisch wie akustisch voll bewußt. Gesprochen haben wir nie darüber, ich wollte es nicht, und er hielt es wohl nicht für notwendig. Vielleicht war da auch eine Zurückhaltung auf beiden Seiten, die ich nicht erklären kann. Seine Mentalität ist eine andere als die eines Politikers, es fehlen ihm das gerissene Taktieren, die schnellen Schwenkungen von einer Position zur anderen und auch die erlebten Sachkenntnisse, wie sie etwa Helmut Schmidt besaß.

Er, Helmut Schmidt, war an einem Abend bei mir in der Erdenerstraße in Berlin zu Gast. Nach einem Hörfunk-Gespräch in der Bibliothek, wahrscheinlich wieder mit dem Grundthema ›Geist und Macht‹, das damals in Mode war, saßen wir alle im Wohnzimmer zum Essen um einen langen, ovalen Tisch herum. Anlaß war wieder, wie so oft in dieser Zeit, Schriftsteller und Politiker zusammenzuführen. Die Diskussion setzte sich fort, steigerte sich oft zu heftigen Auseinandersetzungen, und das bis tief in die Nacht hinein. Karl Schiller, der an dem Rundfunkgespräch teilgenommen hatte, ging frühzeitig, doch alle anderen blieben, unter ihnen Uwe Johnson, Hans Magnus Enzensberger, Reinhard Lettau, Klaus Roehler und natürlich Günter Grass.

In diesem Gespräch hatte Helmut Schmidt immer das letzte Wort. Er fühlte sich aus einem mir unbekannten Grund von uns provoziert und führte eine Art Rundumschlag gegen jedermann. Er entwickelte eine Arroganz, wie ich sie bis dahin in diesem Kreis noch nicht erlebt hatte. Nur Reinhard Lettau, der neben ihm saß, bewunderte ihn und hielt ihn für den ersten großen deutschen Demokraten, der ihm begegnet war, und sagte es auch. Er war der Staatsbürgerschaft nach Amerikaner, was er zu dieser Zeit bei jeder Gelegenheit betonte. Nach und nach gelang es Schmidt, jeden, der an dem Tisch saß, auf ein Maß zurückzuführen, das dem Betreffenden nicht angemessen schien. Er ließ niemanden aus und kränkte auch jene, die sich nur selten in das Gespräch einmischten. Er wies jedermann nach, daß seine Kenntnisse in Sachen Politik mehr als bescheiden waren. Im Lauf der Nacht stand einer nach dem anderen gekränkt auf und verließ, ohne sich zu verabschieden, das Zimmer, bis Helmut Schmidt allein am Tisch saß, neben sich nur noch den ihn bewundernden Reinhard Lettau.

Günter Grass ging fast als letzter. Auch er war der Schmidtschen selbstsicheren und arroganten Überlegenheit nicht gewachsen.

Er war Helmut Schmidt gegenüber gesessen, auf der anderen Seite des Tisches, und ich sehe ihn noch heute, wie er plötzlich aufstand, hinter seinen Stuhl trat und eine leichte Verbeugung zu Schmidt hinüber machte, eine Verbeugung, wie ich sie bis dahin noch nie bei ihm gesehen hatte. Auch er verließ schweigend das Zimmer. Helmut Schmidt, der anscheinend von Schriftstellern in Fragen der Politik gar nichts hielt, glich an diesem Abend einer Ampel, die auf ›Rot‹ gestellt ist, eine Warnung, die bei Günter wahrscheinlich das Gegenteil bewirkte, vielleicht eine Art Trotzreaktion: Nun erst recht.

Wenige Jahre später erfand er das »Es-Pe-De«, den fast gallischen Hahn für seinen Wahlkampf, der auf mich wie eine Art Wappen wirkte, das er sich selbst für seinen Feldzug zugelegt hatte. Ob die SPD ihm das je gedankt hat? Parteien sind nicht dankbar. Sie vergessen schnell. Als die Sozialdemokratische Partei endlich zur Macht kam, war kein Platz für Günter Grass frei, es kann aber auch sein, daß er solche Angebote abgelehnt hat. Ich weiß heute noch nicht, wollte er nun Politiker werden oder wollte er es nicht, betrachtete er das Ganze, seinen unermüdlichen Einsatz, nur als ein Spiel, in dem er sich selbst beweisen konnte, war es nur ein Lernprozeß für ihn, den so außergewöhnlich Lernfähigen?

Der unmittelbare Umgang mit dem Publikum ist den meisten Schriftstellern verwehrt, sie leben ja in großer Distanz zu ihren eigenen Lesern, kennen sie nicht und haben kaum eine Vorstellung von ihren Reaktionen. Günter hob diese Distanz für sich auf. Er fuhr auch in die finsterste Provinz, ließ sich beschimpfen und setzte sich auch noch mit den größten Dummköpfen auseinander. Furcht kannte er nicht. Als die Berliner Professoren unter dem Ansturm der rebellierenden Studenten 1968 in Bedrängnis gerieten, holten ihn einige dieser Professoren zu Hilfe. Dann schlug Günter sich mit den Studenten herum, nun schon so versiert im Rededuell, daß ihm nur wenige gewachsen schienen.

Eines Tages, das war schon in den siebziger Jahren, die Studentenrebellion war längst abgeklungen, saß ich mit ihm in einer Berliner Kneipe. Er sah mich über seine Brille etwas unsicher und fragend an und sagte: »Kennst du eigentlich die deutsche Literaturgeschichte?« Die Frage war naiv und sie verblüffte mich so, daß ich nicht gleich eine Antwort wußte. »Nun ja«, antwortete ich schließlich, »ich war ja einmal Buchhändler, und wenn ein Buchhändler irgend etwas lernt, dann ist es die Kenntnis der deutschen Literaturgeschichte.« Die Antwort genügte ihm nicht, etwas beschäftigte ihn darüber hinaus. Was aber wollte er mit meinen Literaturkenntnissen? Ich konnte es mir nicht vorstellen. Nach einer Weile des Nachdenkens, sein Gesicht sah dabei sehr grüblerisch aus, sagte er: »Kennst du auch die Barockliteratur?« Ich wunderte mich noch mehr. Auf eine solche Frage nach der Barockliteratur war ich nicht gefaßt. Ich kannte mich da auch nicht sehr gut aus. Immerhin fielen mir ein paar Namen ein, Opitz, Gryphius und noch ein Barockdichter, den ich in meiner Jugend gelesen hatte. Er war mit meinen verhältnismäßig geringen Kenntnissen zufrieden, und ich hätte ihn gern nach seinen Kenntnissen der Barockliteratur gefragt, aber ich unterließ es. Es interessierte mich nicht sonderlich, und er ließ das Thema fallen, als sei es auch für ihn ganz unwichtig.

Erst sehr viel später erfuhr ich den Grund für diese Fragerei: Er hatte die Absicht, mir ein Geschenk zu meinem 70. Geburtstag zu machen, das in enger Verbindung zur Barockliteratur stand. Es sollte, wie er mir später erzählte, eine Geschichte von zwanzig bis dreißig Schreibmaschinenseiten sein, aber die Geschichte wuchs über sich hinaus, sie wurde von Tag zu Tag und von Monat zu Monat länger, ja, er arbeitete fast ein Jahr daran und las sich dabei durch die ganze deutsche Barockliteratur hindurch. Er war auf die Idee gekommen, die ›Gruppe 47‹ um dreihundert Jahre zurückzuverlegen, bis zum Ende des Dreißigjährigen Krieges, bis zum Westfälischen Frieden, der in Münster ausgehandelt wurde. Er fuhr nach Münster und fand dort einen Ort, der Telgte hieß. Dort, so beschloß er, sollten sich die Literaten der damaligen Zeit treffen, eingeladen von Simon Dach, der aus Königsberg kam und der ich sein sollte. Ich als Simon Dach. Das Portrait ist ihm fast gelungen, bei einigen Anstrengungen konnte ich mich selbst erkennen, den Rundkopf, ja, einige Eigenschaften, etwa immer nach einem Ausgleich zu suchen, wenn engstirnige Verbohrtheit ein solches Treffen zu sprengen drohte, und einiges andere auch.

Kirchenlieder hatte ich zwar nie geschrieben, aber das lag wohl ausschließlich an den dreihundert Jahren, die mich von Simon Dach trennten. 1947–1647, es war ein gewaltiger Sprung, über die Jahrhunderte hinweg, den Günter da vorgenommen hatte, aber es gab Ähnlichkeiten: ein verwüstetes Deutschland, besetzt von fremden Truppen, Millionen Tote und eine ausweglose Situation, in der nach Günters Ansicht, aber auch nach der meinen, die Schriftsteller gefordert waren. Gewiß, es war nicht so, es hätte jedoch so sein können. Als er 1978 an meinem siebzigsten Geburtstag in der Kleber-Post in Saulgau aus dem Manuskript ›Das Treffen in Telgte‹ vorlas, empfand ich es als das schönste Geschenk meines Lebens, nicht nur dieses Geburtstags, sondern überhaupt. Der Name Simon Dach aber blieb lange Zeit an mir haften.

Im Sommer des nächsten Jahres erschien das Buch. Ich befand mich auf einer Durchreise in Hamburg und wollte erst um Mitternacht weiter nach München fahren. Zur Mittagszeit aber hatte mich Günter zu einem Essen eingeladen, das der Verlag zum Erscheinen des Buches gab. Dabei überredete er mich, doch am Abend mit ihm in die Katholische Akademie in Hamburg zu kommen. Dort sollte er aus seinem ›Treffen in Telgte‹ lesen, an vier aufeinanderfolgenden Abenden, praktisch das ganze Buch. Da ich erst um Mitternacht weiterfahren mußte, ging ich mit. Es wurde ein seltsamer Abend für mich. Der Saal war überfüllt, doch ich durfte in der ersten Reihe Platz nehmen. Der Präsident der Akademie eröffnete den Abend, begrüßte mich und sprach mich als Simon Dach an. Es gab tobenden Beifall, und mir blieb nichts anderes übrig, als mich zum Publikum hin zu verbeugen. Das wiederholte sich noch ein- oder zweimal, und jedesmal mußte ich mich als der vermeintliche Simon Dach verbeugen. Natürlich gefiel mir das, Beifall gefällt einem immer, und das Publikum hatte offensichtliches Vergnügen daran, sich einen Simon Dach, einen Schreiber von Kirchenliedern aus dem siebzehnten Jahrhundert, vorzustellen.

Ich hatte nicht viel Ahnung von ihm, sah jedoch in den darauffolgenden Wochen in allen Lexika nach und fand schließlich ein Bild von ihm. Er hatte weder einen Rundkopf noch sonst die geringste Ähnlichkeit mit mir. Günter aber bewies mir an diesem Abend, wie sehr er sich während der Arbeit an meinem Geburtstagsgeschenk in die

Barockliteratur hineingearbeitet hatte. Er kannte buchstäblich alles. In der anschließenden Diskussion mit vier oder fünf Professoren war er allen an Kenntnissen überlegen. Seine Feststellung, die deutsche Literaturgeschichte begänne nicht erst mit dem Heraufkommen der Klassiker, sondern schon sehr viel früher mit dem Entstehen der Barockliteratur, blieb unwidersprochen, auch sein wiederholter Hinweis, jeder Literaturunterricht müsse mit der Literatur des Barock beginnen, sie sei in jeder Hinsicht sträflich vernachlässigt worden. Er hielt sie für ebenso bedeutend, wenn nicht für bedeutender, als alle später nachfolgenden Literaturepochen. Vielleicht ist er selbst ein barocker Mensch.

Vieles spricht dafür, und oft habe ich ihn so gesehen, seine Sinnesfreude, seine Neigung zum Grotesken, manchmal zum Burlesken, seine Liebe zum Leben. Nein, er ist keine Kunstfigur. Wer ihn einmal beim Kochen beobachtet hat, weiß, daß er ein hervorragender Koch geworden wäre, und er kocht auch barock. Er könnte sich, das ist mein Eindruck, dabei vergessen und bis in alle Ewigkeit kochen. Und seine Gerichte? Seine Fischsuppen, seine Fasanenbraten, seine Wildbrete, sie sind alle so, daß sie auch an den Tafeln des Westfälischen Friedenskongresses Anklang gefunden hätten. Und so, wie er kocht, so tanzt er auch, da weiß man als Zuschauer nicht mehr recht, wo gerade Beine, Arme und Kopf sind, wo die Hände und wo alles andere, ein wildes Gewirr von Verrenkungen, von schnellen Schräglagen, von Rückwärtsbeugungen der jeweiligen Damen fast bis zum Boden, und das alles mit einem feurigen Tempo. Natürlich, zur Zeit des Barock hat man nicht so getanzt, aber man hätte so tanzen können. Das wäre der Zeit angepaßt gewesen.

Seltsamerweise ist er nicht prunksüchtig. Das würde in mein Bild passen, aber er ist es nicht. Alles um ihn herum wirkt auf mich eher unbehaust, nicht gerade spartanisch, aber wohl archaisch. Da ist kein Stil zu finden, aber warum auch, er braucht ihn nicht. Er ist sein eigener Stil. Auch das, was ich so oft bei Autoren, vor allen Dingen bei Kritikern, gefunden habe, Eitelkeit, nicht zu übersehende, manchmal aufdringliche Eitelkeit, besitzt er nicht. Ich habe jedenfalls nichts davon bemerkt. Und Geltungssucht? Nun, die mag es geben, aber wenn, dann versteckt sie sich hinter seiner Begabung. Zur Wehr kann er sich setzen. Es fallen ihm immer genügend treffende Sätze ein, um einen anderen auf Distanz zu halten.

Ich komme noch einmal auf seine Kochkunst zurück, die er mit einer solchen Leidenschaft betreibt, als stände diese Kunst weit über der Kunst des Schreibens, des Bildhauerns, des Zeichnens. Er hatte, und das ist lange her, Neunaugen gekocht, und er lud mich zu einem Neunaugen-Essen ein. Es war fast schon Mitternacht, aber ich nahm die Einladung an und fuhr mit ihm in seine Wohnung. Doch als ich die Neunaugen sah, verflog mein Appetit. Sie waren in Gelee gekocht, und das Ganze bot sich mir als gallertartige Masse in einer Emailleschüssel dar. Neunaugen waren mir unbekannt, und ich hatte auch keine Lust mehr, sie näher kennenzulernen, aber er bot sie mir mit einer Eindringlichkeit an, daß ich doch davon zu essen begann, wenn auch mehr aus Höflichkeit als aus Appetit. Es war wieder eines seiner archaischen Gerichte, die wahrscheinlich auch schon seine weitentfernten Vorfahren in der Kaschubei gekocht hatten.

Als Walter Höllerer Hochzeit feierte, richtete er die ganze Hochzeit essensmäßig aus. Die Hochzeit fand in meiner Wohnung und in dem dazu gehörenden Garten in Berlin mit zahlreichen Gästen statt. Günter hatte in seiner Wohnung gekocht, und Schüssel auf Schüssel wurde von dort herangeschafft und in mein Eßzimmer getragen, das mit zwei offenstehenden Flügeltüren zum Garten hinausging. Alle Tische standen voll von Schüsseln, Platten, Terrinen, es war ein üppiges Gastmahl, nicht gerade das Allerfeinste der Kochkunst, aber das Kulinarischste. Barock? Ja, ich meine, es war barock. Ich kann mir das Gastmahl eines Serenissimus zur Zeit des Barock so vorstellen. Doch genug von seiner Kochleidenschaft.

Ich würde hier auch gern von der Methode seines Schreibens, seines Bildhauerns, seines Zeichnens sprechen, aber ich habe das nie kennengelernt. In diesen Berufen (ich würde es lieber Berufungen nennen) arbeitet ja jeder für sich allein, und ein anderer, auch wenn er dem Betreffenden noch so nahesteht, hat keine Ahnung davon. Doch nun zum Schluß müßte ich wohl noch sagen, was mich gestört hat, aber ich finde nur wenig, und das wenige scheint mir auch noch unwesentlich. Gewiß, seine politischen Stabhochsprünge haben mich manchmal erschreckt, und das um so mehr, wenn er das gesetzte Ziel verfehlte. Oft scheiterte er an seiner eigenen Naivität, die doch sein großer Vorteil ist, auch hätte ich ihm hin und wieder gern zugerufen: »Hüte dich vor jedem Fanatismus, vor jeder Art von Eiferertum!« Es hätte vielleicht zu väterlich geklungen.

Und da ist seine Neigung zur Repräsentation, die erst in den letzten Jahren auftrat. Ich bedauere noch heute, daß er meine Abneigung gegen Vereine, Verbände, kurz gegen Organisationen aller Art, nicht teilt, sie hätte ihn vor manchen Querelen bewahrt. Funktionären ist auch er nicht gewachsen. Ihre Mentalität ist nach meiner Ansicht der Tod der Literatur. Wo sie in Massen auftreten, ist jede Hoffnung verloren. Jede literarische Begabung sollte sich vor ihnen hüten, und das gilt auch für Günter Grass.

Die Schlafanzughose
Wolfgang Hildesheimer

Als er noch jung war, fühlte er sich schon alt, und als er alt wurde, setzte er immer noch ein paar Jahre hinzu und fühlte sich wiederum sehr viel älter als er war. Das Alter hatte es ihm angetan. Schon vor vielen Jahren schrieb er mir, nun seien wir alt, obwohl wir damals noch in der Mitte des Lebens waren. Doch ich weiß nie genau, meint er es ernst oder ironisch, oder kokettiert er nur mit dem Alter, um mir dann mit dem nächsten Buch zu beweisen, daß es wieder einmal nicht gestimmt hat.

Nun aber, es ist noch nicht lange her, hat er erklärt, er schreibe nicht mehr, er gäbe es endgültig auf. Merkwürdigerweise hat er das nicht mit seinem Alter erklärt, sondern mit Begründungen ganz allgemeiner Art, etwa mit dem tristen Zustand der Welt oder mit der vermeintlichen Endzeitphase, unter deren unaufhaltsamem Herannahen so viele Autoren derzeit leiden. Sofort horchte die literarische Öffentlichkeit auf. Nein, er schreibe nicht mehr, und gleich entspann sich eine Diskussion, ob das Schreiben denn überhaupt noch einen Sinn hätte. Da wettert doch schon der Weltuntergang am Horizont, der allesvernichtende Atomkrieg, sein fernes, doch immer näher kommendes Grollen, kurz die Apokalypse schlechthin, wie sie sich das Mittelalter nicht besser hätte vorstellen können. Es gibt kein Überleben, und das Schlimmste dabei ist, es gibt keinen Nachruhm mehr. Wenn die Welt zum Teufel ist, ist auch er dahin, es gibt keine Leser mehr, keine Archive, keine Literaturgeschichte, keine Lexika. Und selbst wenn diese, die Lexika, es überstehen würden, wer sollte sie denn noch lesen? Kurz, es ist ein einziger Jammer für die Literatur.

Merkwürdig fand ich an dieser Diskussion, daß viele anscheinend nur für ihren Nachruhm schreiben, wo der doch so wenigen, so äußerst wenigen zuteil wird. Und was, frage ich mich, haben eigentlich die Lebenden davon, und was mag sich Wolfgang Hildesheimer dabei gedacht haben? Er malt nun, statt zu schreiben, aber auch die Malerei hätte bei einem solchen Inferno wohl keine Überlebenschance. Ich nehme an, daß er alles etwas anders gemeint hat, als es dann bei der Presse oder im Rundfunk herauskam, differenzierter bestimmt, aber vielleicht hat er sich auch nur über sich selbst lustig gemacht, ohne daß es seine Gesprächspartner gemerkt haben. Nie weiß man bei ihm genau, was er ernst meint und was nicht. Und wie soll das ein Reporter oder Interviewer merken, und sei der noch so begabt.

Ich kenne ihn nun seit dreißig Jahren, aber auch ich bin da noch nicht ganz sicher. Mit dem Schreiben wollte er schon öfter aufhören. Mir sagt er dann, wie jetzt, er hätte keine Themen mehr, aber dann vergehen ein oder zwei oder auch drei Jahre, und dann fängt er doch wieder an. Wahrlich, man muß nicht an ihm verzweifeln. 1978 in Saulgau, ich wollte dort die ›Gruppe 47‹ auch offiziell auflösen, kam er mit einem Entwurf zu einem Buch, der mich sehr amüsierte. Er suchte Rat, war sich selbst nicht ganz sicher, las den Entwurf vor und fand eigentlich nur Ablehnung. Ich aber wußte, er würde das schreiben, er war schon von seinem eigenen ironischen Entwurf fasziniert, und ich riet ihm dementsprechend zu. Gerade die Ablehnung, die er in Saulgau fand, muß ihn gereizt haben. Er verschwand für einige Jahre, und dann erschien das Buch mit dem Titel ›Marbot‹, nach meiner Auffassung eines seiner besten Bücher. Auch dies geschah nach einer Pause, und um eine Pause wird es sich wohl auch jetzt wieder handeln. Ich kann mir beim besten Willen nicht vorstellen, daß er mit dem Schreiben aufhört, auch dann nicht, wenn die Welt voller Teufel wäre. Natürlich, er hat seine Malerei, auf die er immer wieder ausweichen kann, aber es geht ihm wie anderen, wie Günter Grass, Peter Weiss, Wolfdietrich Schnurre, die alle gern in einem zweiten Beruf große Maler wären, doch sie sind der Literatur verhaftet, und der Ausbruch in ein anderes Gebiet erscheint mir nur wie ein Pausenzeichen, das jeder von ihnen braucht.

Als ich Wolfgang vor nicht langer Zeit in Berlin traf, erzählte er mir, daß seine Ausstellungen sehr gut besucht seien und seine Bilder viel gekauft würden, aber, so fügte er hinzu, »das hängt wohl mit meinem Namen als Schriftsteller zusammen«. Als ich ihn kennenlernte, malte er auch, fing dann jedoch an zu schreiben, und die Malerei wurde etwas, so nehme ich an, wie eine Art Nebenbeschäftigung, ein Hobby, wie später in der Schweiz sein Kräutergarten. Damals, 1951, lebte er in Ambach am Starnberger See, ein junger Mann, aus der englischen Armee längst entlassen, der wohl nicht recht wußte, was er mit sich anfangen sollte. Dort wohnte zu jener Zeit auch Walter Kolbenhoff, dessen liebster Aufenthalt der Gasthof Bierbichler war, und wahrscheinlich hat er dort Wolfgang Hildesheimer kennengelernt.

Eines Tages, es war kurz vor der geplanten Tagung der ›Gruppe 47‹ in Dürkheim, bekam ich eine Postkarte von Walter Kolbenhoff mit dem Hinweis auf einen jungen Mann, den er in Ambach kennengelernt hatte, einen Mann, schrieb er, »der zwar hier über alle Zäune springt, aber schreiben kann«. Ich konnte mir einen Schriftsteller, der über alle Zäune springt, nicht recht vorstellen, und ich dachte mir, vielleicht sind mit den Zäunen bürgerliche Tabus gemeint. Es konnte aber auch sein, daß bei dem besagten Wolfgang Hildesheimer eine Aversion gegen Zäune jeder Art vorlag, eine Aversion, die mir nach den Erfahrungen, die hinter uns lagen, verständlich war.

Er interessierte mich, und ich lud ihn kurzerhand ein. Er

kam nach Dürkheim, und der, der dort ankam, war nach meinem ersten Eindruck alles andere als ein Zäunespringer. Er gefiel mir. Seine Weltläufigkeit, sein Humor, seine skeptische und satirische Art traten für mich sofort ins Bild, als er vor mir stand. Ich dachte, vielleicht schreibt er auch so, wie er sich gibt, vielleicht kann das wie eine Erfrischung in der zu Ende gehenden ›Kahlschlagperiode‹ wirken.

Und so, wie ich es dunkel geahnt hatte, kam es zwei Tage später. Er las uns eine seiner ›Legenden‹ vor, die, ich glaube, ein Jahr später als Buch erschienen. Es wurde viel gelacht, die oft schwerfällige Düsternis der allzu realistischen Literatur verließ, ich würde sagen, unauffällig, den Raum. Es wurde heiter surreal. Die Insel, die da vor uns unterging, von Hildesheimer erbaut, war surreal und heiter. Dem einen und dem anderen schien sie zu leichtgebaut. Der Preis der ›Gruppe 47‹ ging an ihm vorbei und später überholte er ihn, war er schon zu bekannt, um ihn noch zu bekommen. Der Preis sollte ja an Unbekannte vergeben werden, an Begabungen, die wir entdecken wollten. So erging es auch anderen, Alfred Andersch etwa oder auch Wolfdietrich Schnurre. Doch Wolfgang Hildesheimer blieb, für mich gehörte er von Anfang an dazu, ja, ich glaube, er war fast auf jeder Tagung dabei. Er beteiligte sich nur selten an der Kritik, doch wenn er etwas sagte, hatte es immer Gewicht. Einmal, es war 1961 in der Göhrde, las Hans Magnus Enzensberger ein Schauspiel vor. Als er seine Lesung beendet hatte, setzte lähmendes Schweigen ein. Wolfgang meldete sich und sagte nur einen Satz: »Schmeiß es in den Papierkorb.« Und Enzensberger tat, wie ihm Wolfgang geraten hatte. Mehr wurde dazu nicht gesagt.

Der Vorgang wiederholte sich nicht, aber er ist vielleicht bezeichnend für Hildesheimers Reaktionen. Er hatte die ganze Zeit dicht vor mir gesessen in der ersten Reihe, und es war mir aufgefallen, wie sein Gesicht immer mißmutiger wurde, ja, zeitweise war es mir erschienen, als würde er von reißenden Zahnschmerzen geplagt. So war es häufiger. Ich konnte von seinem Gesicht ablesen, von welcher Qualität das jeweils Vorgelesene war. Er saß immer in der ersten Reihe, und obwohl er oft den Eindruck machte, als höre er nicht sehr intensiv zu, sah ich doch an jeder seiner Bewegungen, was ihm gefiel und was ihm mißfiel. Es waren kaum merkliche Bewegungen, keine Bewegungen der Anerkennung oder der Ablehnung, es war nicht mehr als ein Verziehen des Mundes, ein leichtes Heben der Hand, vielleicht ein Übereinanderschlagen der Beine, aber es sagte manchmal mehr für mich aus als die wohlgeformten Sätze gefürchteter oder auch belächelter Kritiker. So wurde er für mich eigentlich unentbehrlich, und wenn er einmal nicht kam, wie in Sigtuna in Schweden, vermißte ich ihn mehr, als er wußte.

Nichts hat mich damals mehr getroffen als sein Nichterscheinen. Martin Walser, der gegen diese Tagung im Ausland seinen eigenen kleinen Feldzug inszenierte, mag auch ihn beeinflußt haben. Dabei hätte ihm gerade die Tagung in Sigtuna sicher gefallen. Sie schien mir wie auf ihn zugeschnitten, eine Art Hildesheimer-Treffen ohne seine Anwesenheit und genau mit dem Tropfen Surrealismus versehen, der ihm lag. Aber das war schon dreizehn Jahre nach unserer ersten Begegnung in Dürkheim. Die ›Gruppe 47‹ hatte sich verändert, sie war nicht mehr ganz so jugendbewegt, wie in den ersten Jahren. Ihre ungeschriebenen Gesetze waren immer noch die gleichen, Methode und Ablauf eines solchen Treffens vollzogen sich wie in den Anfängen. Nur sie war älter geworden, differenzierter und schwerer zu definieren. Das konnte einem gefallen oder auch mißfallen, und einigen mißfiel es. 1951 in Dürkheim war alles noch unbeschwert, noch besaß kaum einer einen Namen, der über einen kleinen Kreis hinaus reichte, noch waren wir Unbekannte. Das hatte sich geändert und konnte nicht ohne Einfluß auf uns bleiben. Nun waren wir so etwas wie eine öffentliche Angelegenheit.

In Dürkheim entstand eine Freundschaft mit Wolfgang Hildesheimer. Sie war nie einer ernsthaften Gefährdung ausgesetzt. Damals, in den ersten Jahren nach Dürkheim, fuhr auch ich oft nach Ambach an den Starnberger See, um ihn und auch Walter Kolbenhoff zu besuchen. Dann saß auch ich bei Bierbichler, um mit ihnen zu reden, immer nur zu reden, und meistens über das, was sich literarisch um uns herum tat, und immer stand die ›Gruppe 47‹ im Mittelpunkt.

Eines Tages bestellte mich Wolfgang zu seinem Trauzeugen, und obwohl ich mich für einen solchen Zeugen nicht besonders gut eigne, erklärte ich mich doch dazu bereit. Er heiratete eine Frau, die in Ambach wohnte. Sylvia brachte schon zwei Töchter mit in die Ehe, was dazu führte, daß er Jahre danach Großvater wurde. Sofort kaufte er sich einen Stock, und als ich ihn darauf wiedertraf, ging er schon leicht gebeugt an seinem Stock. Auf meine erstaunte Frage: »Was willst du mit dem Stock?« antwortete er: »Zu einem Großvater gehört auch ein Stock.« Auch dies war wieder Koketterie mit dem Alter, wie so häufig, und mir ist bis heute nicht klar, ob er das Alter herbeisehnte, um es zu überwinden, oder ob er es fürchtete. Vielleicht aber war es auch nur ein Spiel mit sich selbst, seine Art, sich über sich selbst lustig zu machen.

Er zog, Jahre nach Dürkheim und nach Ambach mit seinem Bierbichler, in die Schweiz, nicht, weil es ihm in Bayern nicht mehr gefiel, sondern weil er glaubte, seine Frau Sylvia, die etwas schwerhörig war, könne dort in Poschiavo besser hören. Es kann aber auch sein, daß es die Luftveränderung war, die ihn dazu veranlaßte. Als wir ihn zum erstenmal dort besuchten, schien er mir beschaulicher, besinnlicher geworden, ein veränderter Wolfgang

Hildesheimer. Es war ein erster, doch falscher Eindruck. In Wirklichkeit hat er sich nie verändert, er blieb immer der gleiche, wobei das jeweilige Lebensalter keine Rolle spielte.

Bei diesem Besuch zeigte er uns seinen Kräutergarten, den er sich dort angelegt hatte und in den er so verliebt war, daß er anscheinend die ganze Literatur vergessen hatte. Er nannte jedes Kraut bei seinem Namen, so, als sei es ihm von alters her bekannt, zerrieb das eine oder andere genüßlich zwischen seinen Fingern, roch genießerisch daran und ließ auch uns daran riechen. Ausrufe des Entzückens, sowohl auf seiner wie auf unserer Seite waren selbstverständlich, und ich gebe zu, es waren betäubende Gerüche, die er uns da bot. Meine Frau zweifelte zwar daran, daß er selbst diesen Kräutergarten angelegt hatte, es war nach ihrer Ansicht viel mehr das Werk Sylvias, die viel zu bescheiden war, um das auch nur zu erwähnen. Wolfgang aber hatte wieder einmal eine seiner ›Marotten‹, und wer ihn nicht kannte, mußte meinen, er sei nun auf dem Weg, ein echter Kräutergärtner zu werden.

Doch ich will es nicht eine seiner ›Marotten‹ nennen, das könnte er mir vielleicht übelnehmen, das Wort ›Spleen‹ ist wohl eine bessere Bezeichnung, aber vielleicht spielte er auch mit dem ›Spleen‹ nur, weil ihm das Spiel mit sich selbst gefiel. ›Spleenig‹, das schien er mir häufiger. Er hatte lange in England gelebt, hatte in der englischen Armee gedient und war schließlich als Dolmetscher beim Nürnberger Prozeß tätig gewesen. Ihm, dem ehemaligen Odenwaldschüler, war in diesen vielen Jahren das Englische unter die Haut gegangen. Man braucht nur seinen ›Marbot‹ zu lesen, um das bestätigt zu finden. Diese Eigenschaft entkleidet ihn für mich von jeder Art von Eitelkeit, von Geltungssucht und Ehrgeiz, obwohl er wohl von allem ein wenig besitzt. Es ist nur gut verdeckt, besser als bei anderen. Bei jemandem, der über sich selbst lachen kann, bemerkt man diese Eigenarten nur bei besonderer Beobachtungsgabe.

Es ist noch nicht lange her, ein oder zwei Jahre, da bekam er den Literaturpreis der Bayerischen Akademie. Ich nahm an der Feier teil. Als Wolfgang aufgerufen wurde, um den Preis entgegenzunehmen, schritt er gebeugt und schwerfällig zum Podium, um ein paar Worte des Dankes zu sagen. Man sah ihm an, wie schwer ihm das fiel. Er ging ganz vornübergebeugt, und ich dachte, nun ist er wirklich ein alter Mann. Aber es war anders. Er hatte, wie er uns beim Mittagessen erzählte, vergessen, seine Schlafanzughose auszuziehen, hatte die Hose seines Anzugs voller Vergeßlichkeit einfach darübergezogen und war dementsprechend unbeweglich zum Podium der Akademie geschritten. Und erst auf diesem Weg sei ihm seine Schlafanzughose bewußt geworden. Wir lachten viel darüber, aber er trug seine Schlafanzughose immer noch unter der Hose, obwohl es ein heißer Hochsommertag war und wir alle schwitzten. Nichts ist bezeichnender für ihn als dieser unwichtige Vorfall. Andere hätten vielleicht angesichts dieser Entdeckung in ihrer Rede vor der Akademie versagt, wären unsicher geworden und hätten die Rede vielleicht abgebrochen oder abbrechen müssen. Nicht so Wolfgang Hildesheimer. Er sprach, als sei die Schlafanzughose gar nicht vorhanden, er ignorierte sie einfach, um sich dann zwei Stunden später über sich selbst und seine Zerstreutheit lustig zu machen. Er lacht selten aus vollem Hals, wie man sagt. Nein, er lacht in sich hinein, wobei aber sein Gesicht so viel versteckte Heiterkeit ausstrahlt, so viel Witz, Satire und Ironie, daß man mitlachen muß, auch wenn man den Gegenstand seiner Heiterkeit noch nicht erfaßt hat.

Er liebt es, wie schon gesagt, mit dem Alter zu spielen, aber auch mit dem Sterben, dem Tod, der Vergänglichkeit, mit all dem, was so schnell an uns vorüberfliegt und was wir schlecht realisieren können. Für ihn ist das alles unmittelbarer als für mich. Vielleicht findet er alles fragwürdig, auch sich selbst. Doch das ist nur die eine Seite, die andere ist eine Art von genüßlichem Genießen des Lebens. Wenn er mir in Poschiavo einen Rotwein eingoß, kredenzte er mir diesen, etwa mit einer Einführung in die Art dieses Weins, sein Alter, seine Eigenschaften, seinen Charakter. Dies galt auch für das Essen, für das Kochen, für alles, was außerhalb seiner literarischen Arbeit liegt. All diesen Dingen verleiht er gern einen ästhetischen Reiz, wobei die Frage auftaucht: Ist er ein Ästhet oder ist er es nicht? Ich würde die Frage mit Ja beantworten, dies aber gleichzeitig um ein paar Nuancen einschränken. Wenn ich nun aber diese Nuancen hier aufzählen müßte, ich könnte es nicht.

Wolfgang ist facettenreich, und nicht alle Facetten sind leicht zu erfassen. Einmal malte er einen Hahn, den er mir schenkte. Es ist lange her und muß in den Anfängen, in der Nachkriegszeit gewesen sein. Diese Zeit muß für ihn eine Zeit der Hähne gewesen sein, denn er malte viele Hähne. Sie sahen aus meiner Sicht alle gleich aus, was aber nicht den Tatsachen entsprach, es gab kleine Unterschiede, und nur mir fielen diese Unterschiede nicht auf.

Obwohl ich mir das nicht eingestehen wollte, erinnerten sie mich doch alle an Wolfgang, facettenreiche Hähne würde ich sagen, obwohl Wolfgang alles andere als ein Hahn ist und einem solchen auch nicht ähnlich sieht. Trotzdem, er läßt Hähne gern frühmorgens Kikeriki schreien, vor allen Dingen attische Hähne, wie in einer seiner schönsten Geschichten.

Doch zurück zu seiner Hochzeit, die ich eingangs erwähnt habe. Wir waren zu jener Zeit noch sehr arm, trugen unsere etwas verbrauchten Straßenanzüge und besaßen wahrscheinlich nur einen davon. Wir gingen, und daran erinnere ich mich, einen Hügel hinter Ambach hinauf, an blumenreichen Wiesen vorbei, eine kleine Schar, zu einem Bauernhof, der neben einer Kirche lag, die den Hügel krönte. Es war ein sonniger Tag, alle waren gut aufgelegt, und Wolfgang machte seine Scherze. Er nahm die Zeremonie, der wir entgegengingen, nicht ganz ernst. Der Standesbeamte, wohl der Bürgermeister persönlich, empfing uns, dunkel und würdig gekleidet, mit einer vergoldeten Amtskette um den Hals. Er nahm sein Amt wichtig, und Wolfgang wirkte ihm gegenüber in seinem Straßenanzug etwas verloren, ja so, als sei er gar nicht gemeint, sondern ein anderer, der irgendwo hinter ihm stand.

Der Bürgermeister fand schöne, kräftige, bäuerliche Worte über den heiligen Stand der Ehe, die Wolfgang wohl noch besser formuliert hätte. Ich sah ihm an, wie gern er die Rede hier und da unterbrochen hätte, eines Wortes wegen oder auch, um einen ganzen Satz noch stilgerechter einzusetzen. Er wäre sicher ein hervorragender Standesbeamter für seine eigene Ehe gewesen, eine Ehe, die damals begann und noch heute besteht.

Als wir den Hügel wieder hinuntergingen, lachten wir viel, lobten den Bürgermeister und waren voller Ausgelassenheit. Alles lag noch vor uns, Aufstieg und Glück, Erfolg und Niederlage, und alles begann in dieser Zeit, zu der auch der Tag dieser Hochzeit gehört. Ob Wolfgang es auch so empfunden hat, wie ich, weiß ich nicht, aber ich darf es wohl annehmen.

So unbeschwert, wie es damals begonnen hatte, war es später wahrscheinlich nie mehr. Jahrzehnte danach wurde er Schweizer und Ehrenbürger der Stadt Poschiavo. Ich habe das nicht miterlebt, aber er muß es wohl sehr genossen haben, denn er hat mir davon erzählt. Alle Honoratioren der Stadt und viele Bürger, auch aus der Umgebung, kamen in sein Haus, um ihn zu feiern und zu ehren, und sicher sind viele Reden gehalten worden, die der Rede des Bürgermeisters von Ambach ähnlich waren. Er machte sich nicht darüber lustig, er nahm sie ernst, und ich gewann aus seiner Erzählung den Eindruck, er habe dort in der Schweiz, in Poschiavo, nach langer Suche sein Zuhause gefunden.

Das Lachen der Oberpfalz
Walter Höllerer

Eines Tages war er einfach da, saß in meinem Zimmer auf einer Couch oder einem Sofa und lachte, lachte nicht einfach so vor sich hin oder in sich hinein, sondern laut und deutlich, anhaltend auch, wenn auch nicht störend. Ich kann nicht sagen, daß es ein wohlklingendes Lachen war, doch ein meckerndes war es auch nicht. Trotzdem: Ein solches Lachen hatte ich noch nie gehört. Ich möchte es gern beschreiben, jedoch, es wird mir nicht gelingen. Ein schallendes Gelächter? Nein, das war es nicht, obwohl es auch ein schallendes war. Ein dröhnendes Gelächter? Das war es auch nicht, obwohl es mir auch dröhnend vorkam. Ja, es füllte mein ganzes Zimmer aus, war in jeder Ecke, unter dem Tisch und darüber. Es war auch kein Gelächter. Auch die Bezeichnung ›Gelächter‹ ist falsch. Besser ist eine ›Lache‹. Ja, es war eine Lache, eine Lache von großer Eindringlichkeit und Durchschlagskraft. Man konnte sich ihr nicht entziehen.

Ich weiß nicht mehr, schickte er dieses einnehmende Lachen voraus, bevor er seinen Wunsch äußerte und mir den Anlaß seines Besuches mitteilte, oder begleitet ihn dieses Lachen ständig und immer. Natürlich wollte er zur ›Gruppe 47‹ eingeladen werden, und er konnte nichts Besseres tun, als mit dieser Lache anzufangen. Ich liebe lachende Leute, sie gewinnen schnell meine Sympathie, und obwohl ich zu dieser Zeit schon ziemlich stur hinsichtlich Einladungen war, ließ ich mich doch erweichen. Die ›Gruppe 47‹ war damals schon ziemlich bekannt und lief in ihrer Entwicklung auf einen Höhepunkt zu. Um so vorsichtiger wurde ich mit zusätzlichen Einladungen. Nun, Höllerer lachte sich durch.

Ich traf ihn in Rom wieder und diesmal in Begleitung der Ingeborg Bachmann, und wenn mich nicht alles täuscht, war auch sie von seinem Lachen fasziniert. Ungehemmt ließ er es durch die Trattoria schallen, in der wir zu dritt saßen. Ingeborg Bachmann hatte eine Tagung der ›Gruppe 47‹ in Italien vorbereitet, die erste Tagung im Ausland. Warum ich ihrem Vorschlag zugestimmt habe, weiß ich nicht mehr genau. Ich glaube, es war meine Bewunderung des italienischen Neo-Verismus, die mit dazu beigetragen hat. Es war aber wohl auch Risiko- und Abenteuerlust dabei. Auf jeden Fall tagten wir südlich von Rom, fast hundert Kilometer südlich, in Cap Circeo. Ich wollte auch sehen, wie fest die ›Gruppe 47‹ schon gefügt war und ob sie der Belastung ›Ausland‹ ohne weiteres gewachsen war. Es zeigte sich, was ich gehofft hatte: Sobald alle wieder in einem geschlossenen Raum saßen, waren nur wieder die Sätze wichtig, die Form, der Stil, und niemand achtete mehr auf die Sonne über dem Mittelmeer.

Nach der Tagung fuhren wir nach Rom zu einem Empfang auf dem Capitol. Der Oberbürgermeister von Rom hielt eine Rede, die mit Goethe begann und mit Goethe aufhörte, und ich mußte darauf antworten, was mir schwerfiel. Für eine solche Antwortrede wäre Walter Höllerer sicher geeigneter gewesen. Aber ich sah ihn nicht, hörte auch nichts von ihm, und es kann sein, daß er gar nicht dabei war oder sich irgendwo in Rom herumtrieb. Vielleicht hatte ich ihn auch nach Cap Circeo noch gar nicht eingeladen. Doch dann war er immer dabei, nahm wie selbstverständlich ebenfalls in der ersten Reihe Platz und betätigte sich als Kritiker. Gewiß, er bestieg auch hin und wieder den ›elektrischen Stuhl‹ und las Gedichte, fiel aber nicht weiter auf. Er verstärkte den Chor der Kritiker um eine nicht unwichtige Stimme, und sein Lachen, das mich so tief beeindruckt hatte, ich hörte es von nun an noch öfter. In dieser Zeit wurde in der ›Gruppe 47‹ viel gelacht, auch im kritischen Gespräch, und wenn alle im Chor lachten, hörte ich seine Lache noch immer heraus.

Er betätigte sich auch als Einkäufer, denn er gab die Zeitschrift ›Akzente‹ heraus und ließ drucken, was seinem literarischen Urteil standhielt. Er betätigte sich hinter meinem Rücken, ich sollte wohl nichts davon bemerken, und dementsprechend tat ich auch so, als hörte und sähe ich nichts. Natürlich taten das auch andere, Autoren, die gleichzeitig als Lektoren bei irgendwelchen Verlagen tätig waren. Ich hatte nichts dagegen, und alles spätere Gerede von einer Art Börse ist dummes Geschwätz. Ich konnte mich immer nur freuen, wenn Autoren auf diesem Weg einen Verleger fanden, denn das war noch keineswegs selbstverständlich.

Dann kam ein paar Jahre später der große Tag Walter Höllerers in der ›Gruppe 47‹. Er hatte mir gesagt, er wolle aus einem Roman lesen. Das war 1959 in der Elmau. Ich erinnere mich noch sehr genau an diesen Augenblick. Ich rief ihn zur gegebenen Zeit auf, und er strebte sogleich auf den Stuhl zu, der neben mir stand, mit seinem Romanmanuskript in der Hand. Er war sehr aufgeregt. Ich hatte ihn noch nie und habe ihn auch später nie wieder so gesehen. Er schien seine Selbstbeherrschung verloren zu haben, ja, es ist mir damals vorgekommen, als sei er der Auflösung nahe. Sein Gesicht war fahl und seine Nase, seine bemerkenswerte und – so meine ich – bedeutende Nase war fast grün. Natürlich war es schwerer für ihn als für andere. Er hatte sich seit Jahren an der Kritik beteiligt und sein Auftritt als Romancier würde sicher schärfer und genauer beurteilt werden als die Arbeit irgendeines Unbekannten. Vielleicht glaubte er auch, er hätte schon einen Namen zu verlieren. Was es auch immer war, für ihn war in diesem Augenblick der ›elektrische Stuhl‹ eine Art Prüfstand.

Er las aus seinem Roman ›Die Elefantenuhr‹, ein Titel,

der schnell zum geflügelten Wort wurde. Manch einer las jetzt nach der Elefantenuhr, und wenn der eine oder der andere die Zeit versäumte, sagte er, er habe sich nach der Elefantenuhr gerichtet. Walter las nicht unsicher, was ich bei seinem Anblick hätte erwarten können, sondern mit fester Stimme. Ich gebe zu, ich habe nicht alles verstanden, aber andere müssen wohl besser zugehört haben. Er kam mit seinem Kapitel aus der ›Elefantenuhr‹ gut an, und dementsprechend geriet er in eine euphorische Stimmung. Am Abend dieses Tages sah ich ihn mit einer Leidenschaft tanzen, wie ich es bei ihm noch nie gesehen hatte. Es geht zu weit, wenn ich sage, die ›Elefantenuhr‹ wurde sein Schicksal, aber ein wenig, ein ganz klein wenig stimmt das schon. Bereits ein Jahr später in Aschaffenburg las er wieder aus der ›Elefantenuhr‹ und kam nicht mehr an.

Zwei Jahre später wollte ich die ›Gruppe 47‹ in Berlin tagen lassen. Es war der fünfzehnte Jahrestag ihres Bestehens, und ich wollte dies natürlich feiern beziehungsweise feiern lassen. Nur fand ich in Berlin keinen Ort, an dem wir uns hätten treffen können. Ich wandte mich an Walter Höllerer, der sich in dem damaligen Berlin besser auskannte, und er fuhr mit mir herum, um irgendeinen geeigneten Ort zu finden. Wir fanden ein Haus am Wannsee, das geeignet erschien. Es war eine heruntergekommene Wannsee-Villa aus der Wende des Jahrhunderts, mit Balkonen und Ziertürmen, die leerstand und jetzt der Stadt gehörte. In den zwanziger Jahren war sie eine Art Vergnügungsvilla gewesen, zu der die Berliner hinausfuhren, um sich zu amüsieren und um Charleston zu tanzen. Walter Höllerer, der schon zu dieser Zeit alle verschlungenen Wege der Berliner Stadtverwaltung kannte, gelang es, daß uns dieses Haus zur Verfügung gestellt wurde.

Ich spreche deshalb so ausführlich davon, weil es später ganz in Höllerers Hand kam und als Literarisches Colloquium das Berliner literarische Leben stark beeinflußte.

Ich hatte oft den Eindruck, als hätte er dieses Colloquium ganz auf sich zugeschnitten, aber in jenen Jahren nach dem Bau der Mauer tat es seine Wirkung und trug dazu bei, daß Berlin zeitweise so etwas wie ein literarisches Zentrum der Bundesrepublik wurde. Höllerer richtete literarische Lehrgänge ein, auf denen Anfänger das Schreiben üben oder erlernen konnten. Fichte, Bichsel, Born, Piwitt und andere gingen dort, wenn ich so sagen darf, zur Schule. Günter Grass, Peter Weiss, Höllerer selbst und andere, zeitweise auch ich, übten sich dort als Lehrer. Auch Peter Rühmkorf nahm unterrichtend daran teil. Er hatte sich in den letzten Jahren dem Kreis um die ›Gruppe 47‹ angeschlossen und aufmerksam alles verfolgt, was sich dort auf den Tagungen tat. Diese Lehrgänge waren effektiv, sieht man sich von heute aus die Namen der jungen und damals noch völlig unbekannten Leute an, die das Literarische Colloquium besuchten. Gleichzeitig steigerte sich Höllerer in die Rolle eines großen Impresarios hinein, indem er literarische Großveranstaltungen managte, die viel besucht, ja, überlaufen waren. Unzweifelhaft trugen sie dazu bei, Berlin in diesen Jahren ein literarisches Gesicht zu geben, das nicht ganz der Wirklichkeit entsprach.

Zu dieser Zeit zog auch ich mit einem Bein nach Berlin, und zwar in ein Haus im Grunewald, das sich einmal – 1905 – der Verleger S. Fischer gebaut hatte und in dem die Literatur der zwanziger Jahre mehr oder weniger zu Hause gewesen war. Die Absicht war, einen literarisch-politischen Salon in Verbindung mit dem Sender Freies Berlin einzurichten, in dem Politiker und Schriftsteller sich treffen, sich kennenlernen und sich auseinandersetzen konnten. Die so oft beschworene Verbindung zwischen Geist und Macht sollte wieder einmal versucht werden. Tatsächlich trafen sich hier Leute wie Brandt, Erler, Schiller, Strauß, Bahr, Schmidt und andere mit Johnson, Grass,

Hans Mayer, Ingeborg Bachmann, kurz, vor allem mit den Leuten der ›Gruppe 47‹. Was dabei herausgekommen ist, kann man schwer beurteilen, aber es waren, das kann ich wohl sagen, sehr intensive Gespräche. Natürlich blieb auch das wieder nur eine Episode, den Graben zwischen Geist und Macht haben auch wir nicht einebnen können.

An diesen Abenden nahm auch Walter Höllerer oft teil, und in diesem Haus im Grunewald feierten wir seine Hochzeit. Es wurde eine bemerkenswerte Hochzeit, auf der alles außer Rand und Band geriet, hatten wir doch alle Walter Höllerer für einen ewigen Junggesellen gehalten, der zwischen Frankfurt und Berlin immer hin und her flog, nur mit einem Regenschirm bewaffnet, und sonst gar nichts. Diese Überzeugung vom ewigen Junggesellen Walter Höllerer war so stark, daß Grass sich eines Abends zu dem Versprechen hinreißen ließ: »Solltest du einmal heiraten, dann richte ich deine Hochzeit aus.« Wenige Monate später mußte er sein Versprechen einlösen.

Was ich in dieser Hinsicht von Walter Höllerer wußte, war ebenfalls nicht viel. Ich hatte nur von seinen Beziehungen zu Barbara König gehört, die in ihm zeitweise ihren Meister und Lehrer sah, was ich aber für eine rein literarisch-platonische Angelegenheit hielt. Nun aber brachte er eine Frau von seinen Reisen mit und stellte sie uns in den Berliner Börsenstuben vor. Es schien mir nicht ganz so selbstverständlich wie bei anderen, die jemanden mitbrachten, mehr etwas gewollt, vielleicht auch etwas verklemmt, aber Walter setzte sich durch und Renate aus München gewann schnell unsere Zuneigung.

Nicht lange danach fand schon die Hochzeit statt. Natürlich im S. Fischer-Haus, denn es sollte eine große Hochzeit werden. Günter Grass richtete sie, wie versprochen, aus. Er kochte in seiner Art tagelang daran, und ich schmückte sie aus. Ich fuhr also in Berlin herum, um mir

Elefanten zu besorgen, keine lebenden natürlich, sie hätten in den S. Fischer-Garten wohl nicht hineingepaßt, nein, ich suchte welche aus Stoff oder Plüsch. Aber ich fand sie in ganz Berlin nicht. Elefanten waren in Berlin anscheinend eine Rarität. Endlich entdeckte ich zwei, die meiner Vorstellung nach zu klein geraten waren. Ich nahm sie mit und befestigte sie auf der Terrasse des Hauses, die zum Garten hinausging. Dort befand sich über der Tür eine Sonnenuhr, so wie sie wohl 1905 beim Bau des Hauses noch in Mode gewesen war. Über dieser Uhr brachte ich meine Elefanten an, wodurch so etwas wie eine Elefantenuhr entstand, was aber der Hochzeiter wohl kaum bemerkt hat. Es wurde eine sehr turbulente Hochzeit mit einem stetig steigenden Lärmpegel, weswegen um Mitternacht die Polizei erschien. Doch nach kurzer Zeit tanzten die Polizisten mit, was vielleicht nur in Berlin und auf Höllerers Hochzeit möglich war.

So merkwürdig es ist, Höllerer löst oft bei Behörden eine Art Euphorie aus, die sich dann später natürlich wieder legt. Einmal nahm ich an einer Sitzung im Hotel Steinplatz teil, zu der Höllerer mich eingeladen hatte. Er traf sich mit einigen Herren der Berliner Industrie und der Banken. Es ging um einen beträchtlichen Zuschuß zum Aufbau des Literarischen Colloquiums. Wir gingen zu der Sitzung durch einen langen Gang, ich hinter Höllerer her. Einen Tag vorher, an einem Sonntag, war Willy Brandt mit großer Mehrheit zum Regierenden Bürgermeister gewählt worden, und ich sprach den vor mir gehenden Höllerer darauf an. Da drehte er sich kurz um, machte mir ein Zeichen, zu schweigen, und sagte: »Wat den Eeenen sin Uhl, dat is den Annern sin Nachtigall«, denn wenige Schritte vor uns gingen die Herren der Berliner Industrie. Mehr als souverän ging er dann mit diesen in der Sitzung um, erreichte natürlich, was er wollte, und das kann auch mit den Behörden nicht anders gewesen sein.

Er besaß so etwas wie ein Behörden-Sex-Appeal, ja, es kam mir manchmal so vor, als seien sie ihm ausgeliefert. Er erreichte alles, was er wollte, ob es sich nun um das Literarische Colloquium in Berlin oder um das Literaturarchiv in Sulzbach-Rosenberg handelte. Wenn es so etwas wie einen Amtsschimmel geben sollte, dann muß der jedesmal bei Höllerers Anblick freudig gewiehert haben. Es war wohl nicht nur sein grandioses Lachen, bei dem man vor ihm in die Knie ging und mit dem er mich schon bei der ersten Begegnung für sich gewonnen hatte, sondern eher so etwas wie eine Art Charme, ein intellektueller Charme, dem Leute, die fest auf ihren Amtssesseln saßen, nicht zu widerstehen wagten. Er war zeitweise eine Art Berliner Institution, mit der man sich arrangieren mußte, wenn man in Berlin etwas auf dem literarischen Gebiet erreichen wollte.

Zur ›Gruppe 47‹ hatte er ein ambivalentes Verhältnis. Er fühlte sich zugehörig, natürlich, aber nach meiner Ansicht immer mit einer kleinen Reserve, mit einer unausgesprochenen Distanz. Gewiß, er nahm intensiv an der Kritik teil, und auf der Tagung in Schweden hielt er einmal einen Vortrag ganz im Stil der ›Gruppe 47‹, was für mich überraschend war. Ich will ihn nicht gerade einen Meister der Imitation nennen, aber in manchen Augenblicken war er es für mich. 1977, dreißig Jahre nach dem Entstehen der ›Gruppe 47‹, lud ich noch einmal nach Saulgau ein. Ich wollte die Gruppe auch offiziell auflösen, was nicht nötig war, aber es war in der Öffentlichkeit doch ein schiefes Bild entstanden, so, als sei die Gruppe an irgendwelchen Querelen zugrunde gegangen. Höllerer nahm an diesem letzten Treffen nicht teil, er hielt das für eine Veteranenbegegnung und teilte mir das in einem ärgerlichen Brief mit. Er wollte kein Veteran sein.

Ich habe in ihm immer einen gänzlich unpolitischen Menschen gesehen, und ich bin auch heute noch überzeugt, daß er es ist. In der ›Gruppe 47‹ wurde oft gegen politische Mißstände protestiert, oder sagen wir, gegen das, was man für Mißstände hielt. Diese Proteste kamen nicht durch einen allgemeinen Beschluß zustande, es fand keine Abstimmung statt, sondern irgendeiner, sagen wir Hans Magnus Enzensberger, wollte gegen de Gaulle für die französischen Intellektuellen protestieren, dann entwarf er dieses Protestschreiben und ließ es zirkulieren. Wer sich diesem Protest anschließen wollte, unterschrieb es, wer anderer Meinung war, unterschrieb es nicht. So gab es nie einen Protest der ›Gruppe 47‹, sondern immer nur den Protest einzelner, manchmal war es die Mehrheit der Anwesenden, manchmal aber auch nur die Hälfte oder sogar nur ein Drittel.

Walter Höllerer unterschrieb keinen dieser Proteste. Ob er jeweils anderer Meinung war oder die ganze Protestiererei für baren Unsinn hielt, weiß ich nicht. Aber es kann auch sein, daß seine Grundhaltung viel konservativer war als die anderer. In der großen Aufregung um die Verhaftung Rudolf Augsteins während einer Tagung im Oktober 1962 blieb er gelassen und unterschrieb den umlaufenden Protest nicht. Er machte kein Hehl aus seiner Meinung, warum er nicht unterschrieb, er sagte: »Ich unterschreibe nichts, gar nichts, ganz gleich, was es ist. Ich unterschreibe nur das, was ich selbst entworfen habe.« Ja, er hätte nur seinen eigenen Protest unterschrieben, eine Ansicht, die ich damals zwar respektierte, die ich aber nicht teilte. Ob er dieser Meinung noch immer ist, daran zweifle ich. In letzter Zeit kommt sie mir bei ihm etwas verwackelt vor.

Doch heute, nach einer jahrelang anhaltenden Protest-Unterschriftssammelei kann ich diesen Satz verstehen und nehme ihn unter Umständen für mich selbst in Anspruch. Nur seinerzeit, bei Walter Höllerer, hielt ich es für das Zeichen eines völlig unpolitischen Menschen. In meinen Augen war er so etwas wie ein Formalist, wie man das damals nannte, ja, ich hatte ihn sogar in Verdacht, eine Art Fraktionsgründung innerhalb der ›Gruppe 47‹ zu betreiben, eben gegen jene politisch engagierte Literatur der ersten Jahre, die es immer noch gab. Ich schrieb deshalb eine satirische Geschichte, die ich die ›I-Periode‹ nannte, es war die Geschichte einer literarischen Periode, bei der das I im Mittelpunkt stand. Den Träger dieser literarischen Mode nannte ich Leo-Heinz-Leo. Walter Jens las diese Geschichte auf der Tagung in Berlin vor, und zwar als die Geschichte eines unbekannten Einsenders. Es wurde viel gelacht, und Alexander Kluge erriet den Autor, doch niemand kam darauf, daß ich mit Leo-Heinz-Leo Walter Höllerer gemeint hatte, er selbst wohl auch nicht. Im Gegenteil, er druckte diese Geschichte in seiner Zeitschrift ›Akzente‹ ab und war anscheinend von ihr angetan. Es kann sein, daß dies Ironie war, eine Ironie, die ich ihm auch heute noch zutraue. Gesprochen haben wir nie darüber. Wir hatten wohl auch kaum Lust und Zeit dazu.

Jene erste Zeit der sechziger Jahre war sehr turbulent. Alles, was in den fünfziger Jahren begonnen hatte, war jetzt auf einem Höhepunkt angekommen, so schien es uns, alles war in Aufbruch, ein Aufbruch, der ein paar Jahre anhielt, dann aber wieder zum Stillstand kam. Auch Walter Höllerers Initiativen gingen zurück, wurden seltener und machten einer gewissen Leere Platz. Es zeigte sich, daß die Absicht, Berlin zu einem Zentrum des literarischen Lebens in Deutschland zu machen, auf die Dauer nicht durchführbar war. Es blieb ein künstlicher Versuch, bemerkenswert natürlich, aber doch eben nur ein Versuch.

Ich meine, auch Walter Höllerer hat sich verändert. Nach einem schweren Unfall in der Schweiz ist er für mein Gefühl nicht mehr derselbe. Ich weiß nicht, ob ich mich irre, aber er erschien mir in den letzten Jahren etwas griesgrämig, ja, vielleicht sogar zänkisch, nicht mehr so souverän wie in der Vergangenheit. Nur noch selten, ja, vielleicht gar nicht, habe ich ihn so lachen hören wie früher. Mir fehlt dieses in meiner Erinnerung so befreiende Lachen.

Neuerdings habe ich einen Freund, der fast ebenso lacht, ebenso laut, breit, ausladend und anhaltend. Er ist ein Oberpfälzer. Da auch Walter Höllerer ein Oberpfälzer ist, kann es sein, daß alle Oberpfälzer so lachen, ja, daß dies vielleicht sogar, wenn es das gibt, so etwas wie das Lachen der Oberpfalz ist.

Dein treuer Paladin
Walter Jens

Es begann mit einer Postkarte. Sie war mit der Hand geschrieben und bestand nur aus drei oder vier Sätzen. Sie enthielt eine Anerkennung, wenn nicht ein Lob, für meinen ersten Roman und dann den Wunsch nach einer Einladung zur Tagung der ›Gruppe 47‹ in Inzigkofen. Das war 1949. Der Roman ›Die Geschlagenen‹ war wenige Monate vorher erschienen, und eine breite Öffentlichkeit der literarischen Kritik gab es zu dieser Zeit noch nicht. Außerdem war ich ein Jahr zuvor mit einer Lesung der beiden ersten Kapitel recht unsanft vor der ›Gruppe 47‹ durchgefallen. Sommer und Herbst 1948 hatte ich dann alles neu konzipiert und auch diese beiden Kapitel umgeschrieben. Trotzdem, starke Selbstzweifel waren angebracht, und sie waren auch noch vorhanden, als diese Postkarte bei mir eintraf. Der Name Walter Jens war mir noch so gut wie unbekannt, ich wußte nicht viel von ihm. Ja, er hatte ein Buch bei Rowohlt verlegt, das war mir bekannt, gelesen hatte ich es noch nicht.

Ich schrieb ihm also eine Postkarte zurück und lud ihn in der üblichen Art zur Tagung nach Inzigkofen ein. Inzigkofen, das war ein säkularisiertes Kloster, ein großer Bau mit zwei Flügeln, die ein offenes Rechteck ergaben. Irgend jemand muß es mir empfohlen haben. Es war zu der Zeit, als wir dort für drei Tage einzogen, völlig unbewohnt, es gab anscheinend nur einen Verwalter und dessen Personal. Mit ihm, dem Verwalter, hatte ich zu tun. Er war zwischendurch immer wieder empört über unser Benehmen, er hatte deutsche Dichter erwartet und fand, wie er sagte, einen verlotterten, undisziplinierten Haufen vor, Menschen, die sich über die Regeln des Anstands hinwegsetzten oder vielmehr über das, was er für Anstand hielt. Tatsächlich benahmen sich einige so, als seien sie noch im Krieg, sie bauten das halbe Kloster um, requirierten Lampen, Möbel und Stühle aus allen Zimmern und schleppten Matratzen in den Vorlesungsraum, der auf uns recht unbehaust wirkte, um sich draufzulegen.

Alle waren dabei von einer überschäumenden Lebenslust, die alle Tagungen der ›Gruppe 47‹ in den ersten Jahren kennzeichnete. Alle hatten viel nachzuholen, die verlorenen Tage ihrer frühen Jugend, kurz, das Leben, das sie jetzt erst leben durften und konnten. Es bestand kein Zwang mehr, keine Unterordnung, nur noch eine bedingte Einordnung. Merkwürdigerweise waren sie dazu mir gegenüber bereit: Sie ordneten sich ein, ohne sich unterzuordnen. Für viele wurden solche Tagungen ein einziges Vergnügen. Die Literatur gehörte dazu, das Vorlesen, das Kritisieren, die nächtelangen Diskussionen, das Trinken, das Tanzen. In Inzigkofen, so erscheint es mir heute, war alles noch ausgelassener, noch fröhlicher und vielleicht auch chaotischer.

Ich hatte viel vor: Zum ersten Mal wollte ich den Preis der ›Gruppe 47‹ vergeben, ein Vorhaben, dem ich selbst skeptisch gegenüberstand. Ich hatte mir nach den Lesungen eine freie, geheime Wahl vorgestellt, in der die beste der Vorlesungen prämiert werden sollte, wußte aber nicht, ob das funktionieren würde. Anschließend war ein Treffen mit französischen Schriftstellern in Schluchsee im Schwarzwald vorgesehen, dessen Gelingen ebenso ungewiß war. Auf dieser Tagung also erschien auch Walter Jens.

Er erschien mir etwas anders als die anderen, er besaß nicht ihre verrückte Lebenslust, ihre Art, über Stühle und Bänke zu springen, wann immer es erforderlich war, nicht ihre Ausgelassenheit. Vielleicht war er auf dieser seiner ersten Tagung so etwas wie ein Fremder, und vielleicht fühlte er sich auch so. Er benahm sich sehr zurückhaltend, unauffällig, verschwand am Abend und beteiligte sich kaum an der Kritik. Er blieb für sich. Ich habe es damals kaum zur Kenntnis genommen, es interessierte mich auch nicht. Jeder konnte ja nach seinem Ermessen teilnehmen oder es auch lassen. Nur zu den Lesungen mußte er da sein, darauf bestand ich. Er fragte mich, ob auch er sich an den Lesungen beteiligen dürfe. Ich bejahte es, und er las eine Geschichte vor, die an einem Sonntag spielte, der Erzähler, meine ich, saß an einem Fenster, sah auf die Straße und beobachtete die Spaziergänger. Aber es fällt mir schwer, mich genau daran zu erinnern. Er hatte damit nicht mehr Erfolg als andere, aber dann tauchte schon wenige Stunden danach ein Gerücht auf, das mir höchst merkwürdig erschien. Walter Jens, erzählte man, habe diese Geschichte nicht mitgebracht, sondern hier im Kloster auf seinem Zimmer schnell geschrieben.

Ich verwies dieses Gerücht ins Reich der Märchen, denn ich konnte mir nicht vorstellen, daß sich jemand eine solche nicht ganz unbeachtliche Geschichte einfach so aus dem Ärmel schütteln konnte. Doch es entstand das Wort von der »schnellen Begabung«, ein Wort, das lange hängenblieb, mir aber ziemlich unsinnig erschien, begabt konnte man nach meiner Ansicht weder schnell noch langsam sein. Er besaß nicht den vitalen und manchmal fast animalischen Lebenstrieb und Lebenswillen der anderen, ja, er unterschied sich von uns in vielen Dingen. Die Literatur war für ihn nicht, wir für uns, ›pralles Leben‹, sozusagen das Leben schlechthin, das alle Bereiche umfaßte, sondern, so kam es mir vor, ein Fach, das man studieren und mit dem man sich beschäftigen konnte. Er war wohl der erste unter uns, der unmittelbar von einer Universität kam, ein Dozent, ein Akademiker, was aber niemand sonderlich zur Kenntnis nahm. Es war unwichtig, was sich sehr viel später aber als falsch erweisen sollte.

Die meisten von uns waren Autodidakten, Schnurre, Andersch, Kolbenhoff, ich selbst. Sie hatten nur eine Volksschule besucht oder das Gymnasium, und die wenigen, die darüber hinausgekommen waren, hatten ihr Studium infolge des Krieges und der Einberufung zur Wehrmacht frühzeitig abbrechen müssen. Keiner hatte es nach dem Ende des Krieges wieder aufgenommen. Sie waren, wie man sie damals nannte, »Landser«, also Landsknechte, und viele von ihnen waren sechs Jahre lang durch den Krieg ›gelatscht‹, oft von einem Land zum anderen und oft unter der Gefahr, ihr Leben zu verlieren. Das hatte sie geprägt: die ständige Bedrohung, die brutale Unterdrückung eigener Interessen, die totale Reduzierung auf den Nullpunkt, wo nur der Wille zum Überleben gilt. So war ihre Sprache, und so gingen sie auch miteinander um. Es gab keine Sentimentalität, keine Rührseligkeit, keine literarische Weihestunde. Gefühle waren verpönt, und wenn man sie zuließ, dann nur in stark gebändigter Form. Der Ton war rauh, hart und überschritt manchmal auch für mich die Grenze des Möglichen. Es war eine andere Generation, die da aus Diktatur und Krieg zurückgekommen war, nichts oder nur wenig verband sie noch mit dem, was vor ihnen gewesen war. Ganze Jahrgänge fehlten, sie fehlten auch hier auf dieser frühen Tagung, der Krieg hatte sie vernichtet. Walter Jens mußte sich hier als Fremdkörper empfinden, jahrelang durch eine Krankheit ans Bett gefesselt, hatte er das alles nur aus der Distanz gesehen und miterlebt, und diese Distanz war es, die ihn von uns unterschied.

Ich erinnere mich an einen Vorgang, der mir bis heute im Gedächtnis blieb. Eines Tages, am Vorabend einer Tagung, schliefen wir in einer Art Jugendherberge, die mit Stockbetten ausgestattet war und an eine Kaserne erinnerte. Da hörte ich, wie sich einige darüber unterhielten, welche Ränge sie beim Militär bekleidet hatten. Die kasernenähnliche Unterkunft hatte sie wohl dazu angeregt. Ich lag einige Schritte von ihnen entfernt in einem Unterbett und hörte ihnen amüsiert zu. Am nächsten Tag aber, als alle wieder vor mir und um mich herumsaßen, überfiel mich eine seltsame Vorstellung: Ich sah sie in ihren Uniformen sitzen, die sie noch vor zwei oder drei Jahren getragen hatten, nein, ein General war nicht dabei, aber ein Oberst, ein Major, ein Hauptmann und natürlich auch zwei oder drei Leutnants, das Gros jedoch bildeten die Obergefreiten. Und ich dachte: Wie würden sie sich wohl untereinander benehmen, wenn sie plötzlich wieder ihre Uniformen anhätten? Es war eine absurde Vorstellung, und das militärische Bild verlor sich so schnell, wie es gekommen war. Damals wäre unter ihnen Walter Jens der einzige Zivilist gewesen, was sich wenige Jahre später natürlich änderte. In Inzigkofen aber war es noch so.

In diesen Jahren schrieb er Prosa, Romane, Erzählungen, und er las auf den nachfolgenden Tagungen in der Laufenmühle, in Niendorf und in Mainz. Er kam immer an, setzte aber seine kritischen Zuhörer nie so in Bewegung, daß sie in der Pause herumliefen, sich gegenseitig auf die Schulter schlugen und von einer großen Begabung sprachen. So erging es ihm auch bei den Wahlen zum Preis der ›Gruppe 47‹: Er gewann Stimmen, scheiterte aber immer an der Grenze zur Mehrheit. So erging es ihm 1952 in Niendorf gegenüber Ilse Aichinger und dann, zum letzten Mal, 1953 in Mainz in der Stichwahl mit Ingeborg Bachmann. Es war eine aufregende Wahl. Ingeborg Bachmann hatte in ihrer fahrigen Art gelesen, mit ihrer leisen, oft fast versagenden Stimme, aber sie hatte es durchgehalten, und ich wußte, viele unter uns hielten sie bereits für eine große Begabung, und viele würden sie wählen. Aber niemand erreichte im ersten Wahlgang die absolute Mehrheit. Walter Jens und Ingeborg Bachmann lagen stimmengleich. Es kam zur Stichwahl zwischen den beiden, und Ingeborg gewann den Preis mit einer Stimme Vorsprung. Alle sprangen auf, umringten Ingeborg Bachmann, beglückwünschten sie, gratulierten. Walter Jens als erster, wie es üblich war. Er schien mir aber doch tief betroffen, ja, er hatte wohl damit gerechnet, diesmal den Preis gewinnen zu können. Da ich in dieser Situation nicht die richtigen Worte fand und auch nicht finden konnte, hielt ich mich ganz zurück und sagte gar nichts. Zwischen dem Ärger auf der einen Seite und dem Glück auf der anderen, versuchte ich neutral zu bleiben, was mir nicht ganz gelang.

Meine Genugtuung über den Ausgang der Wahl ließ sich nicht völlig verbergen, und Walter muß dies wohl bemerkt haben. Er empfand, das war mein Eindruck, den Vorgang als Niederlage, eine Niederlage, die ihn wahrscheinlich sehr geplagt hat. Obwohl ich es nicht so sah, eine Stimme weniger, das war noch kein vernichtendes Urteil über eine Begabung, über Können und Fähigkeiten. Die Stichwahl war ebenso eine Anerkennung für ihn wie für Ingeborg Bachmann. Aber er war ehrgeizig, ehrgeiziger vielleicht als die anderen, die alle ehrgeizig waren, auch wenn sie es nicht zu erkennen gaben. Jeder tat so, als ginge es ihm nur um die Begabung der anderen, und häufig war es vielleicht auch so. Die Begeisterung, die bei jeder neuen Entdeckung auftrat, kann keine Täuschung gewesen sein. So versuchte auch jeder, seine eigenen Niederlagen herunterzuspielen und so zu tun, als berührten sie ihn gar nicht. Ein Verhalten, das vieles möglich machte, was nicht so selbstverständlich war. Es war eine Art Ritual, das sich von Anfang an eingebürgert hatte. Vielleicht war Walter Jens da ehrlicher, indem er aus seinem Ärger kein Hehl machte. Schon am Abend, als wir uns alle in einem Saal des Schlosses versammelten, ein Schloß, das immer noch halb zerstört war, mehr eine Ruine als ein Schloß, ließ Walter seine Enttäuschung allzu deutlich durchblicken, so daß jeder, der in seine Nähe kam, sie bemerken konnte. Ich versuchte nicht, ihn darüber hinwegzutrösten, es wäre mir auch nicht gelungen. Diese Wahl hatte für ihn eine vielleicht viel größere Bedeutung, als ich erkennen konnte, und wie sich sehr viel später zeigte, muß es auch so gewesen sein.

Er fuhr jedenfalls noch den gleichen Abend ab und nahm, wie ich meine, auch nicht an den darauf folgenden Tagungen teil. Er war gekränkt und übertrug diese Kränkung wohl auch auf mich, obwohl ich nicht den geringsten Einfluß auf die Wahl gehabt hatte, ihr Ergebnis aber für richtig hielt. Seit dieser Tagung in Mainz hat er nie mehr neben mir auf dem Vorlesestuhl gesessen, ja, ich nehme an, dieser Wahlvorgang in Mainz hat eine tiefgehende Wandlung in ihm bewirkt. Gewiß, dies sind Vermutungen, er hat nie mit mir darüber gesprochen, er gab seine Roman-Schriftstellerei auf und entwickelte sich zum Kritiker, jedenfalls habe ich von dieser Zeit an keine Erzählung und keinen Roman von ihm mehr in die Hände bekommen. Es muß für ihn also eine Entscheidung gewesen sein, die auf dieser Tagung in Mainz ihren Anfang nahm. Doch erst lange danach machte er sich als Kritiker bemerkbar und trat dann mehr und mehr als solcher immer stärker in den Vordergrund. Es war, wenn ich so sagen darf, eine akademische Kritik, geschliffen, wohlgesetzt, ein sprachliches Vergnügen, aber nicht immer in allen Passagen für jedermann verständlich. Auch ich geriet hin und wieder in Schwierigkeiten.

Trotzdem, er hob unsere Kritik auf ein anderes Niveau, und jeder, der zu kritisieren versuchte, mußte sich nun überlegen, was er sagte und wie er es sagte. Eine einfache Ablehnung genügte kaum noch. Die Autoren der ersten Stunden fielen allmählich in Schweigen, sie wagten sich nicht mehr hervor. Die lange freie Rede in wohlgeordneten Sätzen war nicht ihre Sache, und keiner von ihnen wollte sich eine Blöße geben. Unmerklich verschwand der rauhe, robuste, aber doch ehrliche Ton der ersten Zeit. An Schärfe ging nichts verloren, die Urteile blieben im allgemeinen, wie sie vorher gewesen waren, nur wurden sie jetzt eleganter formuliert und fundiert. Diese Entwicklung geschah in der zweiten Hälfte der fünfziger Jahre. Sie wurde auch dadurch gefördert, daß nun immer mehr Neueingeladene von den Universitäten kamen und sich allmählich eine Kaste von Kritikern aufbaute, die in Rede und Gegenrede ihre Argumente pro und kontra austauschten. Diese Entwicklung gefiel mir nicht immer, und manchmal hätte ich das Ganze gern zurückgedreht, aber das hätte bedeutet, sich gegen eine Entwicklung zu stemmen, die in der Zeit lag und nicht aufzuhalten war. Manchmal erschien mir Walter Jens wie der Motor dieser Entwicklung, obwohl er sich dessen wohl kaum bewußt war. Natürlich war es gefahrloser, zu kritisieren, als sich der Kritik auszusetzen, aber auch der Kritisierende setzte sich jetzt Gefahren aus. Er konnte sich lächerlich machen, sich als nicht kompetent erweisen und unter Umständen ebenso durchfallen wie jeder andere, der sich auf den Vorlesestuhl setzte, wenn auch mit sehr viel geringerer Fernwirkung.

So wurde Walter Jens vom Autor der ersten Jahre zum ›Star-Kritiker‹ der letzten Jahre. Er entwickelte dabei eine Taktik, die mir sehr gefiel, er wartete meistens ab, bis alle anderen etwas gesagt hatten und er einen Überblick über deren Urteile hatte. Erst dann, fast immer zum Schluß, sprach er. Er enthob mich damit einer Aufgabe, die sich in den ersten Jahren für mich ergeben hatte, nämlich zum Schluß einer jeden Debatte ein abschließendes Wort zu sagen, eine Art Resümee zu ziehen, was dann so aussehen konnte, als hätte ich das endgültige Urteil gesprochen. Ein Vorgang, der mir oft sehr unbequem und lästig war. Nun sprach er, Walter Jens, das Schlußwort, und allen erschien das ganz natürlich und selbstverständlich. Ich vermute, die ›Gruppe 47‹ war für ihn so etwas wie eine Experimentierbühne, auf der er seine rhetorischen und kritischen Fähigkeiten ausprobieren konnte. Gewiß, die Verwandlung eines Autors in einen Kritiker war nicht neu für mich, doch nur die wenigsten brachten dann auch die kritischen Begabungen mit. Geschrieben haben sie wohl alle in den Anfangsjahren an Romanen oder Erzählungen, es dann aber aus besserer Einsicht aufgegeben. Dazu war nicht einmal die ›Gruppe 47‹ notwendig. Wie eng sich Walter Jens mit der Gruppe verbunden fühlte, kann auch ich nur schwer beurteilen. Aversionen, die sich gegen den einen oder den anderen wandten, konnte ich beobachten und feststellen. So konnte er zeitweise Günter Grass nicht ausstehen, aber gerade dadurch war er mehr eingebunden, als er es sich selbst eingestand. Über den Dingen stand er nicht, konnte oder wollte er nicht stehen. Ich glaube, manchmal war ihm die Gruppe auch ein Ärgernis.

Schon sehr früh schlug er mir vor, die ›Gruppe 47‹ zu beenden. Er hielt ihre Zeit für abgelaufen. Wir trafen uns in der Bar eines Hotels in München, in dem er für ein paar Tage wohnte. Es war ein seltsames Gefühl, sich mit ihm in einer Bar zu treffen, denn er stand dem Leben ganz fremd gegenüber, und er mied alles, was ihn damit in Berührung bringen konnte. Ich meine, dem vitalen Leben, und dem Bar-Leben ganz gewiß. Seine Beziehungen zu dieser Art von Leben waren sehr distanziert, ja, ablehnend, und vielleicht fürchtete er es auch. An diesem Abend beriet er mich, sehr freundschaftlich, wohlmeinend, manchmal sich ein wenig überlegen gebend. Sein Rat war: Ich solle die Existenz der ›Gruppe 47‹ beenden. Ich hörte mir alles an, ohne etwas dagegen zu sagen. Natürlich sah er die Dinge aus seiner Sicht, aber es war nicht die meine. Auch wo ich ihm recht gab, blieb ich doch in meiner Reserve. Ich wußte nur selbst zu gut, daß ich irgendwann mit der ›Gruppe 47‹ aufhören mußte. Die Zeitströmungen, die sie getragen hatten, versiegten allmählich, die Nachkriegszeit ging zu Ende, und neue Generationen kamen herauf, die eine andere Mentalität mit sich brachten. Zu einer solchen Integration reichte die Kraft der ›Gruppe 47‹ nicht aus. Die Frage war nur, den richtigen Zeitpunkt zu finden, aber einen Zeitpunkt, der auch akzeptiert wurde und sinnvoll war. Es ist immer leichter, und das wurde mir in diesem Gespräch mit Walter Jens wieder bewußt, etwas anzufangen als etwas zu beenden. Und dies ist um so schwieriger, je erfolgreicher sich eine Sache entwickelt hat.

Ich stand allein vor dieser Entscheidung, ich hatte es einmal allein begonnen und mußte es nun auch allein beenden. Ratschläge ja, ich hörte sie gern, aber sie konnten mir die Entscheidung nicht abnehmen. So war es auch mit Walter Jens. Seine Ratschläge regten mich immer an, alles noch einmal neu oder ein wenig anders zu durchdenken, unmittelbar folgen konnte ich ihnen nicht. Seine Ratschläge bestanden aus Überlegungen, aus Gedanken zur Sache, sie kamen aus dem Verstand, nicht aber aus dem Gefühl oder, besser gesagt, aus dem Instinkt, auf den ich mich allein verließ. Nur alles, was er sagte, war freundschaftlich gemeint, wobei seine Freundschaft zu mir wohl wirklich echt war, was man von vielen anderen nicht unbedingt sagen konnte. Seine Briefe, die er mir schrieb, waren immer mit »treu« unterzeichnet, »Dein treuer Freund« oder »Dein treuer Walter«.

Und einmal kam ein Brief, der mit »Dein treuer Paladin« unterzeichnet war. Das Wort ›Paladin‹ hat mich damals sonderbar berührt. Ich brauchte keine Paladine, ich fühlte mich nicht als Sultan, und Paladine hatten ja auch oft genug Palastrevolten inszeniert, wie treu sie auch immer vorher gewesen sein mochten. Ich war mißtrauisch gegenüber großen Worten, auch gegenüber dem Wort ›treu‹, ein Mißtrauen, das sich aus den Erfahrungen mit der Sprache und dem Dritten Reich ergeben hatte. In den ersten Jahren waren solche Worte auch in der ›Gruppe 47‹ verpönt, sie schienen uns zu abgenutzt. Ihr Gebrauch durch Walter Jens erschien mir sonderbar oder merkwürdig, aber ich empfand sie auch liebenswert und fühlte mich vielleicht sogar ein wenig geschmeichelt. Er war ja ein Rhetor, und als Rhetor mußte man ihm einiges zugestehen.

Auch zum Rhetor entwickelte er sich erst später, lange nach seinem ersten Auftreten in Inzigkofen 1950. Ich besuchte ihn zu dieser Zeit am Tegernsee, wo er sich in einem Sanatorium zur Erholung und Auffrischung seiner Gesundheit befand. Wir gingen durch den weiträumigen Park des Sanatoriums, und er erzählte mir, daß er nun in Tübingen noch einen zweiten Lehrstuhl übernehmen würde, den Lehrstuhl für Rhetorik. Ich konnte mir unter einem solchen Lehrstuhl nichts Rechtes vorstellen, aber er erklärte es mir, und ich war beeindruckt von seinem Mut, sich gleich zwei Lehrstühle zuzutrauen, und ein wenig erschien es mir auch, vielleicht zu Unrecht, wie überbordende Geltungssucht. Von dem Erzähler der ersten Jahre war kaum noch etwas geblieben. Ein Professor ging neben mir her, kein gewöhnlicher Professor, von denen es an den Universitäten so viele gab und von denen ich viele in einer Art Hochmut für überflüssig hielt, sondern einer der ganz alten Schule, der noch die Verehrung und Bewunderung seiner Studenten besaß. Ich dachte an das 18. und 19. Jahrhundert, an Göttingen, an die Berliner Universität in ihren Anfängen, und hätte sich in diesem Augenblick seine Kleidung zurückverwandelt in die jener Zeit, es hätte mich nicht gewundert.

Dieser Eindruck bestätigte sich noch, als ich ihn einmal in Tübingen besuchte. Er hatte eine Vorlesung über den ›Ruf‹ und die Entstehung der ›Gruppe 47‹ angesetzt. Dazu hatte er mich eingeladen, sozusagen als noch lebendes Objekt, das Auskunft geben konnte. Am Abend vorher aber empfing er in seiner Wohnung eine ganze Gruppe von Studenten. Sie saßen um ihn herum, auf dem Boden, auf niedrigen Stühlen, und wenn ich heute daran zurückdenke, kommt es mir vor, als hätte er selbst etwas erhöht gesessen, bewundert und verehrt von allen. Es war eine mir fremde Welt. Aber es war die seine, seine eigentliche Welt, die Universität, die akademischen Umgangsformen, ihre Rangordnungen, ihre Sterilität, die er vielleicht ebenso empfand wie ich, und die er vielleicht gar nicht mitmachen wollte und doch mitmachen mußte. Ich weiß nicht, ob er sich dagegen aufgelehnt hat, es kann sein, aber es ist mir nicht bekannt.

Wir waren Gegensätze, nicht nur von Natur aus, nicht nur in unseren Charakteren, in unseren Neigungen, Talenten, Begabungen, sondern auch in diesem Bereich. Er, der Hochschullehrer mit einer profunden akademischen Bildung, und ich, der Autodidakt, der vieles angenommen hatte und dem das meiste mehr zugeflogen war, der nichts erlernt, erarbeitet hatte, wie es doch eigentlich hätte sein müssen. Manchmal hat er sich wohl überlegen gefühlt, doch gab er sich immer Mühe, mich dieses Überlegenheitsgefühl nicht spüren zu lassen, und ich verhielt mich genauso, ich tat, als hätte ich es nicht bemerkt. Es erschien mir unwichtig, es beeinträchtigte unsere Beziehungen zueinander nicht.

Als mein siebzigster Geburtstag herankam, bestand er darauf, die Laudatio zu halten, und er hielt sie auch. Es war eine schmeichelhafte Rede, er versetzte mich gleich in den Olymp, was in mir ein gewisses Unbehagen hervorrief, weil es nicht ganz meinen Zukunftswünschen entsprach, konnte es aber doch nicht lassen, auf den Volksschüler hinzuweisen. »Nie wieder«, sagte er, »wird es einem Volksschüler gelingen, eine ›Gruppe 47‹ ins Leben zu rufen.« An dieser Stelle hätte ich gern eine Zwischenbemerkung gemacht, etwa mit der Frage: »Woher weißt du das?« Ich tat es nicht. Es war eine so wohlmeinende Rede, wenn auch mit ein paar Hintertüren versehen und mit kleinen Tücken durchsetzt, die ich bemerkte, aber gleich wieder vergaß. Er beförderte mich ja in den Olymp, wo es für ihn wohl keinen Unterschied zwischen Akademiker und Autodidakten gab. Dort, dachte ich, sind anscheinend alle Katzen grau. Er mußte es ja wissen als Altphilologe. Und dabei blieb es!

Aufforderung zum Tanz
Uwe Johnson

Die Stadt heißt Cammin. Es ist eine Kleinstadt, eine Landstadt, halb bäuerlich, halb proletarisch, sehr arm, aber sie besitzt einen Dom, den ich schon in meiner Kindheit als den Camminer Dom kannte. Cammin liegt an der Dievenow. Hier, zwischen den beiden Inseln Usedom und Wollin, läuft die Oder mit drei Mündungsarmen ins Meer, mit der Peene, der Swine und der Dievenow. Bevor die Oder mit ihren drei Armen ins Meer kommt, muß sie noch durch das große Haff und durch das Achterwasser, große, fast riesige Wasserbecken. Da auch die beiden Inseln von Seen durchzogen sind, muß man von einer Wasserlandschaft sprechen, einer Landschaft des Meeres. Die Dievenow ist der östlichste der drei Mündungsarme, und hier an der Dievenow, in der kleinen Stadt Cammin, wurde Uwe Johnson geboren.

Einmal, lange vor Uwes Geburt, habe ich in dieser Stadt unter roten Fahnen demonstriert, drei Jahre vor Hitlers Machtantritt, doch es gab dort nur Deutschnationale und Nationalsozialisten, SA-Leute und Stahlhelmer, und so wurden wir durch die Stadt gejagt, mit Beschimpfungen, mit Gejohle und mit schrecklichen Wurfgeschossen, die aus allen Fenstern kamen. Seitdem haßte und fürchtete ich diese Stadt. Sie war für mich der Inbegriff der Reaktion und borniertem Rückständigkeit. Trotzdem, Uwe wurde dort geboren, und das verband mich mehr mit ihm als alles andere, denn die Landschaft, diese weite großflächige Wasserlandschaft, war auch mein Zuhause. Mein Geburtsort lag nur dreißig Kilometer von Cammin entfernt in der Nähe der Swine, dem mittleren Mündungsarm der Oder. Uwes Vater war Milchinspektor, und mein Vater war Fischer, ein kleiner, aber trotzdem gravierender Standesunterschied in der damaligen pommerschen Gesellschaft. Ein Milchinspektor gehörte dem kleinen Bürgertum an, ein Fischer aber nicht, der eine wurde bis zu einer bestimmten Grenze mehr von unten herauf angesehen, der andere von oben herab, ein Milchinspektor inspizierte die Milch eines ganzen Bezirks, er stand wahrscheinlich einer großen Molkerei vor, besaß also bedingte Macht und war ein geachteter Mann, ein Fischer aber fuhr Tag für Tag und oft jede halbe Nacht aufs Meer hinaus und mußte sehen, wie er seine Fische verhökern konnte. Ich vermute, daß die Vorfahren Uwe Johnsons aus Schweden kamen, wie wohl auch die Vorfahren meiner Mutter, die Knuth hießen, denn Pommern gehörte jahrhundertelang zu Schweden, ja wurde zeitweise Südschweden genannt.

Ein paar Jahre nach Uwes Geburt zog der Milchinspektor nach Mecklenburg um, und Uwe wurde Mecklenburger, doch der Unterschied zwischen einem Mecklenburger und einem Pommern ist sehr gering. Sie sprechen die gleiche Sprache, wenn auch mit leichter Dialektverfärbung, sind oft recht hintersinnig und besitzen einen skurrilen, versteckten Humor. Im Plattdeutschen werden sie Spoekenkieker genannt, und die Pommern kieken ebensooft Spoeken wie die Mecklenburger. Uwe Johnson war also ein Pommer und ein Mecklenburger, er war ein Spoekenkieker und besaß jenen hintersinnigen Humor, der schwer zu erkennen ist und jemanden leicht irritieren kann. Uwe war groß, sehr groß, überragte mich fast um Kopfeslänge, besaß sehr viel mehr körperliche Kraft, als er gebrauchen konnte, schien in seinen Bewegen oft unbeholfen und auch etwas täppisch.

Ich sah ihn zum erstenmal auf einer Tagung der ›Gruppe 47‹ in der Elmau. Er war kurz vorher aus der DDR gekommen, hatte, wie er später sagte, seinen Wohnsitz gewechselt, war umgezogen, so nannte er seine Übersiedlung, und ich hatte ihn zu dieser Tagung eingeladen. Er saß vor mir, nicht weit von mir entfernt, überragte auch im Sitzen noch alle anderen und wirkte auf mich, als hätte er sich einige Kissen untergeschoben. Er saß dort und schwieg, rauchte seine unvermeidliche Pfeife, sagte während der ganzen Tagung nicht ein Wort. Wahrscheinlich war ihm die Umgebung völlig fremd und vielleicht auch etwas verdächtig. Zwar hörte er aufmerksam zu, das sah ich wohl, aber was in ihm vorging, was er dachte, wie er die eine oder die andere Lesung empfand, wie er darüber urteilte, das wußte ich nicht und ahnte es auch nicht. Er war ein Neuling, kam mir sehr nordisch, fast exotisch vor, nordisch exotisch, und interessierte mich infolge seiner Erscheinung. Er konnte ein Nordländer sein, ein vielleicht um ein Jahrtausend verspäteter Nachfahre der Wikinger, man konnte sich alles Mögliche vorstellen.

Näher lernte ich ihn erst in Berlin kennen. Zu dieser Zeit, in der ersten Hälfte der sechziger Jahre, besaß ich in Berlin den zweiten Wohnsitz, den ich schon erwähnt habe. Es war die ehemalige Wohnung des Verlegers S. Fischer. Wir nannten diese Wohnung einen literarisch-politischen Salon, und die Absicht war, Politiker und Schriftsteller zusammenzuführen. Dieses damals uns notwendig erscheinende Vorhaben wurde von dem Intendanten des SFB unterstützt. Und hier in dieser Wohnung fühlte sich auch Uwe Johnson zeitweise zu Hause. Er nahm nicht nur an den Gesprächen teil, er war auch oft ein Gast, der manchmal nächtelang blieb. Ob wir in dieser Zeit wirkliche Freunde wurden, kann ich nicht sagen, vielleicht konnte er mit niemandem befreundet sein, er lebte in sich selbst, war kontaktarm und konnte nur selten aus sich herausgehen. Das änderte sich nur, wenn wir beim zweiten Kasten Bier angekommen waren, denn er trank viel, sehr viel mehr, als ich vertragen konnte. Oft kam dann noch eine Flasche Rotwein hinterher, wobei ich bereits nicht mehr mithalten konnte. In jenen Jahren gründeten wir auch den Radfahrclub mit Ingeborg Bachmann, von dem ich schon erzählt habe.

Es war eine seltsame Freundschaft, die ihn mit Ingeborg Bachmann verband, er liebte sie in seiner Art, eine Zuneigung, die nicht leicht zu erkennen war, voller Respekt natürlich, Zurückhaltung und Respekt gleichzeitig, eine Zuneigung, die auch sie wohl nur selten erkennen konnte. Vielleicht wirkte sie auf ihn so exotisch wie er auf mich, sie weit aus dem Süden und er hoch aus dem Norden. Er benahm sich ihr gegenüber häufig etwas steif, ja, ich möchte sagen konventionell, er sprach sie mit Frau Bachmann an, es klang jedoch wie »gnädige Frau«, und er hätte ihr wohl auch die Hand geküßt, mit einer steifen Verbeugung, wenn das in unserem Kreis nicht so ganz unüblich gewesen wäre. Es hätte auch sehr komisch ausgesehen, er, der etwas ungeschlachte Riese im Handkuß mit Ingeborg Bachmann. Ich jedenfalls hätte mich darüber amüsiert. Aber es geschah nicht.

Beide waren für mich Grenzgänger, Menschen, die an der Bewußtseinsgrenze ihrer Existenz lebten, Außenseiter der Gesellschaft, mit der sie nie ganz zurechtkamen. Sie waren beide nie irgendwo zu Hause und beide hatten ein ähnliches Schicksal. Beide starben frühzeitig, unter ähnlich mysteriösen Umständen, und fast im gleichen Alter. Die Radtouren durch den Grunewald sind mir deswegen so stark in Erinnerung, weil bei beiden etwas zum Vorschein kam, was man sonst nicht ohne weiteres wahrnehmen konnte und was sich hinter ihrer Begabung, hinter ihrem Grenzgängertum und hinter ihrer literarischen Besessenheit verbarg: ihre große Naivität und ihre kindliche Freude am Leben.

Uwe Johnson konnte sehr unterschiedlich sein, manchmal sogar ein grober, ungeschlachter nordischer Klotz, doch sehr viel häufiger lernte ich ihn als einen höflichen, zuvorkommenden, liebenswerten und liebenswürdigen Menschen kennen. Es war gewiß schwer, einen Zugang zu ihm zu finden, man war sich seiner Reaktionen nie ganz sicher, oft wußte man nicht, ist er nun gekränkt oder erfreut, will er dir eine Freude oder sich nur über dich lustig machen, war er offen oder hatte er Hintergedanken. Eine Skala von Möglichkeiten tat sich auf, in denen man herumrätseln konnte. Auch von einer Freundschaft hatte er wahrscheinlich eine ganz andere Vorstellung als ich. Wo sie für mich selbstverständlich war, war sie es für ihn keineswegs. Dazu war er zu spröde. Er liebte keine Anbiederung. So war er wohl immer auf der Hut vor allzu großer Nähe.

Wenn ich heute an ihn zurückdenke, fällt mir vieles ein, aber manches ist schon verschwommen, ich kann es in meiner Erinnerung nicht mehr klar herbeirufen. So weiß ich fast nichts mehr über den Inhalt unserer Gespräche, die wir miteinander geführt haben, ja, es kommt mir vor, als hätten wir immer nur über Nebensächliches gesprochen. Wir kannten uns fünfundzwanzig Jahre, es waren wichtige Jahre für ihn und auch für mich, und ein Vierteljahrhundert war es auch, was uns trennte, um so viele Jahre war ich älter als er. Doch dieser Altersunterschied hat nie eine Rolle gespielt, jedenfalls nicht für mich, für ihn mag es anders gewesen sein, vielleicht gab es so etwas wie den Abstand eines Jüngeren zu dem Älteren. Was mir bei ihm immer aufgefallen ist, war seine Disziplin einerseits, Disziplin in seinen Studien, seinen Vorbereitungen, seiner Arbeit und das Chaos seines Lebens andererseits, das er immer zu verbergen, zu verstecken suchte, doch ich weiß nicht einmal, ob man es Chaos nennen kann. Es war vielleicht die starke Spannung zwischen dem Fertigwerdenmüssen und dem Nicht-Fertigwerden-Können mit dem Leben.

Einmal, zu meinem 60. Geburtstag, hielt er eine lange

Rede auf mich. Alle Anwesenden warteten auf das Ende der Rede, aber sie wurde immer länger. Ich verstand kein Wort davon, es war ein Chaos aus Wörtern und Silben. Ich ärgerte mich darüber und war gleichzeitig traurig, aber ich wagte nicht, ihn zu unterbrechen. So war es hin und wieder: das Chaotische, wie ich es hier nennen will, lag unmittelbar neben dem Korrekten, und er war überaus korrekt und diszipliniert. Kam man in seine Wohnung, so betrat man eine Werkstatt, die Ordnung, Einteilung, Präzision und eine strenge Arbeitsdisziplin verriet. Es hätte auch der Arbeitsraum eines Architekten sein können. Er erarbeitete seine Romane, und erst dann schrieb er sie. Die Landschaft, aus der er kam, spielte dabei eine entscheidende Rolle. Er sammelte alles, was es über sie gab, lief in Buchhandlungen und stöberte in Antiquariaten, er sammelte alte Bücher, Baedeker, Badeprospekte noch aus der wilhelminischen Zeit, Karten, Zeichnungen, was er nur auftreiben konnte. Obwohl er wußte, daß mein Interesse daran viel geringer war, schenkte er mir eines Tages einen Badeprospekt des Seebades Bansin, in dem ich im Jahre 1908 geboren wurde, aus dem Jahr 1908.

Es war ein kostbares Geschenk für ihn, so kostbar, daß auch ich es dementsprechend würdigen mußte, und tatsächlich konnte ich es gut gebrauchen, als ich wenige Wochen später an einer Topographie meines Heimatortes schrieb. Solche Momente bewiesener Freundschaft gab es nur selten, doch hier war es wie eine Geste, die mehr bedeuten sollte als eine vorhandene Kollegialität. Es war wieder die Gemeinsamkeit der gleichen Herkunft, vielleicht wollte er damit sagen, dort gehören wir eigentlich hin, in diesen Küstenstreifen der Ostsee von der Dievenow, von den Mündungsarmen der Oder, bis zur Warnow, die bei Rostock ins Meer fließt. Er liebte die Menschen dieser Gegend, die Fischer, die Bauern, die Handwerker, er beherrschte noch ihre Sprache, das Plattdeutsche, und ich glaube, der Verlust dieser Landschaft, der ihm angemessenen Umwelt, machte ihn irgendwie heimatlos und trieb ihn wohl später ganz hinaus, zuerst nach Amerika, dann nach England, wo er sehr einsam auf einer kleinen Insel in der Themsemündung lebte. Wenn einer sich nicht assimilieren konnte, dann war er es, er blieb immer ein Pommer, ein Mecklenburger, ein Mann der hintersinnigen Lebensart, eigensinnig und eigenwillig. Es mag sein, daß das Englische ihm noch am nächsten war, eine Art sehr entfernter Verwandtschaft, die für alle norddeutschen Küstenbewohner gilt.

Seine Zuneigungen zu Menschen konnten, wie schon gesagt, recht unterschiedlich sein. Ich glaube, es war eine ganze Skala von abgestuften Zu- und Abneigungen, wobei schwer zu erkennen war, worauf sie jeweils beruhten. Sie blieben anscheinend immer streng abgezirkelt, wirkten auf mich durchdacht nach irgendeinem Ordnungsprinzip, das niemand kannte. Seine Freundschaften schienen geordnet zu sein wie seine Schreibutensilien. Jede Annäherung ging spröde vor sich, auch wenn der andere ihm emotionell entgegenkam. Als Günter Eich einmal in Berlin war, gab er ein Essen für ihn, kochte, schmorte, umwarb fast beflissen seine Gäste und war ein großartiger Gastgeber. Ich wunderte mich darüber, denn so hatte ich ihn noch nie erlebt. Kurz nach dem Essen bat er Günter Eich ins Nebenzimmer, wieder ein formeller und etwas steifer Vorgang: »Herr Eich, darf ich Sie ins Nebenzimmer bitten«. Niemand der Zurückbleibenden wußte, was das bedeuten sollte, und jeder nahm etwas Geheimnisvolles an. Doch später erfuhr ich, was dort im Nebenzimmer geschehen war. Uwe bat Günter Eich um das ›Du‹, er bot es ihm nicht an, er bat darum, wahrscheinlich in seiner oft förmlichen Art und sicher zur Verwunderung von Günter Eich.

Solche Formen freundschaftlicher Annäherung erschienen uns recht bürgerlich, ja, wir lachten darüber, sagten wir doch alle »Du« zueinander. Doch Günter Eich besaß in seinem Leben einen besonderen Stellenwert, wenn die Zeit ihrer Freundschaft auch sehr kurz war. Eich starb nur wenige Jahre danach. Was ihn zu Günter Eich hinzog, muß mehr als die übliche Freundschaft gewesen sein, vielleicht eine verborgene seelische Verwandtschaft, die bis zu der Landschaft reichte, aus der Eich kam: das Oderbruch. Auch dort gab es die sogenannten Spoekenkieker. Sie konnten beide zusammen sinnieren, Gespräche voller Andeutungen führen, die andere kaum verstanden, Anekdoten erzählen, blödeln. Beide brauchten sich nie klar auszudrücken, um sich zu verstehen. Uwe bewunderte ihn, den Lyriker Günter Eich, und den Menschen.

Nur einmal in den fünfundzwanzig Jahren bin ich mit ihm aneinandergeraten, ich wollte es nicht, aber es ergab sich so. Das war in der Wohnung von Günter Grass in Berlin. Dort waren Martin Walser, Uwe Johnson, Carl Amery und natürlich Günter Grass versammelt. Die Unterhaltung begann wie immer, sehr allgemein, sehr freundschaftlich, aber ich merkte bald, daß sie mit mir etwas vorhatten, etwas wie eine Verschwörung, ein Komplott lag in der Luft. Martin Walser wollte alles anders haben, alles, was die ›Gruppe 47‹ betraf, er wollte sie, wie er sagte, »sozialisieren«, was ich für vollendeten Blödsinn hielt. Ich erwiderte heftig, wurde ungehalten und verbat mir jedes Hineinreden in die ›Gruppe 47‹. Das Gespräch wurde immer lauter, immer streitbarer, und als ich mit meinem Ärger auf dem Siedepunkt war, sagte auch Uwe etwas. Ich weiß nicht mehr, was er gesagt hat, aber ich fuhr ihn wütend an, wahrscheinlich so wütend, wie weder er noch die anderen mich je gesehen oder erlebt hatten. Erschrocken sprang Uwe auf, ich hatte ihn getroffen, obwohl ich Martin Walser meinte, empört schob er seinen Stuhl zurück und machte sich auf, das Zimmer zu verlassen. In der Tür drehte er sich noch einmal um, sah mich an, als hätte ich ihn für alle Zeit beleidigt, und sagte: »So schlecht hat man mich nicht einmal in der Hitlerjugend behandelt.«

Ich dachte, jetzt ist es mit unserer Freundschaft zu Ende, was mir zugleich leid tat, aber ich war zu wütend, um mich noch bei ihm zu entschuldigen. Ich dachte auch in den nächsten Tagen nicht daran, aber es war auch nicht notwendig. Als wir uns wieder trafen, sprachen wir nicht mehr davon. Martin Walsers Versuch, einen Aufstand zu wagen, war gescheitert. Uwe hielt es wohl für erledigt, und auch ich wollte nicht noch einmal darauf eingehen. Er benahm sich, als sei nichts geschehen, als hätte ich ihn nie angefahren und er nie das mit der Hitlerjugend gesagt, und so brauchten wir keine Versöhnung zu feiern. Vielleicht hatte er dabei Hintergedanken, vielleicht auch nicht. Auch er dachte ja an seine Biographie, wie Heinrich Böll, auch er sagte einmal in einem anderen Zusammenhang, »ich werde mir doch nicht meine Biographie kaputtmachen«. Ich habe das nie begriffen, ich hielt den Gedanken daran fast für lächerlich, aber ich sagte es ihnen nicht, weder dem einen noch dem anderen. Warum auch, es war ihnen wichtig und mir gleichgültig.

Einmal, es ist nun schon einige Jahre her, forderte mich Uwe zum Tanz auf. Ich feierte wieder einmal einen runden Geburtstag, was ich immer gern tat, und auch Uwe war wieder gekommen, um mit mir zu feiern. Das war im Hotel Kleber Post in Saulgau. Das Fest war schon weit vorgeschritten, einige hatten schon zuviel getrunken, es wurde ausgelassen getanzt, da kam Uwe auf mich zu, verbeugte sich vor mir in seiner förmlichen Art und bat mich um einen Tanz. Ich erschrak, stand aber auf und folgte ihm zur Tanzfläche. Es war mir ein wenig peinlich vor den anderen, auch unangenehm, ich liebte tanzende Männerpaare nicht, aber es war zugleich auch unmöglich, Uwe zu widerstehen. Es sollte eine Geste der Zuneigung sein, und eine Ablehnung hätte ihn wohl beleidigt. Der Tanz war eine Tortur für mich, es war der Tanz mit einem Grizzlybär, in dessen großen Tatzen ich hilflos hin und her geschleudert wurde. Ich war, wie gesagt, einen Kopf kleiner als er, und er besaß die Kraft eines Preisboxers. Dementsprechend hing ich in seinen Armen, und obwohl ich versuchte, wenigstens im Takt der Musik zu bleiben, gerieten meine Beine durcheinander, und jedesmal, wenn er einen Schwenk machte, verlor ich den Boden unter den Füßen. Aber er gab nicht auf, er war wild entschlossen, den Tanz durchzustehen, und auch mir blieb nichts anderes übrig. Er schwitzte nicht, aber ich schwitzte und fürchtete zeitweise, zu ersticken. Endlich, als die Musik aufhörte, konnte ich wieder frei atmen. Er verbeugte sich noch auf der Tanzfläche und behandelte mich wie eine Dame, er brachte mich an den Tisch zurück, an dem ich gesessen hatte, er verbeugte sich noch einmal, sagte »Danke« und tat ganz so, als sei dieser Tanz selbstverständlich. Es war für mich, wenn ich heute daran zurückdenke, der Tanz zweier Pommern, unbeholfen, ein wenig gewaltsam, mit wackelnden Beinen und schweren Köpfen. Es hätte auch ein Matrosentanz sein können, wie er früher an der Küste üblich war. Nur die Matrosentänzer gingen in die Knie bis zum Boden hinunter und wieder hinauf und wieder hinunter und wieder hinauf, bis zur Erschöpfung. Das aber hat mir Uwe denn doch nicht angetan.

Wann immer wir uns begegneten, es gab, bis auf den unwichtigen Zwischenfall in der Wohnung von Günter Grass, nie einen Mißklang. Unsere Beziehungen zueinander veränderten sich nicht, sie blieben, fast möchte ich sagen, statisch, und das durch zweieinhalb Jahrzehnte hindurch. Er war mir fremd und war es doch nicht, ich fühlte mich mit ihm befreundet, wußte aber nicht, ob er es auch mit mir war, es war immer alles gleichzeitig: Nähe und

Ferne, Vertrautsein und Fremdheit, Wärme und Kälte. Das Korsett, das er trug, war zu starr, um es durchbrechen zu können, vielleicht hat er es hin und wieder versucht, aber es ist ihm wohl nie gelungen.

Zum letzten Mal sah ich ihn an meinem 75. Geburtstag in der Kleber Post in Saulgau: Immer nahm er an meinen runden Geburtstagen teil, es schien ihm wichtig zu sein, und diesmal kam er schon einen Tag früher, ja, er war schon im Hotel, als wir ankamen. Er schien mir glücklich und zufrieden, er saß mit uns zusammen, war fröhlich, lachte und amüsierte sich über die Erzählungen aus der Vergangenheit der ›Gruppe 47‹. Die unseligen Ereignisse seines persönlichen Lebens, die ihn so lange belastet hatten, waren anscheinend überwunden. Nichts davon war noch zu spüren. Der letzte Band seiner ›Jahrestage‹ war erschienen, eine größere Vorlesereise war gerade abgeschlossen, und die Stadt Köln hatte ihm ihren Literaturpreis verliehen. Er beteiligte sich an den Lesungen zu meinem Geburtstag. Er las aus einer Geschichte vor, die in der Zeit vor dem Ersten Weltkrieg spielte, zwischen der Kaiserin Victoria und der Kronprinzessin Cäcilie angesiedelt war und in die er auch mich eingebaut hatte, und zwar mit einem Satz, der sich auf das Jahr 1908 bezog. Er hieß: »In diesem Jahr wurde in Bansin an der Ostsee Hans Werner Richter den Windeln entwöhnt.« Wir lachten darüber, und ich hielt es für einen Scherz, er aber behauptete, der Satz bliebe in der Erzählung stehen, was da auch immer käme. Es war seine Art der Geburtstagsgratulation.

An dem festlichen Abend dieses Tages nahm er nicht teil, so daß ich nicht befürchten mußte, wieder zum Tanz aufgefordert zu werden. Er blieb auf seinem Zimmer und war nicht zu bewegen, herunterzukommen und mit uns zu feiern. Wir vermuteten, er habe zuviel getrunken, denn schon vor dem Frühstück hatte er mit einer Flasche Rotwein begonnen. Ein mit mir befreundeter Arzt, der an der

Feier teilnahm und den ich zu ihm hinaufschickte, um nach ihm zu sehen, kam ergebnislos zurück. Uwe war nicht nüchtern, nein, das war er nicht, aber auch nicht krank, und ich sah keinen Anlaß, weiter darüber nachzudenken. Schon am nächsten Tag stand wieder ein gesunder Uwe vor mir und wirkte so frisch auf mich, als sei diese kleine Unterbrechung der vergangenen Nacht nie gewesen. Er blieb drei Tage lang und feierte noch mit mir, als alles schon zu Ende war. Nur noch wenige Geburtstagsteilnehmer waren am letzten Abend geblieben, und er war dabei. Er saß neben mir und neben Sylvia Hildesheimer und tauschte mit ihr so viele hintersinnige und mit verstecktem Humor versehene Gedanken aus, daß sie ihn oft nicht verstand. Er war so guter Laune, so fröhlich, ja, er ging so aus sich heraus, wie ich ihn bis dahin noch nie erlebt hatte. Hildesheimer begann ein Gespräch über James Joyce, aber er nahm kaum daran teil. Er blieb bei seinem Spoekenkieker-Humor und kam mir dabei vor, als hätte er seinen Panzer nicht nur für diesen Abend, sondern endgültig abgelegt. Er hatte, auch das erwähnte er nebenbei, viele Pläne, er wollte für ein paar Monate nach Amerika gehen, dann vielleicht aus seinem selbstgewählten englischen Exil nach Deutschland zurückkehren und ein neues Leben beginnen. An eine mutwillige Zerstörung dieses Lebens kann er nicht gedacht haben. Er starb kurz darauf, nicht einmal zwei Monate später. Es war zu früh, viel zu früh, aber er war wohl auch selbst an diesem jähen Ende schuld. Er hatte sich nie geschont und sich physischen und psychischen Belastungen ausgesetzt, die schlimme Folgen haben mußten. So aber, wie er an diesem letzten Abend war, ein Uwe Johnson der gelassenen und großmütigen Lebensart, wird er mir in Erinnerung bleiben. Die Geschichte, in der er mich der Windeln entwöhnt, wird Fragment bleiben, und zum Tanz wird mich wohl niemand mehr auffordern.

Taufe in der Lüderitz-Bucht
Joachim Kaiser

Sie konnten fließend, mit und ohne Satzzeichen, sprechen, wußten auf allen Gebieten der Literatur Bescheid, kamen nie ins Stocken und waren alle miteinander noch sehr jung, zweiundzwanzig oder vierundzwanzig Jahre alt. Einige von ihnen waren wohl Adorno-Schüler. Ich habe nie danach gefragt, und es hat mich auch nicht interessiert. Auf jeden Fall waren sie beweglicher, ja, ich möchte sagen, wendiger als alle anderen. Es gab kaum eine Frage, auf die sie keine Antwort wußten. Ihre Sätze waren wohlgeformt, liefen aber manchmal leer, was in meinen Ohren ein seltsames, klapperndes Getöse ergab, von anderen aber wohl kaum bemerkt wurde. Sie tauchten während der fünfziger Jahre in der ›Gruppe 47‹ auf, und von einer bestimmten Tagung ab nannte man sie »Genie-Bubis«. Das war 1955 in Berlin. Damals kam Schwab-Felisch zu mir und fragte: »Wo hast du all die Genie-Bubis her?« Die Bezeichnung gefiel mir so gut, daß ich dabei blieb, ja, man sprach bald allgemein von Genie-Bubis, was immer Vergnügen hervorrief und niemanden beleidigte. Vielleicht waren die Betroffenen sogar stolz darauf.

Viele wurden mit der Zeit vergessen, jene Tagung in Berlin liegt nunmehr über dreißig Jahre zurück. Es blieb vielleicht keiner ein »Genie-Bubi«. Und doch, einer blieb, blieb es über die Jahrzehnte hinweg. Er tauchte 1943 in Mainz auf, ich schätzte ihn damals auf zwanzig Jahre. Er sah aus, als sei er gerade einer Abiturklasse entsprungen. Ich weiß nicht einmal, ob ich ihn eingeladen hatte oder nicht, er war auf jeden Fall da, ganz selbstverständlich, als gehöre er schon lange dazu. Und zugleich spielte er auf allen Registern der ›Gruppe 47‹ so souverän, daß ich mich nur wundern konnte. Ich bin nicht musikalisch, aber er ist es, als wäre die ›Gruppe 47‹ ein Klangkörper gewesen, so klopfte er sie überraschend schnell ab, mit einem absoluten Gehör sozusagen, wenn es das auf diesem Gebiet gibt. Ich muß damals schnell bemerkt haben, daß ich ihn gut gebrauchen konnte. Leute solcher Art, mit einem schnellen Reaktionsvermögen, fehlten mir immer, wo es doch immer wieder notwendig war, lähmende Minuten des Schweigens zu überbrücken. Sie wußten immer etwas zu sagen.

Nun hatte ich zu dieser Tagung in Mainz auch Walter Mehring eingeladen, obwohl ich nach wie vor der Meinung war, Prominente der zwanziger Jahre gehörten nicht dazu. Ich wußte, sie hätten die kritische Prozedur der ›Gruppe 47‹ nicht ertragen, und wozu sollte ich sie diesen Strapazen aussetzen? Es war nicht notwendig, ja, es konnte nur zu Unannehmlichkeiten führen, wie sich bei dieser Lesung in Mainz zeigen sollte. Mehring bestand darauf zu lesen. Da ich seine Gedichte kannte, sie waren mir aus meiner Jugendzeit bekannt, und einige von ihnen hatten wir auch im ›Ruf‹ abgedruckt, gab ich seinem Wunsch nach. Mehring las sehr gut, etwas im Stil der zwanziger Jahre, was mich aber nicht störte. Doch schien es andere zu stören. Ein leichtes Unbehagen machte sich bemerkbar.

Doch dann geschah das Unerwartete: Kaum hatte Mehring geendet, meldete sich der junge Mann, ich müßte wohl sagen: der Jüngling, aus Frankfurt zu Wort. Er begann mit leiser Stimme, aber mit vernichtenden Sätzen. Es war kein Donnerwetter, das wäre dem Frankfurter Jüngling auch nicht angestanden, es war vielmehr ein analysierender Bericht über moderne Lyrik, zu der nun Walter Mehring nicht mehr gehörte. Das aber mußte ihn, den gerade heimgekehrten Emigranten, mehr treffen als alles andere. Er saß neben mir, kroch mehr und mehr in sich hinein und wurde immer kleiner. Es gehörte zum Ritual der

›Gruppe 47‹, daß sich der Autor nicht verteidigte. Dieses Ritual band auch mir die Hände. Ich konnte einen Kritiker nur dann unterbrechen, wenn er sich zu Beleidigungen hinreißen ließ. In diesem Fall hätte ich es gern getan, hätte den jungen Mann gern gedämpft, aber ich tat es nicht, konnte es nicht tun, wollte ich nicht die Existenz der ›Gruppe 47‹ mit ihren ungeschriebenen Gesetzen aufs Spiel setzen.

Mir tat Walter Mehring leid, und ich tat mir auch selbst ein wenig leid, weil ich ihn und seine Gedichte nicht in Schutz nehmen konnte, wie es sich gehört hätte. Er reiste, glaube ich, unmittelbar darauf ab, und erst nach vielen Jahren habe ich ihn wiedergetroffen. Er verschwand sozusagen unauffällig, sein jugendlicher Kritiker aber blieb, stieg auf und wurde zum festen Bestandteil aller Tagungen. Er saß immer vor mir, nicht direkt, sondern etwas nebenbei, am Rand der ersten Reihe. Er hörte stets sinnend zu, so, als kämen ferne Klänge zu ihm, mehr träumend als aufmerksam, mehr einem Konzert lauschend als einer Lesung. Rief ich ihn auf, weil ich etwas von ihm hören wollte, so lehnte er vorerst den Kopf schräg zur Seite, wieder mit träumendem Blick, wobei ich ihm aber ansah, daß er seinen ersten Satz formulierte, der, das erforderte seine Eitelkeit, zugleich sitzen mußte, gedanklich gut durchdacht und fein ziseliert. Ich habe ihm immer gern zugehört, er war kein Langweiler, und zeitweise stand er für mich an der Spitze meines Kritikerchors.

Als wir 1964 in Sigtuna in Schweden tagten, fehlten einige Autoren, die mir wichtig waren. Das war die Stunde der Kritik. Sie, die Kritiker, übertrafen sich selbst. Was man ihnen auch vorgelegt hätte: Sie wären immer fähig gewesen, darüber zu sprechen, ja, sie führten eine Art von Konzert auf, mit allen Instrumenten, die es gab. Es war eine Freude für mich, und es beeindruckte die zuhörenden schwedischen Schriftsteller und Journalisten stark. Unwichtig schien, was die Autoren lasen, wichtig war nur, was darüber gesagt wurde. Am Ende der Tagung kamen die schwedischen Gastgeber zu mir voller Verwunderung und Bewunderung der kritischen Begabungen, die sich in der ›Gruppe 47‹ zusammengefunden hatten. Sie waren auf die Idee gekommen, einen Preis für den besten Kritiker dieser Tagung auszusetzen, und sie hatten auch schon den Preisträger. Es war der junge Mann aus Frankfurt, der zehn Jahre zuvor in Mainz aufgetaucht war: Joachim Kaiser. Sie waren sehr angetan von seinem klaren Verstand, von seiner Formulierkunst, von seiner Art, die Dinge sehr sanft und deswegen verzeihend in den Abgrund fallen zu lassen. Wir sprachen darüber, wer denn nun der geeignete Preisträger sei, und kamen schließlich doch auf Walter Jens, dessen Verdienste um die schwedisch-deutsche Literaturverständigung in dieser Zeit recht groß waren. So ging der Preis, aus einer euphorischen Stimmung der Schweden entstanden und nur einmal vergeben, an Joachim Kaiser vorbei. Die Schweden aber waren davon überzeugt, daß er das kritische Florett am besten gehandhabt hatte.

Immer war ich davon überzeugt, daß er auch Prosa schrieb, heimlich, und sozusagen hinter unserem Rücken, daß ihn aber seine Eitelkeit daran hinderte, sie uns vorzulegen oder daraus vorzulesen. Nun war auch ein Kritiker keineswegs vor den Unwettern, die es in der ›Gruppe 47‹ gab, geschützt, auch er konnte durchfallen. Er brauchte nur genügend Dummheiten von sich zu geben, damit ich ihn das nächstemal übersah oder unter Umständen gar nicht mehr einlud. Oder die Daumen aller Anwesenden zeigten vielleicht nach unten. Aber es war doch ein Unterschied, ob man mit einer Lesung durchfiel oder mit einer Kritik.

Es war am Starnberger See, ich meine 1957, als Kaiser mir sagte, er wolle sich diesmal an den Lesungen beteiligen. Ich war zwar verwundert, tat aber so, als sei dies ganz selbstverständlich. Warum sollte er nicht lesen? Er hat es dann nie wieder getan. Es blieb bei dem einen Versuch. Auf jeden Fall rief ich ihn an einem Vormittag auf, und er setzte sich auf den neben mir stehenden Vorlesestuhl. Er las aus einem Roman das erste Kapitel, und seltsamerweise begann ich mich schon nach den ersten Sätzen zu langweilen. Das verblüffte mich, hatte ich doch mehr erwartet, wenn auch nicht allzuviel. Es war meine Erfahrung, daß gute, ja brillante Kritiker sehr selten auch gute erzählende Prosa schreiben. Nun, Kaiser las, und es kam kein Zeichen des Unwillens von den Zuhörenden, alle schienen überaus diszipliniert. Es wurde auch in der anschließenden Kritik nur wenig gesagt, und merkwürdigerweise nannte das niemand einen Durchfall. Und wenn es einer gewesen sein sollte, dann war es der sanfteste, den ich je erlebt hatte. Nur, niemand sprach mehr von dieser Lesung, niemand erwähnte sie noch einmal, ja, es kommt mir vor, als hätte jedermann diesen Auftritt Kaisers vergessen und er selbst vielleicht auch. Es war wohl eine perfekt funktionierende Verdrängung.

Er ist, ich habe es bereits gesagt, eitel, aber er war nicht der eitelste unter den Eitlen. Tatsächlich erschien mir die ›Gruppe 47‹ manchmal wie eine überdimensionale Anhäufung von Eitelkeiten. In manchen Jahren sprach ich von einem Klavier der Eitelkeiten, auf dem ich spielen konnte, weil ich glaubte, etwas weniger eitel zu sein als die anderen. Aber vielleicht war auch das ein Irrtum.

Kaiser ißt gern. Ein mächtiger Hummer in Begleitung einer Klaviersonate etwa um Mitternacht, das macht ihm nichts aus, wenn es auch nicht die Regel zu sein scheint. Einmal, es war in den ›Vier Jahreszeiten‹ in Hamburg, war er nach dem Theater mit Fritz J. Raddatz verabredet, und als Raddatz kam, verspeiste er gerade einen Hummer, wobei er in einem vor ihm aufgestellten Buch las. Raddatz erzählte mir davon, wobei ich spürte, wie sehr er Kaiser um diese seine Lebensart beneidete. Denn natürlich muß man so was auch können, und Kaiser kann es.

Eines Nachts enttäuschte er mich. Die ›Gruppe 47‹ tagte in einem Jagdschloß in Bebenhausen, und wir wohnten alle in einem Gasthof am Fuß des Berges, auf dem das Jagdschloß stand. Es war vier Uhr morgens, und unter mir in dem Zimmer, in dem ich mit Toni schlief, spielte jemand Klavier. Wir waren davon wach geworden und konnten nicht wieder einschlafen. Das Klavierspiel ging weiter, und wir fanden es um so schlechter, je länger es dauerte. »Wenn«, sagte Toni, »es doch wenigstens der Kaiser wäre.« Ich sprang wütend aus dem Bett, lief fast unbekleidet die Treppe hinunter und riß die Gastzimmertür auf. Ja, und dort stand Kaiser, stand vor dem geöffneten Klavier und murmelte eine Entschuldigung, so daß ich nichts mehr zu sagen brauchte.

Eines Tages bat er mich, bei seinem Erstgeborenen den Patenonkel zu spielen. Ich hielt das für eine Ehre und fühlte mich ein wenig geschmeichelt, aber mein Hochgefühl schlug bald in Enttäuschung um. Als ich am Tag der Taufe an die Wiege des Täuflings trat, standen dort noch sieben andere Paten herum, weiblichen und männlichen Geschlechtes, und alle nahmen sich gleich wichtig. Jeder hatte als Pate wohl eine Funktion, aber ich habe nie begriffen, welche die meine war. Auf jeden Fall fuhren wir am Nachmittag alle in die Kirche, der Täufling in einem Oldtimer voran. Es war ein Rolls-Royce aus dem Jahr 1928, wodurch es mir vorkam, als sei dieser Erstgeborene eine Art Königssohn. Wahrlich, an Snobismus war kein Mangel. Die Taufe nahm auch kein gewöhnlicher Pastor vor, sondern ein Bischof oder so etwas. Er war anscheinend hoch aus dem Norden, ein Zugereister in München, und er hielt eine sonderbare Rede. Sie war für mich voll von deutschnationalen Untertönen aus einer schwarz-weiß-roten Vergangenheit. Er sprach von der Lüderitz-Bucht. »So wie Lüderitz die Flagge des deutschen Reiches in jener Bucht aufgepflanzt hat«, so sagte er zu dem Säugling, »pflanze ich auch das Christentum in dein Herz.« Es kann sein, daß das auch etwas anders formuliert war, inhaltlich aber war es so. Der Säugling aber ging während dieser Rede von Arm zu Arm, von einem Paten zum anderen, die wir alle um den Bischof oder Superintendenten, oder was er war, herumstanden, und schrie entsetzlich, während das Christentum in sein Herz drang, wie die Lüderitz-Fahne seinerzeit in die südwest-afrikanische Bucht. Es war eine Rolls-Royce-Kindtaufe, nicht ohne Einschübe von Spott und Humor. Ja, ich frage mich manchmal, ob Kaiser sich bei solchen Veranstaltungen selbst ganz ernst nimmt. Damit wäre dann auch eine solche Taufe zu rechtfertigen.

Über Kaisers kritische Fähigkeiten gibt es kaum einen Zweifel, nur schiebt sie jeder von dem eigenen Gebiet weg auf das andere, da er sowohl auf dem Gebiet der Literatur, des Theaters und der Musik zu Hause zu sein glaubt. Jene, die mit Musik zu tun haben, sagen, er verstehe nichts von Musik, wohl aber viel vom Theater. Die Theaterleute sagen das Gegenteil, er verstehe zwar etwas von Musik, aber nichts vom Theater. Ich kann das nicht beurteilen und dementsprechend auch nicht bestätigen, nur auf dem Gebiet der Literatur scheint es anders zu sein. Er hat mir zu lange gegenübergesessen, als daß ich ihm sein literarisches Urteil absprechen könnte, ja, ich muß sagen, ich hätte ihn sehr vermißt, wäre er einmal auf einer Tagung nicht dabeigewesen. Aber ich meine, er war auf allen Tagungen anwesend, von seinem erstmaligen Auftritt in Mainz 1953 bis zur Pulvermühle 1967.

Einmal, es war zu Beginn seiner Laufbahn, nahm ich ihn in meinem Volkswagen von Frankfurt mit nach München. Es war in der Zeit des ersten wirtschaftswunderlichen Aufbruchs, und jungen Leuten wie ihm standen alle Wege offen. Und tatsächlich wußte er noch nicht, wohin er gehen sollte. Er fragte mich um Rat und entschied sich auf dieser Fahrt für München und für die ›Süddeutsche Zeitung‹. Es war, wie gesagt, die Zeit des Aufbruchs, und er hätte ebensogut auch einen anderen Weg einschlagen können.

Ich weiß nicht, ob er je auf einem festen Fuß hinsichtlich einer politischen Überzeugung stand. Er hielt wohl nicht viel von solchen Überzeugungen. Es ist mir nicht erinnerlich, daß er je seine Unterschrift unter einen der zahlreichen Proteste gesetzt hätte, wie sie zeitweise üblich waren. Für mich war er immer ein Demokrat, wenn auch einer mit einer ungeheuren Spannweite. Ein Protestler ist er nicht, vermummt in einer Demonstration kann ich mir ihn nicht vorstellen. Seltsamerweise weiß ich auch nichts von seiner Vergangenheit, und ich habe wohl auch nie danach gefragt. Obwohl mich immer interessiert, woher jemand kommt, wo er geboren wurde, wo er aufwuchs: Bei Kaiser interessiert es mich nicht. Er kann überall geboren worden sein und überall seine Kindheit verlebt haben, es ist gleichgültig. Für mich ist er so etwas wie ein Mann ohne Vergangenheit, als wäre er ein Mann ohne Schatten. Irgendwo habe ich einmal gehört, er käme aus Ostpreußen, aber wahrlich, ein Ostpreuße ist er nicht. Er ist auch alles andere nicht, weder ein Westpreuße noch ein Mecklenburger, und ein Rheinländer schon gar nicht. Er ist für mich einfach nur Kaiser.

Die Schlange, die eine Katze ist
Barbara König

Das war in Inzigkofen, im Mai 1950. Ich stand noch im Vorlesungsraum, die ersten Lesungen waren gerade vorüber, und alle standen noch herum, erregt von dem, was sie gerade gehört hatten, und redeten aufeinander ein. Da kam sie auf mich zu. Sie trug eine dunkle Brille, eine schwarze oder blaue, wie sie damals in Mode waren. Sie verdeckte ihr halbes Gesicht. Ich dachte: Du lieber Gott, eine Mischung zwischen einer Schlange und einer Katze, was will die hier, und wie kommt sie hierher? Eine Journalistin vielleicht, eine, die sich ohne meine Erlaubnis hereindrängt. Sie sagte, Franz Josef Schneider hätte sie aus Frankfurt mitgebracht, und ich antwortete, niemand könnte jemanden ohne meine Erlaubnis mitbringen, auch nicht Franz Josef Schneider. Ich war ärgerlich, und sie schien leicht empört. Mein Benehmen mißfiel ihr, ich sah es ihr an, aber ich war entschlossen, niemanden zu der Tagung zuzulassen, der nicht meine Einladung besaß. Meine Angst, überlaufen zu werden und dann an Mittelmäßigkeit zu ersticken, war groß. Doch bevor ich sie bitten konnte, wieder abzufahren, wie ich es sonst tat, sagte sie: »Aber Sie haben mich doch eingeladen, ich heiße Barbara König.« Nun wurde ich unsicher, ich erinnerte mich nicht an den Namen, offensichtlich hatte ich Franz Josef Schneider erlaubt, doch jemanden mitzubringen, eine junge Schriftstellerin, irgend etwas dämmerte mir (wie sich später herausstellte, hatte ich ihr ein Telegramm geschickt), und so sagte ich, wohl etwas zu schroff, zu abweisend: »Nun, dann bleiben Sie eben hier.« Darauf drehte sie sich um und ging davon, immer noch empört. Sie war wohl konziliantere Männer gewöhnt.

Ich vergaß sie gleich wieder. Die Tagung riß mich in ihre Strudel. Die hochgestimmte Nervosität, die ständige, unter der Decke vorhandene Unruhe ließen mir kaum Zeit, über Neuankömmlinge nachzudenken. Doch was ich bei ihrem ersten Anblick befürchtet hatte, geschah am dritten Tag. Ein paar meiner Freunde liefen mit zerkratzten Gesichtern herum. Sie sahen wie Verletzte aus, die sich einer Frau allzu leichtsinnig genähert hatten, einer wollte sich sogar das Leben nehmen, sich vielleicht in die nahe Donau stürzen, aus Verzweiflung, aus Kummer, ihn, einen nicht mehr ganz jungen Mann, hatte die Liebe so heftig gepackt, daß er nicht mehr ein noch aus wußte. Andere waren zurückhaltender, aber ein paar Schmisse hatten auch sie im Gesicht. Ich versuchte zu trösten, wo ich konnte, ja, einem hätte ich beinahe die Tränen abgewischt, aber so weit ging meine Betreuung nun doch nicht.

Mein erster Eindruck bestätigte sich, sie war eine Schlange, die sich nun als Katze entpuppte, eine Katze, deren Krallen man aus dem Weg gehen mußte. Sie war mit ihrer Geschichte, die sie von jemandem vorlesen ließ, nicht sonderlich gut angekommen, und jetzt rächte sie sich an jenen, die sich dazu abfällig geäußert hatten. Am meisten aber mußte der Kritiker leiden, der nach der Lesung gesagt hatte, er möchte aufstehen, hinausgehen und sich die Hände waschen.

Etwas später traf ich sie wieder in Frankfurt, und beinahe wäre auch ich noch in den Sog ihres Katzengesichts gekommen. Nur eins begriff ich nach diesen wenigen Begegnungen: Literatur, die kam für sie an erster Stelle, stand ganz oben, dann erst folgte die Welt der Männer, eine Welt, die sie gern zu ihren Füßen sah, und je mehr Männer sie anschwärmten, um so wohler und glücklicher fühlte sie sich. Zur ›Gruppe 47‹ kam sie vorerst nicht zurück. In ihrer Neigung zum mondänen, zum wohlhabenden, reichen Leben heiratete sie und blieb für eine Reihe von Jahren für mich ganz verschollen. Ich lud sie zwar immer wieder ein, aber erst Ende der fünfziger Jahre tauchte sie wieder auf, wenn auch nur für einen Abend in der Hochschule für Gestaltung in Ulm. Dort fand im Anschluß an eine Tagung der ›Gruppe 47‹ in Großholzleute ein Abschlußfest statt. Es war nicht mehr dieselbe Frau, die acht Jahre zuvor so schrecklich unter meinen Freunden gewütet hatte, es war eine andere, sanfter vielleicht, zugänglicher. Gewiß, Männer sah sie immer noch gern zu ihren Füßen, aber es gab keine Verwundeten mehr.

Kurz darauf, ein oder zwei Jahre später, änderte sie, überraschend für mich, ihr Leben. Sie warf alles beiseite, was für sie bis dahin wichtig gewesen war, ihre Ehe, ihren Wohlstand, nichts hatte mehr Bestand, alles schien ihr nur lästig zu sein. Selbst ihre Texte warf sie fort und wohl auch den Schmuck, den sie in den Jahren der Ehe erworben hatte. Sie zog in ein Gartenhäuschen in Dießen am Ammersee, ein winziges Häuschen, das so klein war, daß sie sich kaum darin umdrehen konnte, und, wenn ich recht unterrichtet bin, ernährte sie sich in der ersten Zeit nur von Kartoffeln. Es kann dies aber auch ein Gerücht sein oder eine Schwäche in meiner Erinnerung. Auf jeden Fall begann sie ein neues Leben. An die Stelle eines mehr oder weniger mondänen Großstadtlebens mit Reisen, Tennis und sonstigen Hobbies trat nun das einfache, karge Landleben. Die Literatur wurde wieder wichtig und damit auch die ›Gruppe 47‹. Sie nahm an allen Tagungen teil, in Aschaffenburg, in Berlin, in Sigtuna in Schweden und in Princeton in Amerika. Die Katze, die sich in Inzigkofen 1950 in meinen Augen aus einer Schlange entwickelt hatte, war kaum noch vorhanden. Ich suchte sie oft vergebens, fand sie aber nur noch in Bruchstücken vor, Bruchstücke, die sich nicht wieder zu einer wirklichen Katze zusammensetzen ließen.

Ich besuchte sie in Dießen, und eines Tages traf ich sie

dort mit einem neuen Mann an. Es war der Kohlen- und Heizölhändler von Dießen, der Hansl hieß, und an dem sie vieles bewunderte, unter anderem die Fähigkeit, nach einem Blick auf den Himmel die genaue Uhrzeit anzugeben. Er war auch mir so sympathisch, daß wir Freunde wurden, und es begann mit ihm eine Zeit der Freuden und der Feste. Beide, der Kohlenhändler und die Schriftstellerin, entwikkelten sich zu hochbegabten Gastgebern, und wenn ich heute daran zurückdenke, habe ich den Eindruck, als hätte ein Fest das andere abgelöst.

Das erste Fest, an das ich mich erinnere, war ein Spanferkelessen. Barbara war inzwischen in ein etwas größeres Gartenhaus umgezogen, und ihr Verleger Carl Hanser hatte ihr aufgrund einer gewonnenen Wette ein Spanferkel mit einer Flasche Jägerkorn geschickt. Spanferkel macht bekanntlich lustig, und je mehr Jägerkorn man dazu trinkt, um so lustiger wird man. Wir wurden so lustig, daß wir zeitweise gar nicht mehr wußten, wo wir waren, ja Barbaras Hanser-Spanferkel wurde zu einer Attraktion. Die ganze Nacht über lief immer dieselbe Schallplatte mit »Ein Schiff wird kommen«, und die ganze Nacht über sollte das Schiff kommen, kam aber nicht, und wir wurden immer betrunkener. Schließlich schrieben wir eine Karte an den Verleger mit Sprüchen wie »Das Jägerhorn bläst wie und wo es will«, und Barbara unterschrieb auf meinen Wunsch mit »Ihr Kieschen«, eine Anspielung auf ihren gerade erschienenen Roman ›Kies‹.

Am nächsten Morgen wollte sie dann aus Respekt vor ihrem Verleger die Karte nicht in den Postkasten werfen, tat es dann auf unseren Druck hin aber doch. Ihre Achtung, ja Hochachtung, vor allen Menschen des öffentlichen Lebens, besonders vor Akademiepräsidenten, war nach meiner Ansicht viel zu groß. Sie stand im krassen Gegensatz zu ihrem Verhalten viele Jahre zuvor in Inzigkofen und zu dem fast barbarischen Umgang mit meinen liebestollen Freunden. Oft erschien es mir, als führe sie ein Doppelleben, hinter der scheinbar harmonischen Oberfläche verbarg sich noch etwas anderes, eben das, was in Inzigkofen sichtbar geworden war, Untergründiges, das zu erforschen ich nicht für meine Aufgabe hielt.

Nun begann, wie gesagt, eine Zeit ununterbrochener Feste. Das Spanferkelessen war nur ein Auftakt gewesen. Es kamen die vielen Sommerfeste, die Kohlenfeste. Hansl besaß natürlich ein großes Kohlenlager. Es lag nicht weit vom Bahnhof in Dießen entfernt, in der Nähe des Ammersees, ein offenes Gelände, umgeben von hohen Bäumen. Berge von Kohlen lagen dort, Koks, Briketts und Steinkohle, und die Steinkohlenstücke sahen alle aus wie schwarze, glänzende Diamanten, ja, ich kam bei ihrem Anblick zu der Ansicht, daß Barbara nun dazu verurteilt sei, sie jeden Morgen zu waschen. Ich weiß nicht recht, ob das für sie nun ein Aufstieg oder ein Abstieg aus ihrem früheren Leben war, ich neige mehr zum Aufstieg, denn sie bewährte sich in meinem Sinn ganz vorzüglich. Nun war von dem Glanz der vergangenen Jahre nichts mehr vorhanden, wohl aber der Glanz der Kohlenberge rings um sie herum. Hansl zimmerte rohe Holzstühle zusammen, einen langen Tisch, der nicht immer eben war, die unterschiedlichsten Bierkrüge standen bald darauf, zusammengesucht aus allen Zeiten bayerischer Vergangenheit, ein Bierfaß daneben, und meistens gab es Spanferkel. Mit ihm erwarteten wir nun nach unseren ersten Erfahrungen eine ausgelassene Heiterkeit, die auch fast immer eintrat, aber ich weiß heute noch nicht recht, ob es nicht doch der nun schon traditionell gewordene Jägerkorn war oder andere Alkoholika.

Einmal gab es Schwierigkeiten mit dem Spanferkel. Der Verleger hatte wieder einmal eines zu einem Fest spendiert, an dem er selbst teilnehmen wollte, es war ein riesiges Spanferkel, etwas zu groß geraten, mehr ein Läufer, wie man es in der Fachsprache nennt, als ein normales Ferkel. Wir hatten uns vorgenommen, es fast mittelalterlich am Spieß zu drehen, und so standen wir, der Grafiker Franz Wischnewski und ich, zwischen den Kohlenbergen und drehten und drehten, aber das Ferkel ließ sich Zeit. Es wollte und wollte nicht gar werden. Wir drehten weiter, was das Zeug hielt, schürten das Feuer, gerieten ins Schwitzen und zeitweise außer Atem. Die Gäste hatten sich schon versammelt, saßen wartend an dem langen Bretter-Holztisch und sprachen bereits dem Jägerkorn zu. Endlich gaben wir es auf und servierten das Spanferkel so, wie es war, noch nicht ganz gar, aber wohl schon schmackhaft, und jeder spülte auch mit recht viel Jägerkorn hinunter, was noch halb roh war. Es wurde ein ausgelassenes Fest, wir tanzten auf den freien Wiesenflächen zwischen den Kohlenbergen, und auch ein einsetzender nächtlicher Sommerregen konnte uns nicht daran hindern.

So löste ein Fest das andere ab, und Barbara geriet in ein vitales, heiter feuchtfröhliches Leben hinein, was wahrscheinlich gar nicht ihrer eigentlichen Natur entsprach. Katzen gab es auch noch, aber sie strichen auf diesen Kohlenfesten nur nachts um unseren Tisch herum. Barbara hingegen hatte sich verändert. Sie war nicht gerade eine Land- und Kohlenfrau geworden, nein, das konnte sie nicht, dazu war sie zu intellektuell, zu literarisch, zu sehr auf sich und ihre Welt bezogen, aber ihre ländliche Umgebung blieb doch nicht ohne Einfluß auf sie. Sie schleppte Teller und Bierkrüge, Gabeln und Messer und sonstige Gebrauchsgegenstände und Zutaten auf den Kohlenhof, auch wenn sie oft dabei aussah, als würde sie jeden Augenblick vor Erschöpfung zusammenbrechen. Sie schaffte es immer, mit immenser Zähigkeit, manchmal nervös bis in meine oder anderer Fingerspitzen hinein, unter dem jeweiligen Föhn leidend und stets abwehrbereit. Ihr Katzentier, ich nenne es hier mal so, machte ihr hin und wieder Schwierigkeiten, aber sie rief es immer wieder zur Raison, wie überhaupt ihr Herz in ständigem Konflikt mit ihrem Temperament lag, ein Konflikt, den sie immer aufs neue ausgleichen mußte.

Wir suchten natürlich nach Anlässen für unsere Kohlenfeste, es konnte ein Geburtstag, eine Taufe oder sonst etwas sein. Gewiß, wir feierten oft einfach aus dem blauen Himmel heraus, weil die Sonne schien oder um den bayerischen Föhn zu vertreiben und nicht selten, weil es gerade regnete. Solche Regenfeste waren besonders schön. Dann krochen wir unter das Regendach, das Hansl gebaut hatte, hockten eng beieinander auf unseren Holzbrettern, sprachen dem Jägerkorn zu, und dabei kam es mir oft vor, als fingen auch die regennassen Kohlenberge an zu duften und nicht nur die Bäume um uns herum. An einem solchen Abend suchten wir wiederum nach einem Anlaß für ein neues Fest, und ich schlug vor, die beiden, unsere Gastgeber, Barbara und Hansl, sollten sich verloben.

Für eine Verlobung war es eigentlich schon etwas spät, denn beide besaßen zu dieser Zeit schon eine kleine Tochter, aber ich stellte mir eine so späte Verlobung unter den Kohlenbergen besonders ausgefallen und schön vor. Beide sahen mich überrascht an, ein Verlobungsfest erschien ihnen wohl besonders albern, und dann hier in den freien Hallen, am See, auf den Wiesen bei Wind und Wetter, war es das wohl auch. Aber zuerst stimmte Hansl zu, dann, wenn auch zögernd, Barbara. Und so kamen sie beide zu ihrer nachgeholten Verlobung.

Es wurde ein rauschendes Fest. Viele Gäste nahmen daran teil, darunter auch ein Lektor ihres Verlags, der Michael hieß, damals noch sehr jung war und schnell in euphorische Stimmung geriet. Er tanzte nach kurzer Zeit und trotz gelegentlicher Regenschauer zwischen den Kohlenbergen herum und sang fast die ganze Nacht über immer dasselbe

Lied: »Zigeunerjunge, Zigeunerjunge.« Ich weiß heute noch nicht, ob er damit Barbara gemeint hat, aber ich nehme es an. Sie stammt zwar nicht gerade von Zigeunern ab, nein, das wohl nicht, kommt jedoch aus der großen Völkerfamilie der k.u.k. Monarchie, und da weiß man natürlich nie, wer in ferner Vergangenheit da alles mitgewirkt hat. Ungarisches war auf jeden Fall dabei, zumindest ein Schuß davon, Serbisches wohl nicht, dafür aber Slowakisches und was es sonst noch in jener Region gibt. Als junges Mädchen lief sie in Reichenberg in der Tschechoslowakei vor den heranrückenden Russen davon und kam, nur mit einem Rucksack versehen, zu den Amerikanern. Diese wollten gerade auf einem requirierten Schloß ein Fest feiern, wobei ihnen aber eine Dame fehlte. Ich meine, so oder auch etwas anders hätte sie es mir erzählt. Diese fehlende Dame fanden sie in Barbara, die gerade mit ihrem Rucksack des Wegs kam. Kurzentschlossen nahm sie diesen Ehrenposten an, und ich kann mir vorstellen, daß es den amerikanischen Offizieren nicht besser ergangen ist als meinen Freunden in Inzigkofen. Reihenweise sehe ich sie sich ihr zu Füßen legen, nur die zerkratzten Gesichter dürfte es wohl nicht gegeben haben, denn das hätte man zu dieser Zeit wohl als Feindeinwirkung angesehen.

Zwei oder drei Jahre später war sie bereits Redakteurin der ›Neuen Zeitung‹ in Frankfurt. Von dort aus ernährte sie ihre Familie, die inzwischen ebenfalls nach Westen geflohen war. Es war ein Schicksal dieser Zeit, aber wenn man so will, ein erfolgreiches. Viele Jahre später nahm sie an der Tagung der ›Gruppe 47‹ in Sigtuna in Schweden teil, eine Tagung, die in ihren Augen, wie sie mir einmal erzählt hat, etwas Märchenhaftes an sich hatte, ein nordisches Märchen, in dem auch nicht die Trolle fehlten. Von einem solchen Troll begleitet, stand Barbara auf einem Schiff, das uns vom Mälarsee zum Rathaus von Stockholm brachte. Hansl war nicht dabei. Zu dieser Zeit durften zwar die Männer ihre Frauen mitbringen, aber noch nicht die Frauen ihre Männer, was ziemlich ungerecht von mir war, obwohl ich sonst verhältnismäßig emanzipatorisch dachte. Damals ging mir das jedoch noch zu weit, denn Männer ehrgeiziger schreibender Frauen sind meistens noch ehrgeiziger als diese, und ich hatte bereits einen solchen Fall erlebt.

Nun, der Abend, als unser Schiff vor dem Rathaus von Stockholm ankam, war sehr schön, milde, fast sommerlich, er lud zum Träumen ein, und ich weiß nicht, ob Barbara geträumt hat, nehme es aber an. Der Weg zum Rathaus hinauf war mit erdnahen Pylonen geschmückt. Rechts und links loderten die Flammen, und kaum hatten wir das Rathaus betreten, begann schon das Fest, das die Oberbürgermeisterin von Stockholm für uns gab. Es wurden kurze, aber sehr humorvolle und witzige Reden gehalten. Die Oberbürgermeisterin verglich nach einem Zitat, das ich für einen Almanach benutzt hatte, die ›Gruppe 47‹ mit einem Kamel, das an der Tränke niederkniet. Und wahrlich, die Tränke, die sie uns bot, war groß und anscheinend unversiegbar. Ich hatte Barbara aus den Augen verloren, aber ich war sicher, daß sie irgendwo in dem Saal von Trollen umgeben war, sich also kaum vereinsamt fühlen konnte. Spät begann man zu tanzen, was unseren schwedischen Gastgebern wohl nicht sonderlich gefiel, im Rathaus von Stockholm tanzte man nicht, doch die deutschen Teilnehmer waren es so von den Abschlußfesten ihrer Tagungen her gewöhnt, und so bestanden sie auch hier darauf. Die Musik, ich glaube, es waren Schallplatten, spielte »Ein Schiff wird kommen«, und da sah ich Barbara auf mich zueilen, sprang selbst auf und lief ihr entgegen und dann, zwei Jahre nach unserem Spanferkelfest, tanzten wir durch die spiegelglatten Flächen der Stockholmer Rathaussäle nach dem Lied »Ein Schiff wird kommen« und waren sehr ausgelassen.

Den nächsten Morgen saß ich in dem Frühstücksraum des Hotels, in dem wir wohnten, plötzlich stand Hansl an meinem Tisch, überraschend für mich und ganz unerklärbar, aber er erzählte seine Geschichte. Er hatte sich in Dießen gelangweilt, war aus dieser Langeweile heraus nach Garmisch gefahren, um sich dort im Spiel-Casino die Zeit zu vertreiben. Das Glück war auf seiner Seite, er gewann ein paar tausend Mark und war kurzentschlossen mit diesem Geld in ein Flugzeug gestiegen, um nach Stockholm zu fliegen und Barbara zu besuchen. Als diese aber an den Frühstückstisch kam, schien sie gar nicht erfreut, und als sie die Geschichte mit der Spielbank hörte, sagte sie mürrisch und etwas ungehalten, wobei sie aber spöttisch lachte: »Ja, ja, Glück im Spiel, Unglück in der Liebe.« Dieser Satz rief bei mir sogleich starke Sympathien für Hansl hervor, und ich war wieder einmal froh, nicht zu den Männern zu gehören, die zu Barbaras Füßen lagen. Zuneigung und Freundschaft hatten daran nichts geändert. Kurz darauf heirateten sie, aber es kann auch kurz davor gewesen sein, genau weiß ich das nicht mehr.

Wir suchten wiederum einen Grund für ein Kohlenfest, und da bot sich nach Verlobung natürlich eine Hochzeit an. Ich selbst schlug diese Hochzeit vor, und die beiden waren nach einigem Zögern damit einverstanden. Es war nach meiner Ansicht ein vorzüglicher Anlaß, ein großes Fest zu feiern. Inzwischen war es aber Winter geworden, und in den Kohlenhallen wären wir wohl hochzeitlich erfroren. So feierten wir die Hochzeit bei einem Gastwirt, der Götzfried hieß, und schon am nächsten Tag war Barbara nicht mehr Barbara König, sondern Barbara Mayer, obwohl sie bis heute Barbara König blieb.

Sie ist nicht direkt streitsüchtig, nein, ich habe mich nie mit ihr gestritten, aber sie besteht aus vielen kleinen Widerborstigkeiten, aus beharrlichen, aus nervösen, aus intellektuellen, wie es sich gerade ergibt, und nicht jedermann konnte damit gleich und leicht fertig werden. Sie ist eine Böhmin, und heute ist sie vielleicht schon eine Böhmin mit bayerischem Einschlag.

Ich konnte mir eine Böhmin schlecht vorstellen, Böhmen war für mich nur ein Begriff, mehr historischer als realer Art, aber als ich eines Tages ihre Mutter kennenlernte, tat sich eine ganze Landschaft für mich auf. Sie saß in dem kleinen Bauerngarten, der zu Hansls Haus gehörte, und las in einem Buch, das sie unter einer großen Lupe dicht an ihre Nase hielt. Die Lupe war groß, größer als das Buch, und mit ihrer Hilfe buchstabierte sie sich wohl das ganze Buch zusammen. Meine Sympathie erwachte sofort, und bevor sie noch das Buch weglegen konnte, wußte ich schon: Das ist Böhmen, ein Böhmen, wie ich es mir vorstellen konnte. Der kleine Bauerngarten paßte dazu, der blühende Spalier-Apfelbaum, nur die Gänse, die böhmischen, fehlten, aber ich konnte sie mir in das Bild hineinmalen, wenn ich wollte. Sie las einen Kriminalroman, wie ich nebenbei feststellen konnte, ja, sie las in ihrem hohen Alter noch sehr viel, vorwiegend Kriminalgeschichten, oder einen Liebesroman oder religiöse Schriften. Sie war schon in einem hohen Alter, aber ungebeugt, in einer fröhlichen Art lebensbejahend, immer interessiert und optimistisch. Am liebsten fuhr sie nach Wien und saß dort stundenlang in irgendwelchen Rosengärten herum, immer gleichzeitig lesend, denn ihre Liebe gehörte den Büchern und den Blumen. Für mich war sie eine böhmische Mutter, eine Erscheinung, wie ich sie vorher nie getroffen hatte.

Sie besaß vier Schwestern, und einmal waren drei von ihnen bei Hansl auf Besuch, und da sah ich sie alle vier um einen runden Tisch sitzen, alle schon über achtzig. Sie spielten Karten, und sie spielten so leidenschaftlich, so in ihrem Spiel befangen, als seien sie noch in der Mitte ihres Lebens. Es war, als hätten sie ihr eigenes Alter, die achtzig Jahre, die hinter ihnen lagen, noch gar nicht bemerkt. Ich, der ich keine Ahnung von dem Leben in der k.u.k. Monarchie hatte, hier erst ahnte ich, wie dieses Leben gewesen sein muß. Ich glaube, diese vier über achtzig Jahre alten Damen waren wohl alle noch kaisertreu, wenn auch in einer Art, die mir überaus gut gefiel.

Ganz anders muß es mit Barbaras Vater gewesen sein, er war wohl ein Mann des eleganten und großen Lebensstils gewesen und hat sich dementsprechend schon frühzeitig das Leben genommen. Generaldirektor der Waldsteinschen Güter (Wallenstein), muß er an seinem aufwendigen Leben zugrunde gegangen sein. Wie es aber auch immer war, von dieser Zeit ihrer Kindheit träumt Barbara hin und wieder noch heute. Dann sieht sie sich, umgeben von lauter eleganten Leuten, in einem Pony-Kinderwagen unter einem gelben oder roten Sonnenschirm in ihrem Rüschenröckchen sitzen, und die Sonne scheint über Wallensteins ehemaligen Besitzungen tagein, tagaus.

Vieles ist, von hier aus gesehen, in Barbaras Wesen zu erklären, ihre Neigung zum großen, wohlhabenden, eleganten Leben, wie auch die entgegengesetzte Neigung zum einfachen ländlichen Leben. Diese Widersprüche, und es sind nicht die einzigen, heben sich nie auf. Immer möchte sie nur für die Literatur leben, viel an ihrem Schreibtisch sitzen, eine Geschichte nach der anderen schreiben, aber der Besucherstrom nimmt nicht ab, ein Besuch gibt dem anderen die Tür in die Hand, und auch dies, der Hang zum geselligen Leben, scheint eine Erbschaft ihres Vaters zu sein. Während ich mir ihre Mutter unter einem Rosenstrauch mit der Bibel in der Hand vorstelle, sehe ich ihren Vater in einem eleganten Landauer sitzen, den Zylinder leicht lüftend, wenn gerade ein grüßender Bauer des Weges kam. So konnte nur ein Mensch entstehen, der sich mit lauter Gegensätzlichkeiten abmüht, und der nicht gerade mit einem Zuviel, aber doch mit einem Übermaß an Phantasie ausgestattet ist.

Immer zieht sie das Phantastische, das Übersinnliche an, während das andere, das reale Leben, ins Hintertreffen gerät. Stets hat sie zuviel Geschichten im Kopf, immer sprach sie von zwanzig, und da sie sich nicht für eine entscheiden kann, bringt sie dann lieber gar keine zu Papier. Ständig reduziert sie ihre Geschichten. So werden aus fünfzig Sätzen mit der Zeit zwanzig, aus zwanzig zehn, und schließlich bleiben nur ein oder zwei Sätze übrig. Erst dann ist sie zufrieden oder auch nicht. Die beiden letzten Sätze lassen sich dann beim besten Willen nicht mehr zusammenstreichen.

Sie ist überzeugt, daß die Sterne einen Einfluß auf unser Leben haben, und vielleicht hängt auch dies noch mit ihrer Kindheit auf den Wallensteinschen Gütern zusammen. Dort war ja einmal, vor dreihundert Jahren, die Astrologie zu Hause. Gewiß, dies ist ein absurder Gedanke, aber aus ihrer Sicht könnte ein solcher Gedanke möglich sein. Einmal hat sie mir mein Horoskop gestellt. Es war ein fast mittelalterlicher Vorgang, eine lange Sitzung. Da saß sie mir gegenüber, umgeben von Büchern, schlug bald dieses, bald jenes nach, stellte Vergleiche an, zog Parallelen, und ich weiß heute nicht mehr, welche Sterne in welchen Konstellationen zueinander standen. Der Saturn war mit dem Mars in Kontakt, und die Venus blinzelte irgendwo im Hintergrund. Aber es kann auch eine ganz andere Stern-Konstellation gewesen sein. Auf jeden Fall waren mir die Sterne günstig gesonnen, sehr günstig sogar, was ich mit großem Behagen aufnahm, und beinahe hätte sie mich dazu verführt, daß auch ich meine Skepsis gegenüber der Astrologie aufgegeben hätte. Es war aber doch erfreulich zu wissen, daß einem so gute Zeiten bevorstanden, ja, später ertappte ich mich noch oft bei dem Verlangen, mir von ihr ein neues Jahreshoroskop stellen zu lassen, denn wer hört nicht gern, daß es ihm in der kommenden Zeit noch besser geht als in der vergangenen.

Doch es blieb bei der einen und ersten Sitzung. Wohl gab sie mir einen ganzen Stoß parapsychologischer Schriften mit, wohl sah ich bei der Lektüre Hunderte von Schiffen im Bermuda-Dreieck untergehen und ganze Flugzeugstaffeln verschwinden, und manchmal hörte ich auch ein Klopfen in der Nacht, als rüttle jemand aus einer fernen unbekannten Welt an meinem Bett, aber anscheinend war ich doch zu primitiv, um daraus Konsequenzen für mein Denken zu ziehen. Ich blieb, was ich war: ein nicht mehr umerziehbarer Realist. Eines aber leuchtet mir ein, die Geschichte mit der Seelenwanderung, an die Barbara wohl auch glaubt. Einmal, denke ich, muß sie eine Schlange gewesen sein, eine kluge natürlich, dann eine Katze, eine streitbare wahrscheinlich, und jetzt ist sie eine Schriftstellerin, die sich mit der Sprache herumschlägt, besessen davon und darunter leidend, und glücklich über jeden Satz, den sie für sich selbst stehenläßt.

Pelle, ein literarischer Hund
Walter Kolbenhoff

Ich weiß gar nicht, wie er auf die Idee gekommen ist, mitten im Hungerwinter 1946/47 zu heiraten. Es war erbärmlich kalt, und da wir nichts oder fast nichts zu essen hatten, froren wir, zitternd am ganzen Leibe. Die Veranstaltung einer Hochzeit grenzte schon an Verwegenheit. Er aber heiratete seine Isolde, schreckte sozusagen vor nichts zurück, und wollte den Abend dieser Hochzeit ausgerechnet bei mir verbringen.

Wir wohnten zur Untermiete in einem kleinen Zimmer, von Möbeln kann man kaum sprechen, doch wir besaßen einen elektrischen Kocher, wie er vor dem Krieg einmal Mode gewesen war, der aber jetzt einen hohen Raritätswert besaß. Natürlich funktionierte auch er nicht mehr ganz, aber ein paar Spiralen fingen immer noch an zu glühen, wenn Toni ihn an die Steckdose anschloß. Auf diesem Kocher sollte das Hochzeitsmahl bereitet werden. Woher er, der Hochzeiter, das halbe Pfund Gehacktes hatte, danach fragte ich nicht. Auf jeden Fall begann er, seine vier Bouletten auf dem Kocher zu braten, wobei mir das Wasser im Mund zusammenlief, denn es war lange her, daß ich meine letzte Boulette gegessen hatte. Dann bekam jeder seine Boulette, und in meiner Erinnerung ist es immer noch das schönste Hochzeitsmahl, an dem ich teilgenommen habe. Natürlich hätte ich die Boulette vor Hunger und vor Gier gleich verschlucken können, aber ich beherrschte mich, es war ja Hochzeit, und so aß ich sie nur Stück für Stück und langsam und genießerisch auf. Um Mitternacht zog das Hochzeitspaar in die große Kälte hinaus, und wie es dann nach Hause gekommen ist, das weiß ich nicht.

Ich lernte ihn in der Gefangenschaft in Amerika kennen. Dort, in dem Camp der Kriegsgefangenenzeitung ›Der Ruf‹, nannte man ihn »Shorty«. Natürlich sprach man ihn nicht so an, sagte nicht »Herr Shorty« oder »Genosse Shorty« oder »Kamerad Shorty«. Nur, wenn man über ihn in seiner Abwesenheit sprach, nannte man ihn Shorty. Auch die amerikanischen Soldaten nannten ihn so. Mir erklang das »Shorty« in ihrem Mund oft wie eine freundschaftliche Liebeserklärung. Sie mochten ihn, er sprach fließend englisch, das er im Selbststudium gelernt hatte, und war in seiner Mentalität den einfachen Soldaten oft näher als ihre Vorgesetzten. Er war etwas klein geraten, zu kurz, wie die Amerikaner sagten, und nicht umsonst hatten sie ihn Shorty getauft. Nur sobald er zu erzählen begann, wuchs er über sich hinaus, wurde sichtbar größer für mich, ja, überragte mich manchmal um Kopfeslänge. Gute mündliche Erzähler haben mich schon immer fasziniert, für mich fängt alle Literatur mit dem Erzählen an, und Walter Kolbenhoff war einer der glänzendsten Erzähler, die ich je getroffen habe. Selbst Geschichten, die ich schon drei-, vier- oder auch fünfmal gehört hatte, riefen immer wieder mein Vergnügen und meine Lacher hervor. Natürlich war die gleiche Erzählung immer leicht variiert, gab es hier und da neue Ausblicke, andere Interpretationen – der Phantasie waren keine Grenzen gesetzt. Aber gerade das war es, was mich immer wieder zum Zuhören zwang. Und jedesmal tat ich, als hörte ich die betreffende Geschichte zum ersten Mal, und tatsächlich war es auch so. Ich hörte sie immer wieder neu.

Ich erinnere mich nicht auf den Tag genau, wann ich ihn zum ersten Mal sah, es muß irgendwann im Herbst 1945 gewesen sein. Das Gefangenenlager war an der Atlantikküste, ein ehemaliges Fort, vielleicht noch aus der Zeit des Unabhängigkeitskrieges. Wir konnten, was etwas beschwerlich war, zum Meer hinuntersteigen. Hier wurde die offizielle Kriegsgefangenenzeitung ›Der Ruf‹ gemacht, aber Walter Kolbenhoff arbeitete nicht in der Redaktion, er schrieb an einem Buch, das später mit dem Titel ›Von unserem Fleisch und Blut‹ in der Nymphenburger Verlagshandlung erschien.

Eines Tages kam er in die Baracke, in der die Redaktion arbeitete, und besuchte mich. Er war aufgeregt und fröhlich zugleich: In wenigen Tagen sollte er entlassen werden. Er hatte gerade den Bescheid bekommen, es ging nach Hause, nach Deutschland zurück. Er legte sein Manuskript auf meinen provisorischen Schreibtisch, und jetzt wollte er es zu einem Preisausschreiben einschicken. Der Bermann-Fischer Verlag in New York wollte den besten der eingesandten Romane prämieren. Er bat mich, das Manuskript durchzusehen und es dann einzuschicken, wozu ich einen Weg finden mußte, denn wir hatten ja keine Verbindung zur Außenwelt. Ich habe das getan, und erstaunlicherweise wurde der Roman prämiert, was ich aber erst später erfuhr.

Ein halbes Jahr darauf wurde ich selbst entlassen, und erst in Bad Pyrmont, wo meine Frau wohnte und wohin ich mich hatte entlassen lassen, hörte ich wieder von Walter Kolbenhoff. Er war inzwischen Redakteur der amerikanischen ›Neuen Zeitung‹ geworden und lebte in München, wohin er entlassen worden war. Nach Berlin, seiner Heimatstadt, konnte er nicht zurück. Die Amerikaner entließen niemanden in die russisch besetzte Zone.

Er schrieb mir nach Bad Pyrmont, ob ich nicht Lust hätte, an der Neugründung des ›Ruf‹ mitzumachen, den Alfred Andersch in München herausgeben wollte. So traf ich ihn dort ein paar Wochen später wieder. Noch war München eine Trümmerstadt, und ich wohnte unter erbärmlichen Bedingungen an der Borstei zur Untermiete, aber er lebte in dieser Zeit noch nicht sehr viel besser trotz seines Redakteurpostens bei der ›Neuen Zeitung‹.

Wir trafen uns oft, ja, manchmal brachten wir ganze Nächte mit Spaziergängen zwischen den Trümmern zu. Wir fanden nie ein Ende mit unseren Gesprächen. Alles war ja ungewiß, niemand wußte, was werden sollte, und so waren alle Unterhaltungen Gespräche über unsere Zukunft.

Er wurde einer der fleißigsten Mitarbeiter des ›Ruf‹, und früher als alle anderen wurde er bekannt, wenn nicht berühmt. Nicht nur durch seine Mitarbeit am ›Ruf‹, sondern auch durch seine Artikel in der ›Neuen Zeitung‹. Als es 1948 zu einem West-Ost-Schriftstellertreffen in Frankfurt kam, nahm auch Kolbenhoff daran teil, und es war merkwürdig: Das Publikum, dem fast alle anderen Schriftsteller noch völlig fremd waren, erkannte ihn. Sein Buch ›Von unserem Fleisch und Blut‹, dessen Manuskript ich in Amerika eingeschickt hatte, war inzwischen erschienen und beachtet worden.

Er war einer der ersten, der eines Tages eine richtige Wohnung bezog, und zwar in der Schellingstraße, gegenüber der ›Neuen Zeitung‹, eine Wohnung, die die Amerikaner ausgebaut und ihm zur Verfügung gestellt hatten. Diese Wohnung wurde schnell zum Treffpunkt für alle, nicht nur für die Mitarbeiter des ›Ruf‹. Da viele von uns noch ziemlich unbehaust lebten, wurde seine Wohnung schnell eine Art Asyl für den einen und den anderen, ja, manche blieben einfach über Nacht, schliefen auf dem Teppich und gingen erst nach Tagen wieder nach Hause, soweit sie ein Zuhause hatten. Walter blieb immer von allem unberührt, er war der Mittelpunkt, ein großartiger und nie ärgerlicher Gastgeber, der für alles Verständnis zeigte. Stets blieb er in seinem Erzähler-Element, und was auch geschah, er blieb die Ruhe selbst. Sein Humor verließ ihn auch in heiklen Situationen nicht.

Einmal feierten wir ein Fest mit etwa vierzig Personen in seinen drei Zimmern. Isolde hatte eine Erbsensuppe vorbereitet, die um Mitternacht ausgegeben werden sollte. Sie hatte dazu einen Waschkessel benutzt, in dem vielleicht noch etwas Waschmittel waren, oder es war etwas anderes geschehen. Auf jeden Fall ereignete sich folgendes: Kaum hatten alle die Erbsensuppe zu sich genommen, setzte auch schon ein Andrang auf die einzige vorhandene Toilette ein, wie ich es selbst die Kriegszeiten über noch nie gesehen hatte. Alle saßen herum, hielten sich den Bauch, stöhnten oder klopften wie rasend an die Toilettentür, wenn einer zu lange darin blieb. Manche liefen die Treppe hinab und klingelten an fremden Wohnungstüren. Walter aber, der anscheinend nichts von der Erbsensuppe gegessen hatte oder einen mehr als widerstandsfähigen Magen besaß, ging herum, tröstete diesen oder jenen, riet zur Geduld, konnte aber sein Lachen nicht verbergen. Solche makabren Situationen, Komik, die aus der Tragik entsteht, liebte er besonders. Er bewunderte Charlie Chaplin, und wenn sich die Gelegenheit ergab, erzählte er aus seinen Filmen, wobei er so plastisch erzählte, daß man jede Szene vor sich sah, als hätte er sie selbst hundertmal geprobt.

Im September 1947 entstand die ›Gruppe 47‹. Es war ein strahlender Frühherbsttag. Ich hatte zu diesem Treffen am Bannwaldsee eingeladen, und sie kamen fast alle, die ehemaligen Mitarbeiter des ›Ruf‹, obwohl wir noch nichts von einer ›Gruppe‹ ahnten. Wir trafen uns am Starnberger Bahnhof. Dort erwartete uns Walter Kolbenhoff. Ich sehe ihn noch heute dort mit seiner Isolde stehen, erwartungsvoll, auf seinen Spazierstock gestützt, eine Zigarre rauchend. Er hatte es zweifellos von uns am weitesten in den zwei Nachkriegsjahren gebracht. Nur er hatte ein Buch geschrieben, nur er hatte in dieser Hinsicht einen Namen. Wir anderen ließen uns zwar Autoren nennen, waren aber noch keine. Als man einige Monate später in der Presse hinsichtlich der ›Gruppe 47‹ von einem Zusammenschluß junger Autoren schrieb, war ich nicht ganz damit einverstanden. Nach meiner Ansicht waren wir noch keine. Aber dementieren konnte ich es auch nicht. So blieb es dabei. Einige hatten Kurzgeschichten und Gedichte geschrieben, und vielleicht war das für diese Zeit schon genug. Immerhin: Walter war unser Ehrenschild. Mit ihm konnten wir einen Autor unser eigen nennen. Man sprach von Walter Kolbenhoff, wenn man die ›Gruppe 47‹ erwähnte.

Ich weiß nicht mehr, wann sich das geändert hat. Es muß Ausgang der fünfziger Jahre gewesen sein. Ganz allmählich waren andere in den Vordergrund getreten, und ihn überfiel eine Krankheit, die seine Produktivität lahmlegte. Er, der auf jeder Tagung mitgelesen und sich immer der Kritik gestellt hatte, gab es eines Tages auf. Er fand keine Resonanz mehr. Es kamen viele Dinge zusammen. Neue literarische Strömungen taten sich auf, und vielleicht war es auch dies: Sein politisches Weltbild geriet ins Wanken. Er kam, wie ich auch, aus der Kommunistischen Partei. Dort hatte er vor 1933 seine frühe Jugend verlebt, und diese Zeit hatte ihn geprägt. Es war die Zeit der linken Arbeiterliteratur, die Zeit des Malik-Verlages, der ›Weltbühne‹, und der Bewunderung der jungen Sowjetunion.

Einmal erzählte er mir auf unseren nächtlichen Spaziergängen durch München nach 1947, wie sehr er an die große proletarische Revolution in Rußland geglaubt hatte, ja, sie sei so etwas wie sein eigentliches Leben gewesen. »Alles für die Sowjetmacht«, so hätte er sich seinerzeit von seinen Freunden verabschiedet. Das war üblich, »Alles für die Sowjetmacht«. Auch für ihn hatte es viele Jahre gedauert, bis dieser Glaube allmählich zerbrach, sich langsam zerbröselte bis zu den Jahren nach dem Krieg. Es ist gewiß unendlich schwierig, sich von der Faszination der linken Gegenkultur der dreißiger Jahre zu lösen. Es muß schon Erschütterungen und Enttäuschungen geben, die kaum zu beschreiben sind und oft ein ganzes Leben lang anhalten und dieses Leben verändern. Man verliert den Boden unter den Füßen. Das in der frühen Jugend gewonnene Weltbild läßt sich nicht ersetzen, und je mehr man daran geglaubt hat, um so stärker muß der Rückschlag sein. So ist es vielen gegangen, und so ist es wohl auch Walter Kolbenhoff gegangen. Er hat sich nicht denen angeschlossen, die nach dem Krieg zu Kritikern ihrer früheren Überzeugung wurden, die aus fanatischen Mitläufern zu ebenso fanatischen Gegnern wurden. Dies war nicht seine Art. Er hat es nur in sich hineingefressen und hat still darunter gelitten. Nur wer ihn gut kannte, wußte, wie sehr ihn die allmähliche Zerstörung seines Jugendglaubens mitnahm.

Er kam aus dem Berliner Proletariat, war in diesem politischen Dunstkreis aufgewachsen, man war rot, ja, wurde sozusagen rot geboren. Die großen Vorbilder waren die sozialistischen und kommunistischen Theoretiker, waren vor allen Dingen in jenen Jahren Rosa Luxemburg und Karl Liebknecht. Von den linken Jugendlichen dieser Zeit wurden gerade sie mehr als alle anderen verehrt. Doch für Walter Kolbenhoff, der schon früh eine starke Neigung zur Literatur entwickelt hatte, waren es noch mehr die linken Schriftsteller dieser Zeit: Henri Barbusse, Ludwig Renn, Romain Rolland und besonders Andersen-Nexö. Sein Roman ›Pelle, der Eroberer‹ hatte ihn so beeindruckt, daß er noch Jahrzehnte danach seinem Foxterrier, der ihn in den Nachkriegsjahren ständig begleitete, den Namen Pelle gegeben hatte. Pelle war, ich muß es hier erwähnen, ein sehr literarischer Hund. In den fünfziger Jahren nahm er an allen Tagungen der ›Gruppe 47‹ teil. Er hat mich nie gestört. Meistens schwieg er, stand unter einem Stuhl und hörte andächtig zu. Nur, wenn jemand etwas vorlas, was sehr schwach war, was alle als unter dem Strich empfanden, begann er, noch während der Lesung, erst zu knurren, dann zu bellen und schlug zwei- oder dreimal kurz an. Pelle starb, bevor es mit der ›Gruppe 47‹ zu Ende ging, aber ich sehe ihn zwischen den Stuhlreihen immer noch hin und her gehen, wenn er sich langweilte.

Nun, von Andersen-Nexö und seinem Buch bin ich auf ihn gekommen, auf Pelle, den Foxterrier, aber ich glaube, Nexö hat wirklich eine besondere Rolle in Kolbenhoffs Leben gespielt. Auch er war aus dem Proletariat aufgestiegen und zu einem bekannten Schriftsteller geworden. Und das muß auch der Jugendtraum Kolbenhoffs gewesen sein. Sein Weg nach links war ganz selbstverständlich, war sozusagen vorgezeichnet. Es gab für ihn keinen anderen Weg.

In den Jahren 1929 bis 1933, diesen Jahren der Krise und der großen Unruhe, war er Reporter der ›Roten Fahne‹, dem Zentralorgan der Kommunistischen Partei. Er lief in Berlin herum, mußte alle großen Versammlungen besuchen, nahm an Aufmärschen und den Saalkundgebungen teil, und diese Zeit hat seine antifaschistische Einstellung noch mehr verstärkt, ja bis zum Haß gesteigert. Mit dem Januar 1933 fand diese Tätigkeit ein jähes Ende, doch bevor man ihn abholen konnte, kam er davon, er floh nach Amsterdam und dann nach Dänemark. Erst fast zehn Jahre später holte ihn der Nationalsozialismus wieder ein, und als ich ihn kennenlernte, war er ein deutscher Soldat, wenn auch ein kriegsgefangener. Seine Parteigenossen in Kopenhagen hatten ihn gebeten, die deutsche Wehrmacht zu unterwandern, und er hatte es versucht. Ein hoffnungsloses Unterfangen. In Italien hatte er sich von den Amerikanern gefangennehmen lassen.

Er war, ich habe es schon gesagt, ein glänzender Erzähler. Sein besonderer Tonfall erscheint mir unnachahmlich. Aber er war auch ein hervorragender Koch, was in der Zeit der knappen Kalorien für uns besonders wichtig war. Aus fast nichts zauberte er noch etwas sehr Schmackhaftes. So seine eigenen Hochzeitsbouletten, die ich am Anfang erwähnte.

Da fällt mir der Gasthof Bierbichler in Ambach am Starnberger See ein. Dort saß er am liebsten hinter einem Glas Bier im Kreis einiger Freunde und erzählte. Manchmal mit Wolfgang Hildesheimer, Günter Eich und anderen. Das war nach seiner Zeit in der ›Neuen Zeitung‹, ja, ich glaube, sogar nach ihrem Ende. Kolbenhoff war aufs Land gezogen. Die Amerikaner hatten ihm seine Wohnung in der Schellingstraße wieder genommen, und die Zeit der ersten aufbruchstollen Nachkriegsjahre war vorbei.

Ich glaube, Walter Kolbenhoff hat an allen Treffen der ›Gruppe 47‹ teilgenommen, er war immer dabei und hat nie eine Lesung versäumt. Er saß stets in der zweiten oder dritten Reihe, hörte, meistens auf seinen Stock gestützt, aufmerksam zu und ließ sich nichts entgehen. Bis in die Mitte der fünfziger Jahre las er auch immer selbst, erst dann beteiligte er sich nicht mehr an den Lesungen und war nur noch ein Zuhörer. Die Krankheit, die ihn überfiel, zerstörte seine Schaffenskraft für fast zwanzig Jahre. Erst in jüngster Zeit gelang ihm wieder ein Buch, das seine Erinnerungen an die Erlebnisse dieser Zeit von den zwanziger Jahren bis in die Nachkriegszeit enthält und den Titel ›Schellingstraße 48‹ trägt.

Wir waren alle gut
Hans Mayer

Er ist sehr belesen, ja, er kennt fast alle Autoren, nicht nur, weil er sie gelesen hat, nein, er ist ihnen auch begegnet, spricht sie unter Umständen mit Vornamen an, steht sozusagen mit der gesamten Literatur auf dem Duz-Fuß und verschweigt nicht, was Thomas, Bert und Heinrich seinerzeit zu ihm gesagt haben. Er ist für die Literatur von einem empfindsamen, fast möchte ich sagen seismographischem Gefühl. Er hört gleichsam die Bücher wachsen, er spürt auch noch das leiseste und fernste Beben in dem großen, sensiblen Bereich. Wenn er nicht schon Professor wäre, müßte man alles tun, damit er nachträglich noch dazu ernannt würde, denn er doziert gut und ausführlich. Ich höre ihm dabei gern zu, denn er doziert plastisch und stilistisch gut durchdacht. Es ist ein Vergnügen, ihm zuzuhören. Mir jedenfalls ist es das. Doch einmal hat er mich mit seiner Doziererei verärgert. Das liegt weit zurück, es ist nun schon zwanzig Jahre her.

Ich hatte mich unglücklicherweise überreden lassen, eine Tagung der ›Gruppe 47‹ nach Princeton in die USA einzuberufen. Ich hatte dabei vieles nicht bedacht, die fremde Umgebung, das andere Klima, der Zeitunterschied für jene, die erst in der letzten Stunde kamen, kurz, viele Inponderabilien, die sich auf eine solche Tagung auswirken mußten. So schleppte sich die von aufdringlichen und nicht abzuweisenden Gästen überlaufene Tagung müde dahin. Ich hatte auch einen jungen Mann eingeladen, der ein Buch bei Suhrkamp in Vorbereitung hatte, den aber sonst niemand kannte. Er hatte bereits aus seinem Manuskript gelesen, war aber nicht angekommen, ja, wohl eigentlich durchgefallen. Ein Österreicher, in Graz zu

Hause, Peter Handke mit Namen. Er hatte bis dahin nie etwas von einer ›Gruppe 47‹ gehört und gab sich dementsprechend unbefangen.

Nach einer Lesung von Walter Höllerer meldete er sich zur Kritik und griff nicht Walter Höllerer, sondern die ›Gruppe 47‹ frontal an, was nicht üblich war. Es waren ein paar mehr oder weniger schlecht artikulierte Sätze, die ich leicht hätte vom Tisch wischen können, aber bevor ich mich noch dazu äußern konnte, sprang Hans Mayer auf, wandte sich dem Publikum und mir den Rücken zu und begann zu dozieren, ging auf das, was der junge Mann gesagt hatte, ausführlich ein, sah es aus germanistischer Sicht, kurz, es wuchs sich zu einem Referat aus. Er interpretierte den jungen Mann und machte klar, was dieser hatte sagen wollen. Ich war ziemlich verblüfft, sah aber keine Möglichkeit, ihn zu unterbrechen. Nun aber geschah folgendes: Der junge Mann wurde hochgehoben, aufgebläht, und seine wenigen Sätze bekamen ein Gewicht, die sie nach meiner Ansicht gar nicht hatten. Und noch etwas anderes geschah, was Mayer nicht gewollt hatte: Handke wurde zum Aufhänger. Journalisten warten bekanntlich immer auf ein Ereignis, an dem sie ihren Bericht aufhängen können, und nun war dort in Princeton das Ereignis da, der Aufhänger ›Handke‹ sprang vielen, die da schreiben wollten, gleichsam in die Augen, und so hängten sie ihren Bericht fast allesamt an jenem jungen Mann auf, den ich eingeladen hatte, ohne ihn zu kennen, und der bis zu diesem Sprung über den Ozean nicht wußte, wer ihn eingeladen hatte. Doch schon am Abend nach diesem Ereignis war er umringt von amerikanischen Journalisten und gab Auskunft über die ›Gruppe 47‹.

Ich weiß nicht, was Hans Mayer sich bei dieser Rede und Widerrede zu Peter Handke gedacht hat, aber irgend etwas muß ihn gereizt haben, wovon ich keine Ahnung habe. Auf jeden Fall trug er dazu bei, daß Handke mit einem Schlag bekannt wurde, und er könnte sagen, auch Peter Handke sei sein Schüler gewesen. Denn er spricht gern von seinen Schülern, die später berühmt wurden, zu denen nicht nur Uwe Johnson und Christa Wolf gehören, sondern auch andere, die im literarischen Leben eine Rolle spielten oder noch spielen. Natürlich war Handke nicht sein Schüler, aber für seinen Start in Princeton war Hans Mayer von entscheidender Bedeutung. Ohne ihn wäre Handkes Einspruch nur eine Episode auf einer Tagung gewesen und schon in wenigen Tagen in Vergessenheit geraten. Und Handke ergriff diese Möglichkeit. Er bewährte sich vorzüglich als Aufhänger, denn er ist sein eigener und bester Impresario. Doch zurück zu Hans Mayer.

Ich meine, ich hätte mir damals nichts anmerken lassen, ja, ich sagte kein Wort zu ihm darüber, daß ich seinen übereilten Start für einen Fehlstart hielt, doch er muß mir meinen Ärger wohl angesehen oder ihn sonstwie bemerkt haben, denn viele Jahre später kam er darauf zurück, irgendwann in einem Gespräch, und zwar mit dem Satz: »Einmal hast du dich über mich geärgert.« Ich wußte nicht gleich, wann und wo ich mich über ihn geärgert haben sollte, ich glaubte vielmehr, er sei immer nur eine Quelle des Vergnügens für mich gewesen, doch er blieb dabei: Ich hatte mich über ihn geärgert. Und schließlich sagte er: »Princeton.« Und da konnte ich nur noch mit dem Kopf nicken.

Ach ja, er hat eine dünne Haut, und er sieht so gar nicht danach aus. In seiner kompakten und untersetzten Figur vermutet man starke Nerven, aber das ist ein Irrtum. Manchmal genügt ein einziges Wort, ein Satz, eine Bemerkung, um ihn derart zu irritieren, daß er die Beherrschung verliert. Er, der scheinbar alles mit dem Kopf wahrnimmt, der zergliedert, analysiert, zerlegt, was es zu zerlegen gibt, für den die Vernunft alles ist, wird dann in wenigen Minuten ein Opfer seines Gefühls. Ich weiß, er wehrt sich dagegen, er leidet selbst darunter, aber er ist seinen Emotionen in solchen Augenblicken hilflos ausgeliefert. Er kann nichts dagegen tun. Der Zorn, ein unbändiger Zorn reißt ihn dann einfach um.

Einmal habe ich einen solchen Zorn erlebt, ja, habe ihn selbst verursacht, ohne es natürlich zu wollen. Das war in Sigtuna in Schweden. Hans Mayer saß in der zweiten Reihe, die Arme über der Brust gekreuzt, ein konzentrierter, fast möchte ich sagen, eratischer Block des Zuhörens, der intensiven Teilnahme. Ich weiß nicht mehr, wer damals gerade seine Lesung beendet hatte, auf jeden Fall meldeten sich viele zur Kritik, darunter auch Hans Mayer. Ich sah viele erhobene Hände, aber ich entschied mich für jemanden, der hinter Hans Mayer saß. Ich wollte erst diesen hören, dann erst später, vielleicht erst zum Schluß, Hans Mayer. Es war meine sicher sehr anfechtbare Komposition von kritischen Stimmen, daß ich mich in der Reihenfolge bald für diesen, bald für jenen entschied, selten aber nach der zeitlichen Abfolge der Meldungen. Es kam nach meiner Ansicht mehr dabei heraus, es ergab oft eine Art von kritischem Konzert, das gerade in Schweden sehr gut funktionierte und viel bewundert wurde. Das verlangte von mir starke Konzentration und eine gewisse Rücksichtslosigkeit, indem ich den einen oder anderen übersah. An diesem Vormittag hatte ich damit kein Glück. Hans Mayer sprang auf und verließ den Saal. Ich hatte seinen Unmut, ja, seinen Zorn hervorgerufen. Später wurde mir gesagt, er sei krank, leide an einer Grippe und könne nicht mehr an der Tagung teilnehmen. Ich hatte ihn gekränkt, und wenn er das heute auch anders sieht, ich glaube doch, daß es so war.

Es gibt ja wohl auch nichts Kränkenderes, als nicht eingeladen oder übersehen zu werden. Und beides habe ich zwanzig Jahre lang praktiziert. Es hat mir viele Gegner eingebracht. Er, Hans Mayer, hat es mir wahrscheinlich längst verziehen, vergessen kann er es nicht haben, denn er hat ein Gedächtnis wie ein Elefant. Und obwohl ich nicht weiß, ob Elefanten tatsächlich ein so gutes Gedächtnis haben, wage ich doch nicht daran zu zweifeln, denn es handelt sich um einen Ausspruch von ihm. Wahrlich, er hat ein erstaunliches Gedächtnis. Wie kann er sonst wissen, was vor etwa zwanzig oder dreißig Jahren jemand zu ihm gesagt hat, und das satz- und wortgetreu? Gewiß, es kann sein, daß er hier und da ein wenig mogelt, sinngemäß etwas dazuerfindet, was ja niemand prüfen kann, aber im allgemeinen scheint es doch Wort um Wort zu stimmen. So hat der oder der gesprochen, und das hat er aller Wahrscheinlichkeit nach auch gesagt. Das finde ich erstaunlich, da mir alles nur sinngemäß gelingt und das vielleicht hin und wieder auch noch falsch. Nein, ein solches Gedächtnis darf man ohne weiteres das Gedächtnis eines Elefanten nennen, ganz gleich, wie es die Elefanten damit halten. Hans Mayer wird es mir nicht übelnehmen, obwohl er, wie gesagt, leicht in Zorn gerät.

Er tauchte erst spät in der ›Gruppe 47‹ auf, und er war eine Ausnahme. Er war schon bekannt, vielleicht berühmt, als er 1959 auf Schloß Elmau erschien. Selten, sehr selten habe ich schon bekannte Leute eingeladen. Immer waren es noch unbekannte Talente, die ich oder auch der eine oder der andere irgendwo entdeckt hatte, und die nun ihren Weg in der ›Gruppe 47‹ begannen. Anders bei Hans Mayer. Ich nehme an, daß ich auch ihn öfter zu den Tagungen eingeladen habe, wie ich immer Autoren aus der DDR einlud, nur kamen sie fast nie, weil ihnen die Ausreisegenehmigung nicht gegeben wurde. Merkwürdigerweise schien mir Hans Mayer in seiner Mentalität der ›Gruppe 47‹ näher zu stehen als manch anderer. Er war für mich ein Zeitgenosse, einer, der die ganze Malaise der Linken vom Ende der zwanziger Jahre bis zum Ende des Zweiten Weltkriegs mitgemacht hatte, einer, dem noch Namen vertraut waren, die schon untergegangen und vergessen waren. Er kennt sich noch aus, und da auch ich die Schatten der Vergangenheit nicht los werde, ist es immer eine Freude für mich, dies auch von ihm zu erfahren.

Zu meinem 75. Geburtstag hielt er in Saulgau eine Rede, in der er diese unsere Zeitgenossenschaft beschwor. Ich war zehn und er zwölf Jahre alt, als der Erste Weltkrieg zu Ende ging, unsere beiden Väter kamen von der Front nach Hause und beide trugen die rote Nelke im Knopfloch, sein Vater, der Kölner Bürger, und mein Vater, der Fischer von der Ostsee. Ob dies verbindet? Manchmal erscheint es mir so. Später tauchten in seiner Rede die vielen Namen auf, die für uns eine Bedeutung haben: Brandler und Thalheimer, Plechanow und Bucharin. Es war unsere linke Welt der zwanziger Jahre, die sich dann 1933 als so brüchig erwies. Gewiß, es gab keine persönlichen Begegnungen, kein Sichkennenlernen in den letzten Jahren der Weimarer Republik, obwohl das möglich gewesen wäre. Wir lebten beide in Berlin, und sicherlich sind wir auf den Versammlungen, vielen politischen Veranstaltungen dieser Jahre, auf den Matinees und in den Cafés einmal aneinander vorbeigelaufen, aber kennengelernt haben wir uns nicht.

Kennengelernt haben wir uns erst 1948, drei Jahre nach dem Ende des Krieges. Das war noch vor der Währungsreform, ich glaube im Mai, in Frankfurt auf einem vielbesuchten Schriftstellerkongreß, zu dem Autoren aus allen Zonen geladen waren. Noch gab es die beiden Staaten nicht, und die Währungsreform stand uns noch bevor. Dementsprechend herrschte noch große materielle Not, und die Stadt Frankfurt bot sich uns noch ganz in der Unschuld einer Trümmerstadt. Kein Bauboom hatte sie verunstaltet. Einige der Autoren waren nicht mehr jung, in meiner Erinnerung überwogen die grauen Köpfe. Alles schien friedlich zu verlaufen, doch da brach ein Streit aus, der bald den ganzen Kongreß beschäftigte und in Atem hielt. Auf der einen Seite standen Hans Mayer und ein Schriftsteller namens Burgmüller, der inzwischen in die große Vergessenheit geraten ist, auf der anderen stand Rudolf Hagelstange. Es ging bereits um das große Vorsortieren, hier links, da rechts, hier progressiv, dort konservativ. Alles war zwar literarisch verpackt, aber die politischen Vorstellungen schimmerten doch klar durch. Natürlich fühlte ich mich zu Hans Mayer hingezogen, seine Argumente lagen mir näher, ich hätte wahrscheinlich zu jener Zeit nicht anders argumentiert, stand ich doch links wie er, wenn auch wahrscheinlich sehr viel modifizierter gegenüber den marxistischen Anschauungen von gestern.

Als ich Hans Mayer auf diesem Kongreß zum erstenmal begegnete, machte er auf mich einen äußerst neugierigen Eindruck, es kam mir vor, als ständen seine Augen nie still, als notierten sie alles, ja, als könnten sie sogar hören. Man konnte leicht unsicher gegenüber dieser stets fragenden Neugier werden. Er wollte einiges wissen, auch von mir, über den ›Ruf‹, die ›Gruppe 47‹, die zu dieser Zeit noch nicht einmal ein Jahr alt war. Scheinbar interessierte ihn alles. Er schien mir ganz in der Aufbruchstimmung dieser Jahre, auch für ihn brach eine neue Zeit an, von der wir noch nicht wußten, wohin sie uns bringen sollte.

Erst zehn Jahre später kam er nach einem Umweg über Leipzig zur ›Gruppe 47‹. Er hat, wie er schreibt, diesen Umweg nie bereut. Und warum sollte er auch, sind doch die Erfahrungen im anderen Deutschland nach meiner Ansicht unersetzbar. Nun saß er dort, auf Schloß Elmau, neben Uwe Johnson, der in Leipzig sein Schüler gewesen war. Ich habe ihn nicht als Fremdkörper empfunden, mir lag an seinem Urteil, seiner Meinung, auch dann, wenn ich sie nicht teilte. Von da ab sah ich ihn oft, er nahm häufig an den Diskussionen in meinem literarisch-politischen Salon in Berlin teil, Diskussionen mit Politikern wie Fritz Erler,

Egon Bahr, Herbert Wehner und anderen. Es war die Zeit, in der es um die Anerkennung der DDR ging, die Zeit der Entspannungspolitik. Aber in diesen Diskussionen ging es auch um literarische und allgemein gesellschaftspolitische Fragen.

Einmal sprachen wir mit Friedrich Dürrenmatt über sein Israel-Buch. Da redete fast nur Hans Mayer. Er ließ dabei den vierten Teilnehmer fast gar nicht zu Wort kommen, worüber der sich später bei mir bitter beschwerte. Aber auch Dürrenmatt hatte es schwer, einen Einstieg zu finden. Es wurde trotzdem keine mißglückte Fernsehsendung, doch es war eigentlich eine Hans Mayer-Friedrich Dürrenmatt-Sendung. Auch ich selbst war kaum zu Wort gekommen. Hans Mayer nahm an vielen solchen Gesprächen teil. Meistens sagte er nach Schluß der Sendung »Wir waren gut« oder »Wir waren alle gut«, aber nie »Ich war gut«, obwohl er fast immer gut war und es vielleicht auch selbst gedacht hat. Dies zu sagen verbot ihm seine Höflichkeit und vielleicht auch sein Respekt vor den anderen. Ich konnte mich auf ihn immer verlassen, sein Wort war »Ja, ja«, »Nein, nein«. Es galt.

Wenn man mich fragen würde, ist er einer der zuverlässigsten Menschen, die ich gekannt habe. Zuverlässiger jedenfalls als viele andere, die sich dafür halten. Natürlich explodierte er leicht. Wenn man aber diese Explosionsgefahr mit in Rechnung stellt, kann man gut mit ihm auskommen. Er explodiert ja nur dann, wenn man irgendwo die Zündschnur an ihm in Brand steckt. Natürlich, seine leicht entflammbare Empörung kann Mißverständnisse grotesker Art hervorzaubern. Von solchen Mißverständnissen werden einige erzählt.

Einmal begegnete er mir in Italien, das heißt, er begegnete mir, ohne daß ich ihn traf. Es war in Florenz oder in Siena. Man erzählte mir, Hans Mayer sei dagewesen, aber gleich wieder abgefahren. Zu Gesicht hätte ihn niemand bekommen. Er sei auf dem richtigen Bahnsteig angekommen, aber der, der ihn abholen sollte, hätte auf dem falschen gestanden. Hans Mayer wartete, bis der Bahnsteig leer war, sah niemanden, fand es empörend, ging auf einen anderen Bahnsteig und fuhr einfach wieder ab. Die Veranstalter eines Hans-Mayer-Vortrags aber warteten nebst ihrem zahlreichen Publikum vergebens. Es mag nicht ganz so gewesen sein, aber Hans-Mayer-Anekdoten haben es an sich, daß nie alles so war, wie es wahrscheinlich gewesen ist. Da er selbst manchmal in seinen Handlungen übertreibt, übertreiben auch alle anderen in ihren Erzählungen oder Berichten über ihn.

Neulich hat er mich zum Essen eingeladen. Es ist noch nicht lange her. Ich lasse mich gern von ihm zum Essen einladen, denn es ist ein Vergnügen mit ihm. Das Wort ›Sparsamkeit‹ scheint er nicht zu kennen. Er ißt anscheinend gern und gut, was ich auch tue, und er läßt die herrlichsten Weine kommen, ohne auf den Preis zu achten. So nehme ich jede Einladung gern an, aber es ist auch die Art der Unterhaltung, die mir Freude macht. Es gibt keine Stockungen, keine längeren Pausen, keine Verlegenheit, auch kein Abtasten. Ich meine, wir sprechen frei von der Leber weg, wenig über Politik, was für uns beide erstaunlich ist, viel über unsere gemeinsamen Freunde und Bekannten, selten unfreundlich und noch seltener hochtrabend, merkwürdigerweise auch nicht über Bücher, aber unsere Rede bleibt stetig in Fluß. Und wenn er mir so gegenüber sitzt, dann denke ich: Nein, er irrt sich, er ist kein ›Deutscher auf Widerruf‹, er ist ein Deutscher, ein Deutscher mit allen Tugenden und Untugenden, mit allen Merkwürdigkeiten und Sonderheiten, mit allen Vorzügen und Schwächen. Das kann niemand widerrufen, auch dann nicht, wenn man ihm den Paß abnimmt. Er ist es nicht mehr als ich, aber auch nicht weniger.

Als ich das letzte Mal mit ihm in München zu Mittag aß,

fragte er mich, woran ich denn schriebe, und ich erzählte ihm von diesem Buch. »Ich schreibe«, sagte ich, »über meine Freunde. Aber ob das alles wirklich meine Freunde sind, das weiß ich nicht. Ich stelle es mir so vor.« Darauf antwortete er: »Ich bin dein Freund.« Und das habe ich sehr gern gehört.

Viel Feind, viel Ehr
Marcel Reich-Ranicki

Manchmal, wenn ich ihn sehe, denke ich: Er besteht nur aus Büchern, sein Nervensystem muß ein Buch sein, seine einzelnen Körperteile, sein Kopf natürlich – alles Bücher, nichts als Bücher. Er denkt in Büchern, er spricht nur von Büchern, und wahrscheinlich sind auch seine Träume, falls er welche hat, Bücherträume. Alles dreht sich um die Literatur. Sie muß bei ihm Lüste wie auch Schmerzen hervorrufen, schreckliche Schmerzen, deren Spiegel oft sein Gesicht ist, sein Mund verzieht sich, man sieht das Vibrieren der Lippen, ja, man hört unter Umständen sogar das Knacken oder Mahlen der Zähne. Dabei deckt seine Hand die Stirn oder die Schädeldecke so ab, als verstände er die Welt nicht mehr. Über ein Buch von Heinrich Böll, den er sonst sehr schätzte, ließ er sich einmal zu dem Ausruf hinreißen: »Mein Gott, was habe ich gelitten.« Er muß in den einsamen Nächten des permanenten Lesens manchmal Schreckliches durchgemacht haben. Stunden oder Augenblicke der literarischen Verzückung habe ich nicht miterlebt, vielleicht auch nur nicht bemerkt. Auf jeden Fall haben sie nicht ähnliche physische Reaktionen hervorgerufen. Er lispelt leicht, sehr leicht, was ich kaum wahrgenommen habe, was aber bei anderen den Nachahmungstrieb wachrief, so daß seine Sprechweise bald allgemein beliebt war.

Er tauchte 1958 in der ›Gruppe 47‹ auf, der erste Nur-Kritiker, der vor mir saß. Gewiß, es hatte auch schon andere gegeben, Walter Maria Guggenheimer zum Beispiel, der gleichzeitig Chefredakteur der ›Frankfurter Hefte‹ war, aber niemals einen Mann von dieser Ausschließlichkeit, der sich bewußt als Kritiker fühlte. Unter lauter

Laienspielern trat er als Profi auf. Natürlich hat er sich damals in Großholzleute nicht so eingeführt. Das wäre auch nicht gutgegangen. Er saß dort, irgendwo am Ende einer Stuhlreihe, und machte sich Notizen, viele Notizen, ja, einen so fleißigen Zuhörer hatte ich bis dahin in diesem Kreis noch nicht erlebt. Er schrieb fast so schnell wie ein anderer las. Er schien dabei immer von gespannter Nervosität, als sei Literatur, welcher Art auch immer, etwas wie Opium für ihn. Das war in Großholzleute. Günter Grass feierte seinen ersten Triumph mit dem Manuskript der ›Blechtrommel‹. Marcel Reich-Ranicki aber kannte niemand. Für die meisten war er, falls sie ihn überhaupt wahrgenommen haben, ein unbekannter Besucher aus Polen, den ich eingeladen hatte. Niemand hat mich danach gefragt. Besuch aus Polen, das war in dieser Zeit eigentlich selbstverständlich. Er aber war mehr als nur ein Pole, er war oder erschien als Emigrant, als einer, der Polen verlassen hatte, weil er dort nicht mehr leben konnte. Dementsprechend traf er bei uns auf große Hilfsbereitschaft. Einem Emigranten half man, ganz gleich, welche Ursachen seine Emigration auch immer hatte. Auch wir hatten da einen Komplex. So reichte man ihn immer weiter, von München nach Köln, von Köln nach Hamburg, von Böll zu Lenz und anderen. Jeder half mit seinen Möglichkeiten und seinen Beziehungen. In Wirklichkeit ist er gar kein Pole, er ist nicht dort geboren, sondern ein Deutscher, den man aus Berlin nach Polen verschleppt hatte und der dem Holocaust entgangen war. Jetzt, 1958, kam er zurück, zwanzig Jahre nach seiner Verschleppung.

Ich weiß nicht mehr genau, wie ich ihn kennenlernte. Ich meine, es sei auf einer Ausstellung oder ähnlichen Veranstaltung in München gewesen, und er hätte mich angesprochen. Er gefiel mir nicht sonderlich. Seine Intellektualität schien mir zu groß, zu sehr ohne Bauch und Unterleib. Ja, er erschien mir schon nach wenigen Sätzen wie ein wanderndes Literaturlexikon. Er bat mich, ihn doch einmal zur ›Gruppe 47‹ einzuladen. Zu dieser Zeit stand ich solchen Einladungswünschen sehr skeptisch gegenüber. Die ›Gruppe 47‹ war überlaufen, und es bedurfte großer Härte, dem entgegenzutreten. Hätte ich alle zugelassen, die dorthin wollten, wäre das Ende schnell gekommen. In einem Kreis über achtzig bis hundert Personen war das, was wir dort trieben, nicht mehr möglich. Doch ich lud Marcel Reich-Ranicki ein, und ich weiß heute noch nicht, warum.

Eigentlich hatte ich eine Abneigung gegen Literaten, die nichts weiter als Literatur waren, so ganz von Literatur durchwachsen und für mich ohne Leben. Wahrscheinlich war es ›Polen‹, dieses Wort, das mich immer faszinierte, das mich zu dieser Einladung veranlaßte. Zu dieser Zeit, einer Zeit des ›Tauwetters‹, war die ›Gruppe 47‹ in Polen sehr bekannt, ja fast berühmt. Junge polnische Schriftsteller kamen in dieser Zeit oft nach München, besuchten zwei polnische Schriftsteller, die hier lebten, Wanda Pampuch und Tadeusz Nowakowski, Zusammenkünfte, an denen auch ich teilnehmen durfte. Meine Beziehungen zu Polen waren sehr eng, und den einen und den anderen habe ich in Warschau wiedergetroffen, doch nie Reich-Ranicki. Er war bis zu dieser Begegnung in München ein Unbekannter für mich. Vielleicht habe ich auch gedacht, ich könne ihm mit einer solchen Einladung helfen, in der Bundesrepublik Fuß zu fassen.

Ich ahnte nicht, daß mit seinem Auftauchen die Kritik sich noch weiter verselbständigen sollte. Von da ab, so scheint es mir im Rückblick, gab es die Gruppe der Kritiker und die Gruppe der Autoren, zwei Gruppen also in der Gruppe. Eine Entwicklung, die meinen Absichten zuwiderlief. Ich war machtlos dagegen. Vielleicht hätte ich es verhindern können, aber ich war besessen von der Idee einer natürlichen, spontanen Entwicklung der ›Gruppe

47‹ ohne Gesetze und ohne jede Kontrolle. Als hätte Reich-Ranicki begriffen, worauf es mir ankam, erschien wenige Wochen später ein Artikel von ihm in der ›Kultur‹ mit der Überschrift ›Eine sanfte Diktatur‹, und mit der Feststellung, daß man sich eine solche Diktatur gefallen ließe.

Nun kann man sich darüber streiten, ob ich in der ›Gruppe 47‹ eine Diktatur ausübte oder nicht. Eine Diktatur beruht nicht auf Übereinstimmung. Autorität, nun gut, das war es wohl. Aber es ging nicht anders. Darüber habe ich mich nicht weiter gewundert, ein solcher Vorwurf war schon öfter erhoben worden. Was mich erstaunte, war etwas anderes. Reich-Ranicki schrieb »wir«, er gehörte also schon dazu, ganz selbstverständlich, obwohl ich nichts Dementsprechendes gesagt hatte. Und tatsächlich, ich lud ihn wieder ein und immer wieder, doch er blieb irgendwie ein Außenseiter, einer, der dazugehörte und doch nicht ganz dazugehörte. Ich kann nicht erklären, warum das so war oder warum ich es so empfunden habe.

Er ist eitel, natürlich, aber eitel waren alle Kritiker, jeder in einer anderen Art, jeder überheblich gegenüber den anderen. Damit konnte man leben. Das war nichts Besonderes. Nein, es war nicht dies, warum ich ihn als Außenseiter empfand. Es war vielleicht so etwas wie Kontaktarmut, die er für mich austrahlte, vielleicht aber war es auch ganz etwas anderes. Es kann sein, daß er gar nicht begriffen hatte, was die ›Gruppe 47‹ eigentlich war, was sie zusammenhielt und wo die Ursachen ihrer Entstehung lagen. Es war eben nicht nur die Literatur. Marcel Reich-Ranicki aber sah nur die Literatur und nichts anderes. Es muß in seinem ganzen Leben so gewesen sein. Immer hat er gelesen, ganz gleich, in welcher Situation er sich befand. Auch als er von Berlin nach Warschau gebracht wurde, las er während der ganzen Fahrt, und zwar von Balzac ›Die Frau von dreißig Jahren‹. Und fand, dies sei ein gutes, wenn auch nicht ganz gelungenes Buch. Er hatte einen Bewacher neben sich, aber er durfte lesen. Einmal hat er mir davon erzählt, es ist lange her, von dieser Lesereise ins Getto. Vielleicht war das immer so, und vielleicht hat ihn die Literatur in diesen Jahren gerettet. Ich möchte es gern annehmen.

Merkwürdigerweise hatte ich immer meine Freude an ihm. So, wie er da vor mir saß, wie er sich bewegte, wie er auf seinem Stuhl hin und her rutschte, sein Gesicht verzog, war er immer wieder eine Quelle des Vernügens für mich. Aber was mir Spaß machte, war oft für andere ein Ärgernis. Er hatte viele Gegner, und sie vermehrten sich, je länger er als Kritiker auftrat. Er fand das ganz natürlich. Nach seiner Ansicht mußte ein Kritiker viele Gegner haben, je mehr Gegner, um so besser der Kritiker. Insofern besaß er eine gepanzerte Haut, konnte ihn niemand wirklich treffen.

Am dauerhaftesten rieb sich Günter Grass an ihm. Das waren oft recht fruchtbare Auseinandersetzungen. Günter wollte sie nicht, konnte ihnen aber nicht ausweichen. Einmal fragte er das versammelte Auditorium, warum es in der Literatur keine Scheidungen gäbe. Er, Günter Grass, beantrage die Scheidung von Reich-Ranicki. Wie Marcel Reich-Ranicki das empfunden hat, weiß ich nicht. Das Gelächter, das auf den Scheidungsantrag von Günter Grass folgte, ging an ihm vorüber, und er blieb Grass auf den Fersen. Wann immer Günter ein Buch veröffentlichte, mußte er mit einer Kritik von Marcel Reich-Ranicki rechnen. Es gab keine Trennung.

Einmal erlebte ich ihn als Freund oder als Hilfssheriff oder auch als Retter in der Not. Wie man es auch bezeichnen will, er sprang mir bei, als ich in turbulente Schwierigkeiten geriet. Das war in Stockholm in den siebziger Jahren. Gustav Korlén, damals noch Dekan der germanistischen Fakultät an der Stockholmer Universität, hatte mich überredet, in Stockholm einen Vortrag über das Ende der ›Gruppe 47‹ zu halten. Das war leichtsinnig von mir. Bis dahin hatte ich in der Öffentlichkeit darüber geschwiegen. Es gab ja eigentlich kein Ende, über das sich viel sagen ließe. Ich hatte nicht mehr eingeladen und damit die Gruppe einschlafen lassen. Mehr war nicht geschehen.

Ich kann nur frei sprechen. Das Ablesen vom Manuskript führt bei mir sofort zu Hemmungen und Stockungen, ja zum völligen Versagen. So stieg ich also, nicht oder schlecht vorbereitet – ich glaube, in der Handelsakademie – aufs Podium hinauf. Der Saal war halb gefüllt oder besser halbleer, was mich bedrückte und mir fast die Brust einschnürte. Leere oder halbleere Säle haben eine verheerende Wirkung auf mich. Ich sprach nicht ganz zehn Minuten. Dann fiel mir nichts mehr ein. Ich kam ins Stocken, und schließlich ging der Vorhang ganz runter. Ich stand dort und sagte nichts mehr. Geistesgegenwärtig griff nun Gustav Korlén ein. Er eröffnete einfach eine Fragestunde. Jedermann sollte Fragen an mich stellen, die ich beantworten würde. Eine solche Fragestunde war gar nicht vorgesehen, und vor mir saßen die Schweden mit verdutzten Gesichtern. So etwas hatten sie nicht erwartet. Einige schüchterne Fragen kamen, die ich wohl noch beantwortet habe, dann aber sprang in der Mitte des Saals ein junger Mann auf, der in bestem Deutsch aggressive, ja absolut feindselige Fragen stellte. Es war, wie ich später erfuhr, ein Assistent der germanistischen Fakultät, ein Deutscher, der in Berlin die Revolution mitgeübt hatte und sich nun der revolutionären Sprache mir gegenüber bediente. Das aber verschloß mir endgültig den Mund. Die Angriffe hätte ich vielleicht noch ertragen, die Sprache aber ertrug ich nicht. Es gab einen Kurzschluß, ich kann es nur so nennen. In meinem Kopf funktionierte gar nichts mehr. Alle Lichter waren ausgegangen.

Doch nun geschah etwas Seltsames, jetzt antwortete ein

anderer für mich. Die Antworten waren kenntnisreich, scharf und gut formuliert. Es war Marcel Reich-Ranicki, der dort im Publikum antwortete. Ich hatte ihn bis dahin nicht bemerkt. Er war wohl erst spät gekommen, und zwar aus Uppsala, wo er zu dieser Zeit an der Universität eine Art Gastdozentur hatte. Auch er war wohl gespannt, was ich über das Ende der ›Gruppe 47‹ zu sagen hatte. Wahrscheinlich habe ich auch ihn an diesem Abend enttäuscht. Doch nun verteidigte er mich, bravourös und so, wie ich es gar nicht gekonnt hätte. Bei jeder provokativen Frage sprang er auf, ein elastisches und sehr mobiles Stehaufmännchen, und gab scharfe und geschliffene Antworten. So ging es wohl eine halbe Stunde zwischen dem Assistenten und Reich-Ranicki hin und her, und das Publikum schien auf seine Kosten zu kommen. Dann jedoch rief der Assistent, nun in die Enge gedrängt, mit dem Zeigefinger auf mich weisend, aus: »Wann wollen Sie endlich Selbstkritik üben?!« Das schlug bei mir durch. Ich haßte das Wort Selbstkritik aus meiner kommunistischen Vergangenheit. Ich war schon einmal in meiner Jugend darüber gestolpert. Mit verschlossenem Gesicht verließ ich das Podium und dann den Saal. Ich hätte eine Saalschlacht provozieren können, so sehr schüttelte mich die Wut, die ich nicht herauslassen konnte. Reich-Ranicki aber hatte zu mir gehalten, und das habe ich ihm nie vergessen.

Als Kritiker hatte er seine Lieblinge. Böll gehörte zeitweise dazu, dann Siegfried Lenz und schließlich und fast ausschließlich Wolfgang Koeppen. Niemand war gegen seine Zuneigung gefeit. Auch wenn der eine oder der andere der Gefeierten stöhnte, es half ihm nichts, er mußte die Anerkennung über sich ergehen lassen. Seine Stärke aber waren und sind seine Verrisse, und nicht umsonst hat er ein Buch mit dem Titel ›Lauter Verrisse‹ herausgegeben. Nicht nur Günter Grass geriet in seine Mühle, sondern auch Ingeborg Bachmann und andere. Er hat eine bestimmte Auffassung von Literatur. So mußte sie sein und nicht anders. Und alles, was anders war, verfiel seinem Reißwolf. Er urteilt immer subjektiv, aber vielleicht kann es in der Literaturkritik gar keine Objektivität geben, und vielleicht ist gerade diese Subjektivität seine Stärke.

In der ›Gruppe 47‹ rief er stets Widersprüche hervor, denn hier hatte jeder seine eigene Subjektivität, und möglicherweise wurde sie dem einen oder anderen erst bewußt, wenn Reich-Ranicki sich zu einer Lesung äußerte. Viele waren fast immer anderer Meinung als er, doch er löste diese Meinung erst aus, indem er zum Widerspruch reizte. Oft wurde sie auch mit verhaltenem Lachen oder Schmunzeln beantwortet. Marcel Reich-Ranicki, glaube ich, hat das nie bemerkt, er schien immer von seinen Ansichten zutiefst überzeugt. Es gab kaum jemanden, bei dem ich während einer Lesung seine Meinung hätte voraussagen können, bei Reich-Ranicki konnte ich es, wenn natürlich auch ungenau und leicht verwackelt, aber ich traute es mir zu. Er hat mich in dieser Hinsicht nie überrascht, noch enttäuscht.

Ich sah sie an seinem Gesicht. Nicht, daß er nur fröhlich oder traurig war, abweisend oder anerkennend, nein, es war durchwühlt von den Wörtern und Sätzen, die er gerade gehört hatte. Eine Erzählung, eine schlechte oder gute, veränderten es, auch unter Umständen ein Gedicht, obwohl er nach meiner Ansicht keinen rechten Zugang zur Lyrik hat. Zahnschmerzen waren meist das wenigste, was man diagnostizieren konnte, wenn man ihn nicht kannte.

Es gibt viele und oft hochbegabte Reich-Ranicki-Darsteller. Sie können alle seine Sprechweise, seine Art des Sichdarstellens, auch seine Methode des Kritisierens nachahmen, wobei ich hin und wieder den Eindruck habe, Reich-Ranicki sitzt oder steht selbst vor mir. Nun kann man lange darüber nachdenken, warum sich ein Mensch so leicht imitieren läßt. Es kann das eine oder andere sein, negativ oder positiv, aber vielleicht ist es auch nur mit Menschen möglich, die ein ausgesprochenes Profil haben, vielleicht sogar so etwas wie Originale sind. Und ein Original ist Reich-Ranicki, wie man es auch immer nimmt. Seltsamerweise ist er ein Mensch, der anscheinend nicht unbedingt geliebt werden will, oder sagen wir, zumindest auf Zuneigung verzichten kann, denn er lebt und schreibt nach der alt- und reichsdeutschen Devise: »Viel Feind, viel Ehr.«

Oft kommt er mir vor wie eine Erscheinung aus den zwanziger Jahren. Ich möchte ihn nicht ›Literat‹ nennen, denn damals gab es den Satz: »Nichts ist beleidigender als wenn ein Literat einen Literaten Literat nennt.« Doch er ist ein Mann der Literatur und das von absoluter Ausschließlichkeit, oder auch, wenn man will, Einseitigkeit.

Ein Bussard, der vom Himmel fiel
Wolfdietrich Schnurre

Der Bannwaldsee liegt im Allgäu, nicht weit von Füssen entfernt. Es ist kein großer See, aber eigentlich auch kein kleiner, also ein See mittlerer Größe. Damals, kurz nach dem Krieg, war er noch voller Fische, und vielleicht ist das auch noch heute so. Er gehörte einer Schriftstellerin, die surrealistische Gedichte schrieb und sich vorwiegend mit Masken beschäftigte. Sie hieß Ilse Schneider-Lengyel, fuhr ein altersschwaches Motorrad, was für die damalige Zeit noch ungewohnt war, eine Frau auf einem Motorrad, ging jeden Morgen auf ihrem See fischen und ernährte uns mit ihren Fischen drei Tage lang. Den See hatte sie von ihrem Vater geerbt, und der wiederum von seinem Vater, und einer von ihnen, ich glaube der Urgroßvater, war einmal Leibförster des Königs von Bayern gewesen, und der hatte ihm in einem Anfall von Großmut sechzehn bayerische Seen geschenkt, von denen im Lauf der Zeit aber nur dieser eine übriggeblieben war.

An diesem See saßen wir im September 1947, ehemalige Mitarbeiter des ›Ruf‹, siebzehn an der Zahl, die ich zu einer Besprechung eingeladen hatte. Unter ihnen auch Wolfdietrich Schnurre, der aus Berlin gekommen war. Und ich weiß heute noch nicht, wie er von Berlin nach München gekommen ist, zu Fuß oder mit einem der völlig überfüllten Züge, denn Autos und Flugzeuge gab es noch nicht. Er sah aus, als sei er zu Fuß gekommen, etwas verschwitzt, was aber in dieser Zeit nicht auffiel, lang, hager, ein Landsknecht des verlorenen Krieges, mehr verhungert als satt, aber das waren wir in dieser Zeit wohl alle. Am Abend zuvor, bevor wir zum Bannwaldsee fuhren, übernachteten alle bei mir, in einem kleinen Zimmer, das ich zur Untermiete bewohnte. Meine Frau hatte einen Kuchen gebakken, und zwar aus einem Mehl, das nicht zum Backen verwendet werden sollte, es war wahrscheinlich Kleister oder etwas Ähnliches. Niemandem schmeckte der Kuchen. Alle bissen zwar hinein, aber selbst der vorhandene Hunger veranlaßte sie nicht, weiterzuessen. Es schmeckte abscheulich. Nur Wolfdietrich aß mit Behagen, ja, er aß den ganzen Kuchen auf, Stück für Stück, und ließ nichts davon übrig. Er muß wenige Stunden später furchtbar darunter gelitten haben, aber er ließ sich davon nichts anmerken. Er hatte anscheinend seinen Magen darauf trainiert, auch Ungenießbares genießbar zu finden, und außerdem war der Hunger in Berlin wohl noch größer als der in München. Schnurre jedenfalls sah danach aus. Wir alle staunten über seinen Appetit, meine Frau aber war ihm dankbar, sie hatte sich viel Mühe gegeben, ihren Gästen etwas anzubieten, doch der Kuchen aus Kleistermehl war nur unter großen Mühen aufgegangen und fiel unter Schnurres kräftigem Zubiß auch sofort wieder in sich zusammen.

Schlimmer noch wurde es mit den Schlafmöglichkeiten. Niemand hatte eine, und in unserem kleinen Untermietzimmer begann ein Gerangel um den besten Platz. Nikolaus Sombart, der infolge seines berühmten Vaters und einer großbürgerlichen Erziehung mit einem beträchtlichen Maß von Arroganz ausgerüstet war, nahm Walter Maria Guggenheimer, damals Chefredakteur der ›Frankfurter Hefte‹ die einzige Liege weg, die wir besaßen. Alle anderen lagen auf dem Fußboden herum.

Am nächsten Morgen wanderten wir los zum Bahnhof, aber der Zug, mit dem wir fahren konnten, ging nur bis Weilheim. Von dort waren es noch fast hundert Kilometer bis zum Bannwaldsee. Es gab keine Verbindungen mehr. Ein letzter gebrechlicher Autobus war schon abgefahren, und nun saßen wir hoffnungslos vor dem Bahnhof auf Holzbänken, soweit es solche gab, und auf Rinnsteinen herum und warteten auf irgend etwas. Warten waren wir gewöhnt, das machte uns nichts aus. Wir waren eine ziemlich heruntergekommene Gesellschaft und boten einen vielleicht verwahrlosten Anblick, aber alle anderen sahen nicht viel besser aus. Einige von uns trugen noch eingefärbte Gefangenen- und Wehrmachtskleidung, und die bunten Kleider der Frauen waren wohl aus allen möglichen alten Beständen zusammengenäht. Wir sahen fast alle etwas ausgezehrt, dünn, hager, unterernährt aus, besaßen aber die Gelassenheit, jedem Abenteuer gewachsen zu sein, ja, waren voller Aufgeschlossenheit und Lebensfreude.

Zwei von uns, die einen Ausweis der Militärregierung besaßen, machten sich auf den Weg, um in der Stadt irgend etwas Fahrbares aufzutreiben. Sie kamen nach einer Stunde mit einem Holzgas-Lastwagen zurück, der uns zum Bannwaldsee bringen wollte. Es wurde eine staubige, verstaubte Fahrt. Wir saßen auf dem offenen Lastwagen, der Sonne und dem Staub ausgesetzt, der Holzgas-Generator machte viel Lärm und ließ übermäßig viel Rauch ab, aber wir kamen voran, wenn auch sehr langsam. Es war ein schöner, fast heißer Septembertag. Die bayerische Voralpenlandschaft bot sich uns in ihrer ganzen Schönheit, so daß sich Nikolaus Sombart in seiner versnobten Art zu dem Ausspruch hinreißen ließ: »Cézanne war lange nicht so gut.« Von Wolfdietrich Schnurre bemerkte ich während dieser Fahrt nichts. Er muß still in sich hineingelitten haben. Der Kuchen quälte ihn wohl noch während der ganzen Fahrt. Doch wir kamen an.

Nach ein paar Stunden erreichten wir den Bannwaldsee und Ilse Schneider-Lengyel. Die Frauen warfen sofort ihre verstaubten Kleider ab und sprangen nackt in den See, was damals noch keineswegs üblich war, während die Männer, weit in der Überzahl, sich diskret und wahrscheinlich verschämt zurückhielten. Einige standen hinter Bäumen und rasierten sich, so als seien sie noch irgendwo an den Fronten des Zweiten Weltkriegs. Das Haus der Ilse Schneider-Lengyel war klein, fast ein Puppenhaus, auch für Zwerge eingerichtet. Aber es war noch intakt, nicht zerstört, und nahm uns alle auf. Es gab zu Abend Hecht, von Ilse aus ihrem See geholt, für uns eine Delikatesse, eine ungewohnte, langentbehrte Mahlzeit. Wir gerieten in euphorische Stimmung, die sich auf alles übertrug, was wir vorhatten, auf die Besprechungen, die Lesungen der mitgebrachten Manuskripte, auf die Diskussionen.

Der See, das Essen, die Landschaft, der heißmilde und doch gleißende Septembertag hatte es uns angetan. Eigentlich wollten wir eine neue Zeitschrift aus der Taufe heben, eine literarische Zeitschrift, an deren Probenummer ich den ganzen Sommer über gearbeitet hatte, aber die Amerikaner hatten uns die Lizenz noch nicht gegeben, und es war auch fraglich, ob wir sie überhaupt bekommen würden.

Am nächsten Vormittag wollten wir uns die mitgebrachten Manuskripte anhören. Und nun trat Wolfdietrich in den Vordergrund. Er hatte sich von dem Kuchen wohl ganz erholt. Er wollte nun seine Geschichten ›Die Beerdigung Gottes‹ vorlesen. Ich saß neben ihm, und alle anderen saßen zu unseren Füßen, aber keiner von uns ahnte, daß hier ein Ritual entstand, das uns noch zwei Jahrzehnte lang beschäftigen sollte. Schnurre war uns durch seine Geschichten bekannt, die er in der Berliner Zeitschrift ›Horizont‹ und im ›Ruf‹ veröffentlicht hatte. Darüber hinaus kannten wir ihn nicht. Doch diese Geschichte ging darüber hinaus. Sie erschien uns besser als alles, was er bis dahin geschrieben hatte. In der anschließenden Unterhaltung fand er viel Zustimmung, doch schon am Nachmittag geriet er mit Walter Kolbenhoff in Streit.

Er bekannte sich zur ›littérature pure‹ und Kolbenhoff zur ›littérature engagée‹. Sie gingen am See spazieren, und über ihnen kreiste ein Adler. Schnurre wies auf den Adler. So wie dieser, sagte er, sei die Literatur. Doch in diesem Augenblick fiel der Adler – es war ein Bussard – vom Himmel herunter und lag tot zu ihren Füßen. Da vergaßen beide ihren Streit und begruben den toten Bussard gemeinsam in einer feierlichen Zeremonie. Diese Beerdigung gehörte zu Schnurres skurrilen Absonderlichkeiten. Er liebte Vögel über alle Maßen, ja, war fast eine Art Ornithologe, wie es sein Vater gewesen war, von dem er diese Liebe übernommen hatte. Er stieg den Vögeln nach, wo er nur konnte, beobachtete sie, und wenn man ihm zuhörte, so nahm er fast an ihrem Leben teil. So mußte ihn auch der Tod des Bussards besonders hart treffen, führte er doch diesen plötzlichen Tod auf seinen törichten Streit mit Walter Kolbenhoff zurück. Ich weiß nicht, ob er bei der Beerdigung geweint hat, ich war nicht dabei, aber ich nehme es an.

Die Tage am Bannwaldsee gingen schnell vorüber. Wir kamen aus dem kleinen Haus fast kaum heraus, eine Vorlesung löste die andere ab. Es gab Anerkennung, aber auch sehr oft harsche Ablehnung. Niemand nahm ein Blatt vor den Mund. Noch wirkte der rauhe Ton der ›Landsersprache‹ nach. Ilse Schneider-Lengyel ernährte uns. Sie fuhr irgendwohin und kam mit einem Sack Kartoffeln auf ihrem Motorrad zurück, Kartoffeln, die selten waren, die sie aber doch organisiert hatte. In ihrer anscheinend reichen Erbschaft fand sie wohl immer etwas zum Tauschen. Früh am Morgen schob sie ihr Boot auf den See hinaus, um für uns zu fischen. Dann lagen wir noch im tiefen Schlaf, in ihren Betten, auf dem Fußboden und überall in dem kleinen Haus, wo sich eine Schlafmöglichkeit ergab. Meist war es tief in der Nacht, bevor wir erschöpft in den Schlaf fielen, erschöpft von den Lesungen und von den langen Diskussionen. Die Zeitschrift, die ich ›Skorpion‹ getauft hatte und herausgeben wollte, hatten wir so gut wie vergessen. Es war in den drei Tagen etwas Neues entstanden, aber es war uns noch nicht bewußt.

Am letzten Abend wollte Wolfdietrich Schnurre noch einmal lesen. Er hatte mit seiner Geschichte den Anfang gemacht und wollte das ›Treffen‹ auch beenden. Er trug ein Romanmanuskript von beträchtlichem Umfang mit sich herum, was ich mit Skepsis sah, aber schließlich gab ich doch meine Einwilligung. Er begann, glaube ich, um zehn Uhr abends, und alle hockten um ihn herum, gespannt und mit großen Erwartungen. Er las und las und es schien, als würde er nie wieder aufhören zu lesen. Der Uhrzeiger rückte vor, es wurde zwölf, und mit jeder Stunde wurde es langweiliger. Einige gähnten schon, und schließlich schlief der eine und der andere ein, machte ein kurzes Nickerchen und wachte erschreckt wieder auf. Doch Schnurre ließ sich nicht stören, er sah nicht auf, er schien so vertieft und so verliebt in sein Manuskript, daß er nichts bemerkte. Es muß gegen drei Uhr morgens gewesen sein, als Walter Kolbenhoff ausrief: »Wolfdietrich, hör auf!« Da hob Schnurre erstaunt den Kopf und sagte: »Ja, wenn ihr es nicht hören wollt, dann eben nicht.« Walter Maria Guggenheimer stand neben mir und flüsterte: »Ich muß gehen, ich muß unbedingt den ersten Zug in Füssen erreichen, aber das müssen Sie wieder machen, unbedingt wieder machen.« So entstand das, was man später die ›Gruppe 47‹ nannte, in diesem Augenblick, als Schnurre sein dickes Romanmanuskript zusammenpackte und wir alle noch kurze Zeit zusammensaßen und dann in einen wohlverdienten Schlaf fielen.

Schnurre kam in jenen ersten Jahren zu jedem Treffen aus Berlin angereist, immer mit genügend Manuskripten versehen. Er war arm wie wir alle, ja, vielleicht noch ärmer, und wie er diese Reisen möglich gemacht hat, weiß ich nicht. Er schrieb viel, sehr viel mehr als alle anderen, ja, er war in meinen Augen ein Besessener, für den Schreiben,

Erzählen, das Leben bedeutete. Erfolg oder Nichterfolg, Sieg oder Niederlage, waren ihm anscheinend gleichgültig, ja, er trug das eine wie das andere in scheinbar stoischer Gleichgültigkeit. Doch diesen Eindruck zerstörte er selbst, jäh und unmittelbar, in Inzigkofen im Frühling 1950.

Ich hatte zum erstenmal den ›Preis der Gruppe 47‹ vergeben, und die Wahl war nicht auf ihn, sondern auf Günter Eich gefallen. Er aber hatte wohl den Preis für sich erwartet. Verstört, eingeschnappt, ja fast beleidigt, sehe ich ihn noch heute in dem Garten des Klosters Inzigkofen sitzen. Er hockte auf einer Rasenfläche, verstört, und auch Ilse Schneider-Lengyel, mit der er inzwischen befreundet war, schien beleidigt. Auch sie hatte wohl auf Schnurre gesetzt und ihn gewählt. Ich weiß nicht mehr, ob er zu mir gesagt hat: »Die Wahl war völlig falsch« oder etwas Ähnliches, ich erinnere mich nicht mehr genau, nur sein gekränktes, beleidigtes Gesicht ist mir noch gegenwärtig. Von dieser Tagung an sah ich ihn vorerst nicht mehr. Er erwiderte weder meine Einladungen noch sonst etwas, ja, er igelte sich in Berlin ein und blieb für mich unerreichbar. Auch von Ilse Schneider-Lengyel hörte ich nichts mehr.

Einige Jahre später, auf einer Tagung in Berlin, geschah jedoch etwas Seltsames. Dort kam für mich ein Postpaket an, adressiert an die ›Gruppe 47‹, doch zu meinen Händen. Es verwunderte mich. Wer konnte mir hier schon ein Paket schicken? Und da es an die ›Gruppe 47‹ adressiert war, schnürte ich es vor allen auf, die an der Tagung teilnahmen. Alle warten gespannt, was da wohl herauskommen würde, und alle lachten, als ich da einen Gartenzwerg aus dem Einwickelpapier herausschälte. Aber es war kein richtiger Gartenzwerg, es war eher eine Art Waldschrat, eine Figur aus Holz geschnitzt, ein Landstreicher vergangener Zeiten, der eine verdammte Ähnlichkeit mit Wolfdietrich Schnurre hatte. Ein Absender war nicht angegeben, und auch ein Brief war nicht dabei. Mir blieb nichts anderes übrig, als den Waldschrat vor mir auf den Tisch zu stellen als das Geschenk eines Unbekannten an uns alle, und dann erklärte ich ihn zum Wanderpreis der ›Gruppe 47‹, zusätzlich zu dem Geldpreis, der auch auf dieser Tagung vergeben wurde. Und als erster bekam ihn Martin Walser, der ihn mit nach Hause nahm. Seitdem, glaube ich, habe ich ihn nicht wiedergesehen, er fing leider nicht an, zu wandern von einem Preisträger zum anderen, also von Martin Walser zu Günter Grass, dem nächsten Preisträger. Er blieb verschollen und geriet schnell in Vergessenheit.

Mit Wolfdietrich habe ich nie darüber gesprochen, obwohl ich ihn für den Absender, ja, vielleicht Schnitzer dieses Waldschrats hielt. So habe ich auch nie erfahren, was er damit sagen wollte, vielleicht war es nur Ironie, vielleicht aber wollte er auch ausdrücken, daß er uns alle für Gartenzwerge hielt. Mich hat das nicht weiter gestört, nur amüsiert. Warum sollten wir keine Gartenzwerge sein?

Einige Zeit später, es lagen wohl ein paar Jahre dazwischen, erhielt auch Friedrich Sieburg, damals Chef des Literaturblattes der ›Frankfurter Allgemeinen Zeitung‹, einen Gartenzwerg zugeschickt. Er war unser Gegner, griff uns bei jeder Gelegenheit an und sorgte so für unsere steigende Popularität. Der Gartenzwerg regte ihn sehr auf, und er sah in ihm nichts Geringeres als ein Attentat der ›Gruppe 47‹. Sie, so glaubte er, wollte ihn lächerlich machen, sie allein war für ihn der Absender. So geriet ich selbst in den Verdacht, ein Schnitzer und Verschicker von Gartenzwergen an mir nicht genehme Personen zu sein. Ja, Friedrich Sieburg nahm den Gartenzwerg so ernst, daß er sich auf eine neue Polemik gegen uns einließ. Ich habe nie erfahren, wer der eigentliche Absender war, konnte es mir aber vorstellen. Wolfdietrich kam nicht in Verdacht und wurde in diesem Zusammenhang von Sieburg auch nicht erwähnt. Bald darauf tauchte Schnurre bei uns auch wieder auf, was nicht sonderlich auffiel. Er war einfach wieder da, ganz selbstverständlich, so, als wäre er auf jeder Tagung dabeigewesen. Für mich gehörte er dazu, auch wenn er nicht immer anwesend war.

Als der CDU-Abgeordnete Dufhues die ›Gruppe 47‹ eine Reichsschrifttumskammer nannte, geriet er fast außer sich. Er wollte sofort klagen, und es gelang mir nur mit Mühe, ihn davon zurückzuhalten. Zu dieser Zeit galt die ›Gruppe 47‹ in konservativen Kreisen noch als äußerst links, sozusagen als Dorn im Fleisch der Demokratie, was sie nach meiner Auffassung auch sein sollte. Insofern reagierte ich auf solche Angriffe auch gelassener, ja, fand Angriffe und Polemiken gegen uns ganz natürlich, wenn auch nicht unbedingt wünschenswert. Schnurre aber reagierte emotionell. Seine Reaktionen waren nicht immer vorhersehbar. Auf der Tagung in Berlin 1962 während der Kuba-Krise, las Gisela Elsner ihre Geschichte ›Das Achte‹, die Geschichte einer unfreiwilligen Zeugung, die Schnurre als zu weit gehend empfand. Noch während der Lesung sprang er auf und verließ mit seiner damaligen Frau empört den Saal. Alle sahen ihm nach und waren wohl erstaunt ob dieser puritanischen Reaktion, doch Schnurre ließ sich dadurch nicht stören. Er schritt hocherhobenen Hauptes hinaus und wurde nicht mehr gesehen.

Emotionell gab er sich fast immer, ganz gleich, ob es um den Bau der Mauer in Berlin oder um eine Geschichte ging, die ihm nicht gefiel oder anstößig erschien. Ganz besonders konnte er sich erregen, wenn eine vorgelesene Geschichte sich mit dem Schicksal des Judentums beschäftigte. Ja, in solchen Augenblicken erschien er mir als Philosemit, der auch den geringsten Anlaß zu einem kämpferischen Auftritt benutzte. Nichts hatte ihn so getroffen wie das Schicksal des europäischen Judentums. Es ließ ihn nie mehr los. Dagegen erschienen ihm seine eigenen Kriegserlebnisse harmlos und unbedeutend. Er hatte den Krieg in Rußland mitgemacht und eine erfrorene Nase zurückgebracht. Aber das war wohl nicht der einzige Schaden, den er genommen hatte. Mir erschien er damals, als ich ihn zum ersten Mal sah, wie der Heimkehrer in Borcherts Studie ›Draußen vor der Tür‹, seelisch und körperlich zerschlagen. Aber er raffte sich immer wieder auf, gewann immer wieder Kraft über sich selbst.

Einmal, ich glaube, es war Mitte der sechziger Jahre, erwischte es ihn, schlimmer denn je zuvor. Ich war in Berlin, und man teilte mir mit, Schnurre liege im Krankenhaus. Ich fuhr hin, um ihn zu besuchen. Da lag er in seinem Bett, steif am ganzen Körper, unbeweglich, eine totale Lähmung hatte ihn gepackt, nicht einmal den Kopf konnte er so bewegen, wie er wollte. Er war völlig hilflos, und ich saß an seinem Bett und dachte: Der Krieg hat ihn wieder eingeholt, dieser verdammte, grausame Krieg. Er konnte nicht mehr schreiben, das war unmöglich, nicht einmal die Arme bewegten sich noch. Und so ging es monatelang, ich glaube, fast ein ganzes Jahr. Wir mußten ihm helfen, und ich sammelte bei unseren Freunden, und alle halfen. Alle waren solidarisch, aber es war wohl trotzdem nur ein Tropfen auf den heißen Stein. Ich besuchte ihn öfter, und ich traf ihn immer gleich an, gelassen, fast heiter, und manchmal erschien es mir, als habe er sich mit seinem Schicksal abgefunden. So wirkte es fast wie ein Wunder auf mich, daß er eines Tages doch wieder aufstand und sein Bett verließ, und mir ist heute noch nicht klar, ob dieses Wunder eine Folge seines eigenen sehr starken Willens oder der Kunst der Ärzte war. Ganz hat er seine Krankheit wohl nie überwunden. Doch er konnte wieder an seinem Schreibtisch sitzen, konnte wieder schreiben, wieder ganz seiner Besessenheit, wie ich es nenne, dem Schreiben leben.

Schnurre ist ein Berliner, für mich das Urbild eines Berliners. Diese seine Stadt lebte nicht nur in seiner Mentalität, sondern auch in seiner Sprache, in ihrer Klangfarbe, ihrer Ausdruckskraft, ja, manchmal in jedem gesprochenen Satz. Für diese seine Stadt stritt und kämpfte er bei jeder Gelegenheit, und nichts muß ihn schmerzlicher berührt haben als ihre anhaltende Abschnürung. Dagegen opponierte er bei jeder Gelegenheit. Als die Mauer gebaut wurde, geriet er so in Wut, daß er am liebsten ausgezogen wäre, um sich mit der Nationalen Volksarmee tätlich auseinanderzusetzen. Er schrieb Briefe, Aufsätze, Proteste und veranlaßte andere, sich ihm anzuschließen. Es muß ihm damals zumute gewesen sein, als wäre man unberechtigterweise in seine eigene Wohnung eingedrungen. Berlin, das war sein Zuhause, seine Umwelt, die Welt, in der er dachte und lebte. Und zu Berlin gehörte auch die nähere Umgebung für ihn, ja, wohl die ganze Mark Brandenburg, die er besser kannte als jeder andere. Zu oft hatte er mit seinem Vater diese Gegenden durchstreift, immer auf der Suche nach Vögeln, die in der Mark beheimatet sind. Ich glaube, es gibt kaum eine dort ansässige Vogelart, die er nicht genau kennt und aus deren Gesang, und sei er noch so fern, er nicht sofort bestimmen kann, um welchen Vogel es sich handelt. Er hätte eigentlich Ornithologe werden müssen, und vielleicht wollte er das auch, aber der Krieg mit allen seinen Folgen kam dazwischen, und so wurde er ein Schriftsteller.

Für mich aber ist er nicht nur ein Schriftsteller, sondern mehr als das: ein Original. Er sah und sieht die Welt, das Leben und vielleicht auch die Literatur anders als ich, aber immer originell, immer aus einem mir manchmal auch fremden, ganz eigenen Blickwinkel. Im Herbst 1977 beendete ich die ›Gruppe 47‹ auch offiziell, was ich eigentlich nicht wollte, was aber wohl doch notwendig war. Das war in der Kleber-Post in Saulgau. Wolfdietrich Schnurre las noch einmal seine Geschichte ›Die Beerdigung Gottes‹, mit der dreißig Jahre zuvor am Bannwaldsee alles begonnen hatte, und die Geschichte hielt auch den so schnell vergangenen dreißig Jahren noch stand. So war er mit seiner Geschichte Anfang und Ende der ›Gruppe 47‹, und, auch wenn er nicht immer dabei war, kann ich sie mir doch nicht ohne ihn vorstellen.

O Martin

Ein streitbarer, wenn nicht streitsüchtiger Alemanne

Martin Walser

Ich wußte nie, was Alemannen eigentlich sind. Hinter dem Wort verbarg sich für mich etwas Geheimnisvolles, etwas Besonderes. Gewiß, in jedem Lexikon stand: ein altgermanischer Volksstamm. Und so stellte ich sie mir vor, nicht gerade noch verwildert, noch mit den Resten barbarischen Brauchtums behangen, aber doch irgendwie mythisch, aus dem Dunkel der Zeiten kommend. Als ich den ersten Alemannen kennenlernte, wußte ich nicht, daß er einer war. Und doch sollte gerade er für mich das Urbild eines Alemannen werden. Über ihn sollte ich mich oft ärgern, einen Ärger, den ich immer wieder mit Geduld zu ertragen versuchte, aber es gelang ihm immer wieder, mich in meinem Konzept zu stören und mich fast an die Grenze eines wütenden Ausbruchs zu treiben.

Es ist noch nicht lange her, ein paar Jahre vielleicht, da hielt ich mich für ein paar Tage in Salem am Bodensee auf. Ich hatte in der Schule dort gelesen und ging nach der Lesung in meinen Gasthof zurück, der Zum goldenen Schwan hieß und wohl zur Schule gehört. Es war schon um Mitternacht, und der Gasthof war fast leer, nur vom breiten Flur her kam noch Lärm. Dort saßen am Ausschank noch eine Reihe von Leuten, elegant gekleidete Frauen und Männer mit modisch gestutzten Bärten. Sie waren alle nicht mehr ganz nüchtern, redeten laut miteinander und nahmen keine Rücksicht auf die schon schlafenden Gäste. Als auch ich noch etwas trinken wollte, setzte ich mich zu ihnen, und bald stellte ich fest, daß es sich um einige Mütter und Väter der Schüler handelte, vor denen ich in der Schule gerade gelesen hatte.

Einer von ihnen erkannte mich, er war in der Lesung gewesen, und sagte zu den anderen: »Da ist ja der«, und bemühte dabei das Wort »Dichter«, was mir mißfiel. Sofort gerieten alle in noch größere Bewegung und wurden noch gesprächiger als sie vorher schon gewesen waren. Der Wirt, der hinter dem Ausschank stand, spendierte eine Lage Wein, den sie aber merkwürdigerweise nicht aus Wein-, sondern aus Biergläsern tranken. Den Wein schmeckten sie ab und ließen ihn genüßlich über die Zunge in die Kehle laufen. Sie begannen über Literatur mit mir zu sprechen, und schnell erwiesen sich ihre Weinkenntnisse als sehr viel größer und bedeutender als ihre Kenntnisse der modernen Literatur. Einen Namen aber kannten sie, und mit dem Träger dieses Namens fühlten sie sich auf das engste verbunden, er war einer der ihren, mit ihm verband sie eine Art Brüderschaft, und einer von ihnen fragte mich: »Kennen Sie Martin Walser?« Und ich antwortete:« »Ja, natürlich, ich bin mit ihm befreundet.« Was wohl nicht ganz der Wahrheit entsprach – oder doch?

Nun gerieten sie noch mehr in Hochstimmung, der Wirt hinter dem Ausschank füllte erneut die Gläser nach, und kurz darauf wollten sie wissen, was ich denn von Martin Walser hielte. Ich sagte ein paar anerkennende Worte und dann: »Aber er streitet sich gern und zuviel, er ist streitsüchtig.« Das aber gefiel ihnen zu meinem Erstaunen besonders gut. »Ja«, antworteten sie fast im Chor, »das tun wir alle, wir streiten uns gern, nichts ist uns lieber als ein richtiger Streit, auch mit Martin« – und nun nannten sie ihn Martin – »haben wir uns schon gestritten.« Streit, das begriff ich, war für sie so etwas wie der Inhalt des Lebens, nichts ging für sie über einen richtigen, ausführlichen und unter Umständen auch tatkräftigen Streit. Mir aber war Streit zuwider, ich hielt ihn bei fast jeder Gelegenheit für sinnlos, wagte das jedoch nicht zu sagen in diesem halb oder ganz betrunkenen Kreis von Alemannen. Ja, sie waren Alemannen und bekannten sich stolz dazu. »Wir sind«, sagte einer, »alle Alemannen, und Martin ist auch einer.« Ich dachte: ein altgermanischer Stamm, der sich seine Eigenarten bewahrt hat und zu dem auch Martin gehört.

Erst hier wurde mir klar, warum Martin Walser so oft opponiert hatte, immer alles anders haben wollte als es war oder als ich es machte, ja, in meinen Augen ein ständiger Querulant war, immer mit der Absicht, mich zum großen Streit zu provozieren. Dies ist ihm zwar nie gelungen, aber oft hat er mich doch an den Rand der Verzweiflung und des großen Ärgers gebracht. Eines Tages wollte er die ›Gruppe 47‹ sozialisieren. Er veröffentlichte einen Artikel in der ›Zeit‹ mit der Überschrift ›Laßt uns die Gruppe 47 sozialisieren‹. Es war, und dies müßte er heute eigentlich zugeben, ein solcher Unsinn, daß ich es fast gar nicht fassen konnte. Er wollte einen Kreis von Individualisten sozialisieren, sie der Gleichmacherei, der Allgemeinheit aussetzen und die ›Gruppe 47‹ allen zugänglich machen, eine Absicht, die in krassem Widerspruch zu meinen eigenen Absichten stand. Literatur läßt sich nicht sozialisieren und Literaten lassen es auch nicht. Doch diesmal wäre es ihm fast gelungen, mich zu dem großen Streit zu provozieren, der seinem alemannischen Naturell entsprochen hätte. Zumindest gelang es ihm, mich für einen Tag lang in grimmigen Ärger zu versetzen. Ich befand mich gerade in Italien an der venezianischen Küste, und ich hätte mich mit ihm schlagen können, wenn er gerade des Wegs gekommen wäre. Er aber war Gott sei Dank weit entfernt.

Zum ersten Mal traf ich ihn bei einer Tagung der ›Gruppe 47‹ in der Laufenmühle. Ich hielt ihn für einen Rundfunktechniker, den ich hatte dem Süddeutschen Rundfunk erlaubt, ein paar Lesungen mitzuschneiden. Er war mit einem Ü-Wagen gekommen und saß dort unten in seinem Wagen und hörte die Lesungen mit, während wir oben, einen Stock höher, in einem Saal tagten. Als ich einmal hinunterkam, um mich zu erkundigen, wie es denn mit den Aufnahmen ginge, lernte ich ihn kennen, und das erste, was er sagte, war ein Satz, der mich wohl treffen sollte. Er sagte: »Die Lesungen sind sehr schlecht, das taugt alles nichts. Das kann ich viel besser.« Ich fand das erstaunlich und sehr überheblich, aber es amüsierte mich; denn wie sollte ich einem Rundfunktechniker eine bessere Prosa zutrauen als Ilse Aichinger, Heinrich Böll, Wolfdietrich Schnurre, Walter Jens und anderen. Er blieb bei seiner vernichtenden Kritik, und ich versuchte, meinen aufsteigenden Ärger zu überlachen, indem ich sagte: »Dann kommen Sie doch mal und lesen uns etwas vor, wenn Sie alles viel besser können.«

Ja, er wollte kommen, er war keineswegs abgeneigt, und er kam. 1953 lud ich ihn zu einer Tagung der ›Gruppe 47‹ nach Mainz ein. Seine provozierende Überheblichkeit reizte mich, ich wollte hören, was er konnte, und ihn der so unerbittlichen Kritik aussetzen. Meinen Irrtum mit dem Rundfunktechniker erkannte ich schnell, er war Redakteur des Süddeutschen Rundfunks, und er brachte einen Freund mit, der Siegfried Unseld hieß, damals noch ein junger Mann bei Suhrkamp, den ich aber ebenfalls für einen Schriftsteller hielt, wenn auch vorerst nur für einen heimlichen.

Sie benahmen sich beide sehr manierlich, und ich sehe sie heute noch dort in einer der letzten Stuhlreihen sitzen, zwei junge Leute, die scheinbar alles mit großem Interesse verfolgten, ohne sich selbst in den Diskussionen zu äußern. Manchmal flüsterten sie sich etwas zu, aber ich spürte nichts von Arroganz und Überheblichkeit. Heute weiß ich nicht mehr, ob Martin Walser gelesen hat, und wenn, was er damals las, ich glaube, sie verschwanden beide ziemlich unauffällig. Jedenfalls habe ich sie zum Schluß dieses Tages nicht mehr gesehen. Ich weiß auch nicht, ob Martin seine Meinung über die ›Gruppe 47‹ revidiert hat, es war mir nicht mehr wichtig. Doch er kam wieder, ich lud ihn wieder ein, und bereits 1955 in Berlin erhielt er den Preis der ›Gruppe 47‹. Er las eine Erzählung, die Anerkennung fand. Günter Grass war zum ersten Mal dabei, noch völlig unbekannt, Erich Kästner war zu Besuch gekommen, und wir schwelgten einmal wieder in neuen Entdeckungen.

Martin Walser benahm sich ganz anders, als ich erwarten konnte, seine Überheblichkeit, seine Arroganz schien von ihm abgefallen, er war ein liebenswerter und liebenswürdiger Teilnehmer, ja, er gehörte plötzlich dazu, ohne daß jemand darüber gesprochen hätte. Wenn ich mich recht erinnere, war er auch schon in Italien ein Jahr zuvor dabei, in Cap Circeo und in Rom. Auf jeden Fall entstand in dieser Zeit so etwas wie ein freundschaftliches Verhältnis zwischen uns, in dem Martin sich außerordentlich mit seinen wechselnden Launen, mit seiner Streitlust und seiner Überheblichkeit zurückhielt.

Als ich einen neuen Tagungsort suchte, wollte er mir behilflich sein. Ich besuchte ihn in Stuttgart, und wir fuhren den ganzen Tag lang in Baden-Württemberg umher, um einen geeigneten Gasthof, ein verlassenes Schloß oder sonst etwas zu finden. Damals entdeckten wir das Jagdschloß Bebenhausen, nicht weit von Tübingen. Es gefiel mir so gut, daß wir gleich zweimal dort tagten, einmal im Herbst 1955 und dann im Frühjahr 1956. Bebenhausen, das war noch die Zeit des Rundfunks, ja, eine der beiden Tagungen geriet zu einer reinen Hörspieltagung. Fast alle Autoren lasen aus Hörspielen vor, unter ihnen auch Günter Eich. Und hier lernte ich Martin Walser wieder als so streitsüchtig kennen, wie er mir Jahre zuvor in der Laufenmühle erschienen war. Er zerstritt sich mit Günter Eich, dessen Vorlesung er für unter dem Strich hielt. Er kritisierte nicht nur nach der Lesung, wie es üblich war, er setzte seine fast hämische Kritik auch in den Pausen fort und verriß gleich Günter Eichs gesamte Art zu schreiben. Er ging fast bis zur Beleidigung.

Eich geriet in Zorn, er verteidigte sich mit der Behauptung, er habe ja nur ein Stück vorgelesen, mit dem er selbst noch nicht fertig sei, dies hier seien ja Werkstattgespräche, und da müsse man auch Unvollkommenes vorlegen, das, was einem eben selbst Sorge mache. Aber Walser gab nicht nach, er hatte sich in seine Streitlust hineingeredet, und auch Günter Eich geriet immer mehr außer sich. Er fühlte sich mißverstanden und hatte der alemannischen Streitlust nur wenig entgegenzusetzen. Eich ging jedem Streit aus dem Weg, er konnte spöttisch und ironisch sein, aber Martin Walser entrann er nicht. Ihm, Martin Walser, gelang es, ihn so aufzubringen, daß er jede Gelassenheit verlor.

Auch mich versuchte Martin immer wieder zu reizen, mir seinen kraftvollen, richtigen Streit aufzuzwingen, an dem Alemannen ein so großes Vergnügen haben. Es ist ihm, soweit ich mich erinnere, nicht gelungen, aber er versuchte es immer wieder. Wir waren zwei widersprüchliche Naturen, ich liebte keinen Streit und versuchte, ihn auch bei anderen so schnell wie möglich zu unterdrücken, er aber brauchte ihn. Er war sein Lebenselement. Natürlich vertrug man sich nach einem solchen Streit wieder, und wenn das Gewitter vorüber war, erschien das Wetter schöner denn je.

Einmal, in Berlin, bekam ich eine Postkarte von ihm, er schrieb immer Postkarten, meistens mit kurzen Mitteilungen, manchmal aber auch mit Hinweisen auf, seiner Ansicht nach, richtiges oder falsches Verhalten. Auf dieser Postkarte verlangte er eine gründliche Überholung und Umstrukturierung der ›Gruppe 47‹. Aus dem lockeren Zusammenhalt sollte etwas ganz anderes werden, ein straff organisierter Verein vielleicht oder etwas Ähnliches, etwas auf jeden Fall, was nichts mit meinen Absichten zu tun hatte, ja, meinen Überzeugungen in jeder Hinsicht widersprach. Über diese Postkarte ärgerte ich mich mehrere Tage lang, und fast wäre es ihm gelungen, mich zu einer wütenden Entgegnung zu veranlassen. Dann hätte er das gehabt, was er suchte: einen richtigen Streit.

Doch dann erfuhr ich etwas Sonderbares. Jemand erzählte mir, Martin behandele sich zur Zeit selbst, und zwar psychoanalytisch. Er sei zur Zeit sein eigener Arzt, er wälze viele psychoanalytische Bücher und Schriften, und die daraus gewonnenen Erkenntnisse wende er für sich selbst an. Das erschien mir zwar nicht glaubhaft, aber ich dachte, in einen solchen Heilungsprozeß kannst du mit einer wütenden Entgegnung nicht eingreifen. Ja, ich nahm sogar an, daß Martin in dieser Selbstbehandlung für immer seine Streitlust verlieren könnte. So ließ ich seine Postkarte unbeantwortet, ließ sie einfach liegen, und dies in der Hoffnung, sie würde sich von selbst erledigen. Und so geschah es auch. Martin ist nie wieder darauf zurückgekommen, mich aber bestärkte es in meiner Absicht, seine streitbaren Speerspitzen immer wieder stumpf werden zu lassen, ja, ich nahm mir vor, ihn ins Leere laufen zu lassen. Das gelang mir zwar, aber gelegentlicher Ärger ließ sich nicht vermeiden. Das brachte er immer wieder fertig.

Die Universität Stockholm hatte mich zu einer Tagung nach Schweden eingeladen. Mein Grund, diese Einladung nach einigem Zögern anzunehmen, war ein ganz einfacher. Ich glaubte, den skandinavisch-deutschen Literaturbeziehungen damit zu dienen, Beziehungen, die einmal sehr eng gewesen und seit dem Dritten Reich so gut wie eingefroren waren. Dazu kam, daß mir Schweden damals als ein vorbildlich sozialpolitisch weitentwickeltes Land erschien. Hinter der Einladung stand nicht nur die Stockholmer Universität, sondern auch die schwedische Regierung. Ihr Ministerpräsident hieß Erlander, ein alter Sozialdemokrat, der schon lange an der Macht war und den ich bewunderte. So glaubte ich, das Richtige zu tun, und im Einvernehmen, ja, Einverständnis aller zu handeln. Jedoch es geschah das Gegenteil. Martin ging sofort zur streitbaren Offensive über. Er schrieb, ich glaube in der ›Zeit‹, einen Artikel, in dem er die ›Gruppe 47‹ mit einer Fußball-Nationalelf verglich, die ins Ausland fuhr, um Ruhm und Ansehen für das eigene Land zu erwerben, in diesem Fall für die Bundesrepublik.

An eine solche Interpretation hatte ich nicht gedacht, ja, sie kam mir völlig absurd vor. Doch Martin tat mehr. Er beeinflußte auch den einen oder anderen, meine Einladung nicht anzunehmen und ihr nicht Folge zu leisten. Er hatte Erfolg. Ich bekam eine Absage nach der anderen. Selbst enge Freunde argumentierten wie Martin Walser. Ein Empfang beim schwedischen Ministerpräsidenten erregte am meisten Anstoß, und selbst das Stockholmer Barocktheater, das uns unsere Gastgeber zeigen wollten, fand empörte Ablehnung. Diesmal siegte Martin fast auf der ganzen Linie. Trotzdem gelang es ihm nicht, mich aus meiner Reserve herauszulocken. Ich antwortete nicht auf seinen Artikel in der ›Zeit‹ und tat auch sonst, als sei nichts Wesentliches passiert. Doch die Tagung in Schweden schien mir so gut wie geplatzt, zuviel Absagen waren gekommen, und meine eigene Einstellung zu dieser Tagung hatte unter Martins Kampagne gelitten. Aber es gab kein Zurück mehr, ich mußte die Tagung durchziehen, ganz gleich, was auch immer geschah.

So fuhr ich voller Mißmut und mit ständigem Ärger über den streitsüchtigen Martin nach Schweden und erwartete nichts anderes als einen Zusammenbruch der ›Gruppe 47‹, wenn nicht sogar ihr Ende. Wie sollte mir dieser Besuch in Schweden noch gelingen? Es fehlten die meisten meiner Freunde, auf deren Anwesenheit und Mitarbeit ich angewiesen war und die ich nicht durch andere ersetzen konnte. In meiner Verzweiflung flehte ich meine zehn Jahre vorher verstorbene Mutter an, mir zu helfen. Es war eine dunkle, unangenehme Nacht, als ich allein auf dem Bug des Schiffes stand, das von Travemünde nach Schweden fuhr. Die Ostsee war unruhig, fast stürmisch, der Nachthimmel verhangen, und die Wolkendecke riß nur gelegentlich auf, um ein paar Sterne zu zeigen, die mir alle äußerst niedergeschlagen und traurig schienen. Ich glaubte mich am Ende. Fast zwanzig Jahre Arbeit waren umsonst gewesen. Martin, der streitbare Alemanne, hatte alles zerstört. Ich wünschte ihn in die Hölle, wenn es denn eine gab.

Als ich ein paar Tage später von Stockholm nach Sigtuna fuhr, wo das Treffen in einer kommunalen Schule stattfinden sollte, sagte ich zu Gustav Korlén, dem Dekan der germanistischen Fakultät in Stockholm, von der die Einladung ausgegangen war: »Gustav, wir gehen schweren Zeiten entgegen.« Und tatsächlich glaubte ich auch noch zu dieser Zeit an ein völliges Mißlingen. Wie weit Martins Opposition gegangen war, wurde mir erst voll bewußt, als ich am Tag der Anreise vor der Tür der Schule in Sigtuna stand und oft vergeblich und natürlich sorgenvoll nach meinen Tagungsteilnehmern Ausschau hielt. Aus einem Taxi, das aus Stockholm kam, sprang Günter Grass mit den Worten heraus: »Na, du hast wohl gedacht, ich komme auch nicht.« Also hatte Martin versucht, auch ihn zu beeinflussen.

Trotzdem gelang diese Tagung, ja, sie wurde zu einer der schönsten in den vielen Jahren. Zwar galten wir noch zu dieser Zeit als weit links stehend, vorsorglich verreiste der deutsche Botschafter, bevor wir nach Schweden kamen, und als sein Stellvertreter sich doch bequemte, einen Empfang in der Botschaft für die ›Gruppe 47‹ zu geben, benahmen sich alle so wild, so unbeherrscht und so stillos, daß dem Botschafts-Stellvertreter das große Grauen gekommen sein muß. Martin hätte seine Freude daran gehabt. Auch der Ministerpräsident empfing uns nicht. Korlén hatte wohl wegen der Widerstände bei uns dafür gesorgt. Dafür aber Olaf Palme, der damalige Außenminister. Er gab ein Fest mit vierhundert Teilnehmern, das auch mir in seiner Turbulenz etwas zu weit ging, mußte ich doch immer an Martin denken, der zu dieser Zeit vielleicht am Bodensee saß und sich streitsüchtig grämte. Die Kritiker waren vollzählig gekommen: Hans Mayer, Jens, Kaiser, Höllerer, Raddatz, Reich-Ranicki, und sie gaben sich diskutierfreudiger denn je. Nach jeder Lesung führten sie unter Teilnahme der kritikbegabten Autoren wie Enzensberger, Grass und anderen eine Art Sprech-Konzert auf, das die teilnehmenden Schweden zur Bewunderung hinriß. »Ihnen«, sagte mir ein Schwede, »kann man auch ein Telefonbuch vorlegen, sie werden es immer mit kritischen und schönen Sprechthesen garnieren.«

So wurde die Tagung in Schweden zu einem Erfolg, der in seinen Auswirkungen auch jene erreichte, die gar nicht gekommen waren. Ob sie es später bereut haben, weiß ich nicht, aber ich möchte es annehmen. Schweden, oder besser Sigtuna, wurde nicht mein Waterloo, wie ich es schon selbst vermutet hatte. Und Martin verlor, was er vielleicht nie bemerkt hat. Für ihn war es wohl nur eine Art Spiel. Er hatte sicherlich Spaß daran, andere aufzuregen. Er sonnte sich dann an dieser Aufregung. Ich glaube, er hielt seine Herausforderungen, seinen Widerspruch für eine spritzige Anregung zur intensiven Kommunikation. Er war ein Egozentriker, egozentrisch waren sie alle, aber er war ihnen noch um eine Nasenlänge voraus.

Er hat wahrscheinlich nie etwas von mir gehalten, weder von dem, was ich tat, noch von dem, was ich schrieb, noch von sonst etwas. Aber wenn ich mich heute frage:

Wie war es denn umgekehrt, habe ich etwas von ihm gehalten – bin ich ratlos. Vielleicht doch etwas mehr als er von mir. Gewiß, er stürzte mich zeitweise in Ärgernisse, aber sein streitbarer Widerspruch zwang mich auch zu Überlegungen, die ich sonst wohl nicht angestellt hätte und natürlich, wie im Fall Schweden, zu besonderen Anstrengungen.

Zwischendurch aber schien alles ganz harmonisch, unsere Beziehung zueinander war nicht belastet, weder durch allzu große Nähe noch durch irgendwelche literarischen Gemeinsamkeiten, noch durch eine enge Freundschaft. Wir trafen uns nur gelegentlich auf den Tagungen oder, aber auch das nur selten, bei irgendwelchen literarischen Ereignissen. Er blieb mir fremd und ich ihm wohl auch. Nie sagte er Belangloses, wenn er sich an der Kritik in der ›Gruppe 47‹ beteiligte, aber immer war er streitbar und manchmal auch so, daß er Kränkungen hervorrief. Er nahm auch an der letzten Tagung in der Pulvermühle in der Fränkischen Schweiz teil. Ich war schon entschlossen, die ›Gruppe 47‹ nach dieser Tagung einschlafen zu lassen, tat aber so, als sei dies noch lange nicht das Ende, und er war wohl gekommen, wie einige andere auch, um die Beerdigung der Gruppe mitzuerleben. Solche Gerüchte gingen damals um, und ich nehme an, daß auch er davon gehört hatte.

Die Tagung war schon belastet mit ziemlich trivialen politischen Äußerungen, ja, es bestand die Gefahr politischer Fraktionsbildung, die wahrscheinlich jedes Zusammengehörigkeitsgefühl zerstört hätte. Die einen wollten für den Vietkong kämpfen und taten es mit Vietkong-Fahnen, die sie nachts heimlich draußen in den Bäumen aufhingen, die anderen wollten bei der Literatur bleiben. Es kam zu heftigen Auseinandersetzungen, in denen Martin natürlich die Vietkong-Jünger unterstützte. Es entsprach seinem Temperament, doch als die Tagung zu Ende ging und ich zu einer Spende für einen griechischen Schriftsteller aufrief, der in Deutschland lebte, und ich in wenigen Minuten dreitausend Mark zusammenhatte, rief er aus: »So etwas gibt es nur in der ›Gruppe 47‹!«

Trotzdem blieben seine radikalen Vorhalte. Wäre es nach ihm gegangen, hätten wir uns wohl alle zu Vietkong-Jüngern erklären müssen. Doch als die Tagung zu Ende ging, kam er in den Vorlesesaal mit einem Strauß Feldblumen, die er draußen in den Wiesen gepflückt hatte. Ich saß auf dem Vorlesestuhl, und er kam auf mich zu und überreichte mir die Blumen mit einem Lächeln, das mir fast wie schüchtern vorkam. Ja, es waren Disteln unter den Herbstblumen, viele Disteln, aber auch sie hatten in Martins Vorstellungen wohl ihre Bedeutung, vielleicht diese: eine Freundschaft mit Disteln.

Marats Trommel
Peter Weiss

Die Bar hieß ›Die volle Pulle‹. Sie befand sich am Steinplatz in Berlin. Wir besuchten sie seinerzeit, in der ersten Hälfte der sechziger Jahre, oft. Den Barkeeper nannten wir »Karlchen«. Er war sehr belesen, ein guter Unterhalter und wußte manches an Berliner Lokalklatsch, was wir nicht wußten. Er ging infolge einer verjährten Krankheit leicht gekrümmt und stand in der Mitte seiner kreisrunden Bar, immer neugierig und immer zu Erzählungen bereit. Wir – das heißt, die Schriftsteller der ›Gruppe 47‹, die damals vorübergehend in Berlin lebten – saßen dann oft um ihn herum, und auch wenn andere Gäste da waren, ließ er uns nie ganz allein. Er unterbrach seine Unterhaltung, bediente andere, kam aber sofort wieder zu uns zurück. Seine Leidenschaft war die Malerei, er malte selbst und besaß eine eigene Druckerpresse, die Rosenpresse. Er war ein guter Kenner der Literatur und liebte besonders Biographien berühmter zeitgeschichtlicher Personen. Seine Zu- und Abneigungen diesen gegenüber waren sehr akzentuiert und gingen bis in die letzten Details.

Eines Abends saß ich dort mit Peter Weiss. Ich weiß nicht mehr, ob wir uns in der Bar verabredet oder durch Zufall getroffen hatten. Wir blieben lange sitzen, die Bar leerte sich mehr und mehr, die letzten Gäste verschwanden und schließlich waren wir mit Karlchen allein. Es war bereits nach Mitternacht, als Peter Weiss begann, von seinen Plänen zu sprechen. Er wollte ein Theaterstück schreiben, war sich aber noch nicht über das Thema klar. Es sollte eine Person der Geschichte sein, eine umstrittene Figur vielleicht, die aber irgendwie in sein eigenes politisches Weltbild paßte. Karlchen schenkte uns immer erneut ein, und mit jedem Glas wurden wir gesprächiger und bekam unsere Phantasie einen neuen Schub. Wir gingen die halbe Weltgeschichte durch, kamen auf Fouché, den Polizeiminister Napoleons, auf Richelieu, den wir schon für zu abgedroschen hielten, wendeten diese oder jene Figur der Geschichte um und um, und Karlchen schlug immer wieder Heinrich IV. von Frankreich vor. Er holte sogar ein dickes Buch, eine Biographie über diesen Heinrich, unter seiner Bar hervor, und war sich sicher, daß nur dieser Heinrich ein gutes und zeitgenössisches Theaterstück ergeben würde.

Peter zweifelte daran. Er habe, sagte er, auch schon an Marat gedacht. Sofort entstand ein langes Gespräch über Marat. Ich wußte nicht viel über Marat, aber immerhin genug, um mich an dem Gespräch beteiligen zu können. Karlchen aber breitete sofort seine ganzen Kenntnisse vor uns aus, er hielt zwar die Figur Marats für etwas zu düster, ging jedoch auf die Geschichte der Französischen Revolution mit großer Leidenschaft ein, er schlug Robespierre statt Marat vor, der war nun aber Peter Weiss wieder zu düster, er blieb bei Marat, die nach seiner Ansicht eigentlich große tragische Figur der Revolution. Nun wurde Marats Leben auseinandergepflückt, soweit es uns dreien bekannt war, seine politische Stellung innerhalb der Revolution, seine Außenseiterposition, seine Ermordung, alles, was wir von ihm wußten, und Karlchen erwies sich dabei von großer Detailkenntnis und auch von Detailbesessenheit. Er goß dabei immer wieder unsere Gläser voll, und Marat wurde immer größer und bedeutender, ja manchmal erschien es mir, als sei die ganze Französische Revolution eine Angelegenheit Marats gewesen. Jeder wollte mehr wissen über ihn als der andere, und obwohl sich unser Gespräch längst heißgelaufen hatte, erschien mir Marat doch nicht die geeignete Figur für ein modernes Theaterstück. Wir verließen die Bar um vier Uhr morgens, und ich dachte, auch Peter Weiss wird mit Marat nicht fertig werden, er wird ihn aufgeben und sich einen anderen für sein Theaterstück suchen, vielleicht doch auf Heinrich IV. zurückkommen oder auf jemand anderen. Die Anzahl tragischer Figuren in der Geschichte war ja groß, und an diesem Morgen hielt ich sie für größer denn je.

Um so erstaunter war ich, als ich Peter Weiss drei oder vier Monate später wiedertraf. Ich wohnte für ein paar Tage in der Berliner Akademie der Künste. Der Frühling hatte gerade begonnen, der Tiergarten hinter der Akademie grünte fröhlich vor sich hin, die Sonne spielte den ganzen Tag über in den Bäumen, und ich war dementsprechend guter Laune. Doch jeden Tag, wenn ich den Flur entlangging, an dem mein Zimmer lag, hörte ich aus einem der Zimmer das Klappern einer Schreibmaschine. Anscheinend mißachtete jemand in seiner Arbeitswut total den Frühling. Es machte mich so neugierig, daß ich mich schließlich erkundigte, wer denn dort in dem Zimmer so angestrengt arbeite, und die Auskunft lautete: Peter Weiss. Ich war überrascht, ich hatte ihn hier nicht erwartet, aber ich freute mich, ihn wiederzusehen. So lief ich sofort zurück zu dem Zimmer, aus dem das Klappern der Schreibmaschine kam, und öffnete ohne anzuklopfen die Tür. Da saß Peter Weiss, den Rücken mir zugewandt, gebeugt über seine Schreibmaschine, schrieb mit zwei Fingern und war anscheinend so mit seinem Schreiben beschäftigt, daß er mich gar nicht bemerkte. Ich rief »Peter«. Er wendete sich um, ohne aufzustehen, ich sagte: »Du arbeitest ja wie ein Berserker. Was schreibst du denn da?«, und er antwortete: »Marat.«

Ja, er schrieb an seinem Theaterstück, das er schon in der Bar bei Karlchen geplant hatte, er schrieb es in Knittelversen, von denen er mir einige vorlas. Ich war so erstaunt darüber, daß ich nicht viel Worte fand und auch keine Widerrede wagte. Knittelverse schienen mir nicht ganz das

Richtige für Marat zu sein, mit Knittelversen würde man die ganze Französische Revolution erschlagen oder auch das Schicksal Marats verniedlichen, am meisten überraschte mich aber, daß er sich tatsächlich an diesen Stoff gewagt hatte. Er versuchte nicht, mir die Konzeption seines Stückes zu erklären, nur den vorgesehenen Titel nannte er mir. Es war ein langer, langatmiger und nach meiner Ansicht ganz unzeitgemäßer Titel, er belustigte mich auch, er hörte sich sehr nach einem Dramentitel längst vergangener Zeiten an. Doch ich sagte ihm nichts von meinen Bedenken. Er war zu sehr mit sich und seinem Marat beschäftigt, zu sehr in seine Arbeit versunken. Jede kritische Bemerkung mußte ihn stören. Auch eine Einladung, abends doch gemeinsam zu Karlchen zu gehen, schien mir unangebracht. Ich erwähnte zwar so etwas, ließ es aber sofort wieder fallen, als ich seine ablehnende Haltung sah. Er hatte sich anscheinend so sehr in seinen Marat hineingesteigert, daß er sich wohl schon selbst für eine Art Marat hielt, er lebte in einem intensiven Schöpfungsprozeß, der seine ganze Person in Anspruch nahm. Mein plötzliches Erscheinen konnte da nur störend sein, ja, er mußte es als unangenehm und lästig empfinden. Mit dieser Erkenntnis verließ ich ihn wieder, ließ ihn so schnell wie möglich allein, und kaum hatte ich die Tür hinter mir geschlossen, hörte ich auch schon wieder das Klappern der Schreibmaschine. Ich habe ihn in diesen Tagen nicht wiedergesehen, ich schlich an seiner Tür vorbei, immer verfolgt von seiner Schreibmaschine, war aber nie in Versuchung, noch einmal die Tür zu öffnen, vielleicht, dachte ich, steht da wirklich plötzlich Marat vor mir und nicht mehr Peter Weiss.

Im Herbst tagte die ›Gruppe 47‹ in der Kleber-Post in Saulgau. Es war eine sehr überlaufene Tagung. Ich fürchtete ein Massentreffen, das zu einer Explosion führen könnte, und lehnte dementsprechend fast alle Einladungswünsche ab, konnte aber doch nicht umhin, in einigen Fällen nachzugeben. Ernst Bloch konnte ich eine Zusage nicht verweigern, ebenso nicht Sebastian Haffner, der im Auftrag des Südwestfunks einen Film über die ›Gruppe 47‹ drehen wollte. Ich ließ aber keine Kameras im Saal zu, und so entstand der Film mit versteckten Kameras, die niemand bemerkte.

Peter Weiss kam mit seiner Frau Gunilla aus Stockholm, er wollte aus seinem ›Marat‹ lesen, der aber zu dieser Zeit wohl noch nicht ganz abgeschlossen war. Sein Wunsch war, am Abend zu lesen, und zu meinem Erstaunen bat er für seine Lesung um eine Trommel. Natürlich besaß ich keine Trommel, wo hätte ich sie auch so plötzlich hernehmen sollen, einen Trommler hatten wir nicht, und extra eine Trommel in Saulgau aufzutreiben, das ging mir doch zu weit. Peter aber blieb bei seinem Verlangen, eine Trommel müsse her, sagte er, ohne Trommel könne er nicht lesen. Wir wandten uns an den Hotelier, und zu unserem Glück gab es in Saulgau einen Reiterverein mit Fanfarenbläsern und Trommlern, und so kam Peter zu seiner Trommel. Ich konnte mir nicht recht vorstellen, was er mit der Trommel wollte, eine getrommelte Lesung, das war bis dahin noch nicht vorgekommen. Kurz vor der Zeit, die ich am Abend für seine Lesung vorgesehen hatte, war die Trommel immer noch nicht da, und er lief aufgeregt hin und her, immer wieder aus dem Saal hinaus, um Ausschau nach seiner Trommel zu halten. Dann kam der große Augenblick, sie war im letzten Moment doch noch eingetroffen, und stolz trug er sie vor sich her herein. Alle wunderten sich, einen Peter Weiss mit Trommel hatte niemand erwartet. Er nahm neben mir Platz, die Trommel zwischen den Beinen und begann mit gelegentlicher Trommelbegleitung zu lesen: einen Marat in Knittelversen.

Alle waren überrascht, der überlange Titel erregte Verwunderung, einige lachten zuerst, doch die Unruhe legte sich schnell. Peter ließ sich nicht stören, er las und trommelte eine Dreiviertelstunde lang, scheinbar die Ruhe selbst. Ich spürte Ablehnung im Saal, ich sah es an diesem oder jenem Gesicht, und nur wenig Zustimmung. Die Knittelverse kamen nicht recht an, manche hielten sie wohl für völlig unliterarisch, nur geeignet für Sonntagsreden und Hochzeitsgedichte, auch der Rhythmus der Trommel konnte da nicht viel helfen. Mir aber machte es Freude, die unterschiedlichen Reaktionen im Saal zu beobachten. Ein voller Erfolg konnte es nicht werden, das wußte ich, aber ich wünschte mir einen Erfolg, nicht nur aus Sympathie für Peter, sondern auch, weil ich mich irgendwie beteiligt fühlte. Es kam nicht ganz so schlimm, wie ich es erwartet hatte. Als Peter geendet hatte und die Trommel neben sich stellte, sah ich zum Teil mißvergnügte, zum Teil ratlose Gesichter. Ein Gespräch kam nur langsam in Gang, kritische Äußerungen gab es genug, aber auch verhaltene vorsichtige Zustimmung. Was dem einen positiv vorkam, erschien dem anderen negativ. Einige waren neugierig auf das Ganze, sie versprachen sich zwar kein Theaterstück davon, aber doch ein Schauspiel in Versen, das wahrscheinlich niemals eine Bühne beleben würde. Trotzdem hatte Peters Auftritt etwas Sensationelles an sich. Ich empfand es so. Vielleicht war nur die Trommel daran schuld, eine Art Landsknechtstrommel, die Peter vorzüglich eingesetzt hatte. Er mußte das lange geübt haben. Sein Einfall, das Ganze in ein Irrenhaus zu verlegen, in dem die Bewohner ein Stück über Marat inszenieren wollten, überzeugte mich – weniger die Knittelverse, mit denen auch ich nicht viel anfangen konnte.

Erst in Berlin sah ich Peter wieder. Er war ganz mit seinem Marat beschäftigt, er erzählte mir, das Stück sei fertig, und jetzt ginge es nur noch um die Inszenierung. Er dachte an einen polnischen Regisseur, an Konrad Swinarski, den auch ich kannte. Das Schillertheater sei bereit, seinen Marat zu bringen. Ich weiß nicht mehr, wie lange es noch gedauert hat, bis der Tag der Premiere kam, aber eines Tages war es soweit. Zufälligerweise war die halbe ›Gruppe 47‹ in Berlin, und viele der Schriftsteller nahmen an der Premiere teil, mit Skepsis wahrscheinlich, mit Erwartungen und einige wohl auch mit guten Wünschen. Peter schien ganz ruhig, unaufgeregt, er hatte lange mit Konrad Swinarski und seiner Frau Gunilla an der Inszenierung gearbeitet. Gunilla hatte die Bühnenausstattung übernommen, und sie bot uns die Bühne ganz in Weiß, ein weißes, manchmal fast märchenhaftes Irrenhaus. Es gab Beifall, doch schon in der Pause spürte man wieder die Ablehnung, die sich auch schon in Saulgau bemerkbar gemacht hatte. Uwe Johnson saß einige Stuhlreihen vor mir und las scheinbar gelangweilt die Zeitung, und Günter Grass verhielt sich nicht viel anders. Es kam mir wie eine demonstrative Nichtanerkennung vor. Zum Schluß gab es viel Beifall von den Rängen, aber nur vereinzelt im Parkett. Mir schien der Abend gelungen, immerhin war der Marat aus der ›Vollen Pulle‹ auf die Bühne des Schillertheaters gesprungen.

Die Premierenfeier fand in einem Restaurant, nur wenige Schritte vom Schillertheater entfernt, statt. Dort versammelten sich alle, nur Peter Weiss ließ auf sich warten. Als er endlich kam, gratulierte ich ihm, blieb aber mit meiner Gratulation fast allein. Weder Günter Grass noch Uwe Johnson schlossen sich an, noch die anderen. Eine Front der Ablehnung tat sich auf. Sie standen alle herum, diskutierten miteinander, schwiegen aber sofort, wenn Peter in die Nähe kam. Die meisten von ihnen waren offensichtlich enttäuscht oder hatten etwas anderes erwartet. Keiner sprach eine Anerkennung oder ein Lob aus. Ärger stieg in Peter auf, ich stand neben ihm und sah es ihm an, am liebsten hätte er seine Wut herausgeschrien. Ich versuchte ihn zu beruhigen, ich sagte: »Du kannst sicher sein, es wird ein Erfolg, vielleicht ein großer Erfolg.« Aber er hörte mir kaum zu, es beeindruckte ihn nicht, was ich sagte, er wollte eine Anerkennung nicht von mir, sondern von den anderen hören, er hatte Beifall erwartet und fand nur stumme Verweigerung. Der ganze Premierenabend konnte jeden Moment explodieren, ja, der große Krach, den ich in der ›Gruppe 47‹ so lange verhindert hatte, konnte ausgerechnet hier auf dieser Premierenfeier ausbrechen und vieles zerstören.

So ging ich herum, von einer Gruppe zur anderen und versuchte, für bessere Stimmung zu sorgen. Einige, wenige, nahm ich beiseite und bat sie, Peter zu gratulieren, das sei doch selbstverständlich. Ich tat es nicht nur aus Freundschaft zu Peter Weiss und weil mir diese Art der Ablehnung nicht gefiel, ich tat es auch, weil mir die Aufführung gefallen hatte und ich an einen wirklichen Erfolg glaubte. Es half nicht mehr viel, immerhin kam es nicht zu einem völligen Desaster. Die schlechte Stimmung ließ sich nicht in eine andere, bessere verändern, und Peter blieb gekränkt, den ganzen Abend über. Meine Freundschaft zu ihm und sein Verhältnis zur ›Gruppe 47‹ wurden dadurch nicht beeinträchtigt. Er nahm fast an allen Tagungen teil, kam aus Stockholm oder sonstwoher angereist und war immer ein stiller, aufmerksamer Teilnehmer. Kritische Äußerungen zu der einen oder der anderen Lesung habe ich nie von ihm gehört.

Zum ersten Mal hatte ich ihn auf einer Tagung im Herbst 1962 in Berlin gesehen. Er saß in der dritten oder vierten Reihe vor mir und hatte fast immer seine kalte Pfeife im Mund. Es war eine turbulente Tagung. Wir wollten das fünfzehnjährige Bestehen der Gruppe feiern, kamen aber erst am letzten Abend dazu. Es war auf dem Höhepunkt der Kuba-Krise. Die sowjetrussischen und die amerikanischen Schiffe fuhren aufeinander zu. Der dritte Weltkrieg schien unmittelbar vor seinem Ausbruch zu stehen. Wir saßen im Literarischen Colloquium am Wannsee.

Hin und wieder durchbrachen Düsenjäger über uns die Schallmauer, und der entstehende Knall ließ jedesmal die Ängstlichen unter uns zusammenfahren. Manchmal hörten wir, weit entfernt, Maschinengewehrfeuer, das wahrscheinlich von übenden alliierten Streitkräften kam. Auch das trug nicht gerade zur Beruhigung bei. Einige waren nicht gekommen, für sie, so sagten sie mir am Telefon, sei Berlin beim Ausbruch eines dritten Weltkrieges eine Mausefalle. Sie hatten mich beschworen, die Tagung abzusagen. Trotzdem war der Saal vor mir übervoll. Fast alle waren gekommen, darunter auch jene, die ich neu eingeladen hatte: Alexander Kluge, Reinhard Lettau und eben auch Peter Weiss und andere.

Es wurde gelesen und kritisiert wie immer. Bei jeder Lesung herrschte die gleiche Spannung, die gleiche Neugier, die gleiche Erwartung. Wesentlich war nur die Literatur, nicht das, was draußen vor sich ging. Es war eine seltsame Atmosphäre: untergründige Nervosität einerseits und zur Schau getragene Gelassenheit andererseits. Zwischendurch kamen Nachrichten zu mir über die Schiffsbewegungen vor Kuba, wie viele Meilen die feindlichen Schiffe noch voneinander trennten, welche Maßnahmen die Amerikaner vorgesehen hatten. Jeder erwartete den großen Zusammenstoß, der den dritten Weltkrieg auslösen mußte. Es war nur noch eine Frage von Stunden. Doch dann geschah etwas, was niemand erwartet hatte und was für alle völlig unfaßbar war. Jemand riß die Saaltür auf und rief: »Rudolf Augstein ist verhaftet!«

Die Wirkung war ungeheuer. Schweigen, ratloses Erstaunen, Unglaube, Entsetzen und vielleicht auch Angst. Ich brach die Vorlesung sofort ab, alle sprangen auf, redeten aufeinander ein, und einige glaubten wohl auch, die Stunde einer neuen Diktatur sei gekommen. Statt aufmerksamer, disziplinierter Zuhörer hatte ich plötzlich eine aufgewühlte, aufgeregte Versammlung vor mir. Sofortiges Handeln wurde verlangt, ja, lautstark gefordert, und mir gelang es nur mit Mühe, eine gewisse Ruhe wiederherzustellen.

Ich hatte Rudolf Augstein zu dieser Tagung eingeladen, und er hatte zugesagt, war aber nicht gekommen. Nun saß er vielleicht schon im Gefängnis. Die Vorstellung war auch für mich ungeheuer. Es wurde ein Protesttelegramm beschlossen, das Alfred Andersch, Uwe Johnson, Ernst Schnabel und andere formulieren sollten, und sie formulierten es so, daß nicht alle unterschreiben konnten oder wollten. Der Verrat militärischer Geheimnisse wurde darin zur Pflicht erhoben. Auch mir gefiel es nicht sonderlich, aber ich unterschrieb es, obwohl ich wußte, daß es unseren Gegnern Tür und Tor öffnen würde. Schon am nächsten Tag rief ein konservativer Publizist nach dem Staatsanwalt. Günter Grass, Walter Höllerer und auch Peter Weiss unterschrieben nicht. Er sei Schwede, erklärte mir Peter Weiss, und als Schwede dürfe er sich nicht in die inneren Angelegenheiten eines anderen Staates einmischen. Damals waren mir seine politischen Grundanschauungen und Überzeugungen noch unbekannt. Ich erfuhr sie erst später, nahm sie aber auch dann nicht ganz ernst. Mir war seine literarische Begabung wichtiger.

Er las fast am Ende dieser Tagung, einen Tag, nachdem wir das Protesttelegramm schon abgeschickt hatten und die sowjetrussischen Schiffe mit ihren Raketen für Kuba umgekehrt waren. Die große Unruhe war wie ein Gewittersturm vorübergegangen, nur die Sorgen blieben, das Unbehagen und bei einigen die Angst vor Weiterungen. Einer, ein Redakteur, glaubte sogar, er würde schon auf dem Flughafen von Hamburg verhaftet. Jemand mußte ihm erzählt haben, der Staatsanwalt warte dort schon auf ihn. Es war erstaunlich für mich, wie schnell sich die Furcht vor Repressionen ausbreiten konnte und welche Folgen sie hatte. Sie erschien mir in diesen Tagen wie ein letztes, spätes Erbe des Dritten Reiches. Trotzdem ging die Tagung diszipliniert und konzentriert zu Ende. Peter Weiss schien von all dem fast unberührt, er hatte Erfolg, und bei der Wahl des Preisträgers erreichte er zusammen mit Johannes Bobrowski die Stichwahl, die jedoch Bobrowski gewann.

Von dieser Tagung ab sahen wir uns häufiger, er blieb in Berlin und kehrte nur gelegentlich nach Stockholm zurück. Er erwog immer wieder sogar eine völlige Umsiedlung nach Berlin, und zeitweise suchten wir eine Wohnung für ihn. Sein Verhältnis zu Deutschland war gespalten in Zuneigung und in Abneigung, die Gegenwart zog ihn an, und die Vergangenheit stieß ihn ab. Er war der Sohn eines Emigranten, hatte fast noch als Kind Deutschland verlassen müssen, jetzt fand er nur schwer zurück. Er hatte schwedisch geschrieben und auch publiziert, doch ohne jeden Erfolg, sein Zuhause war die deutsche Sprache, und das wußte er. So wurde er hin und her gerissen: seine politische Heimat war Schweden, seine sprachliche aber Deutschland. Das bestimmte auch sein politisches Verhalten, er stand der schwedischen kommunistischen Partei nahe und war noch ganz befangen in einer Weltanschauung, die für mich schon längst brüchig geworden war. Wir haben uns nie darüber gestritten, solche Auseinandersetzungen waren nicht notwendig, ich bewunderte nur seine oft grenzenlose Naivität.

Mit ihm kamen die Söhne der Emigranten zur ›Gruppe 47‹, ein Jahr später auch Erich Fried aus London, dessen Schicksal ein ähnliches war. Was mit den Emigranten nicht möglich gewesen wäre, der Generationsbruch zwischen ihnen und uns war zu groß, das geschah nun Anfang der sechziger Jahre mit den Söhnen ganz selbstverständlich. Ihre Väter hätten, ganz gleich wie prominent sie waren, die Praktiken der ›Gruppe 47‹ nie mitgemacht und vielleicht auch gar nicht mitmachen können. Aus diesem

Wissen heraus habe ich das von vornherein vermieden. Peter Weiss glaubte, Marxist zu sein, aber seine theoretischen Kenntnisse waren verhältnismäßig gering. Einmal beschlossen wir, einen gemeinsamen Sommerurlaub an der adriatischen Küste in Italien zu verbringen, und zwar in Bibione, einem damals noch nicht überlaufenen Badeort nördlich von Venedig. Wir wohnten in einem Bungalow und hatten für ihn und seine Frau ein Zimmer in einem Hotel ganz in der Nähe besorgt. Er kam mit sehr viel Gepäck angereist, darunter einem ganzen Sack voller Bücher, die er während der vier Wochen in Bibione lesen wollte. Auf meine Zweifel antwortete er, er sei ein guter und schneller Leser, und er sei sich sicher, daß er sich in diesen vier Wochen durch den großen Stapel Bücher durchlesen würde.

Schon am ersten Tag trug er ein Buch mit an den Strand. Wir wanderten über die Dünen, um den badenden Touristen auszuweichen, bis fast an den Tagliamento, der nicht weit von Bibione entfernt ins Meer fließt. Wir schleppten alles mit uns, was wir für unseren Strandaufenthalt brauchten, Sonnenschirm und Badesachen, und Peter trug noch dazu ein dickes Buch unter dem Arm. Es war, wie ich schnell feststellen konnte, von Karl Marx, das Kapital, Band I. Ich wunderte mich darüber. Wie wollte er hier in der brütenden Sonne Karl Marx und dann noch ausgerechnet das Kapital lesen. Doch kaum hatten wir eine einsame Stelle am Strand erreicht und unsere Sonnenschirme aufgestellt, begann er auch schon zu lesen.

Es war ein heißer Sommer, jeden Tag schien die Sonne und auch dieser Tag unterschied sich nicht von den anderen. Wir liefen ins Meer, froh wenigstens für kurze Zeit der Hitze zu entrinnen, Peter aber las. Einmal als er eine Pause machte, sagte ich zu ihm: »Du liest das Kapital. Ich habe es in meiner Jugend gelesen. Aber ich bin über Seite fünfzig nicht hinausgekommen.« Doch er antwortete nicht, und ich sah ihm an, daß er überzeugt war, sich hier am Strand durch das ›Kapital‹ in kürzester Zeit hindurchzuarbeiten.

Von nun an beobachtete ich ihn. Ich konnte mir eine solche gewaltsame Lesereise durch das Kapital einfach nicht vorstellen. Immer versuchte ich herauszubekommen, auf welcher Seite er sich mit seiner Lektüre befand. Einmal, etwa nach drei Tagen, sah ich über seine Schulter in das Buch und sah, er war gerade erst bei Seite zehn angekommen, und am nächsten Tag hatte er das Buch noch bei sich, las aber nicht mehr, sondern lief unbefangen und leichtsinnig in der stechenden Sonne herum. Wir rieten ihm, sich nicht so der Sonne auszusetzen, ein Sonnenbrand hier sei gefährlich, aber er achtete nicht auf unsere Ratschläge. Seine Frau Gunilla erzählte mir, er sei noch nie im Süden gewesen, ja, er habe noch nie einen solchen Urlaub gemacht, den größten Teil seines Lebens in Schweden habe er in großer Armut verbracht, während der Kriegsjahre als Holzarbeiter in den nördlichen Wäldern Schwedens, und sei dementsprechend mit einer südlichen Sonne nicht vertraut.

Am nächsten Tag war das ›Kapital‹ verschwunden. Er brachte es nicht mehr mit an den Strand. Dafür stach ihn ein kleiner giftiger Fisch, dessen Namen ich nicht mehr weiß, was zu großen Aufregungen führte, ein Arzt war notwendig, und dann kam der Sonnenbrand. Er überfiel ihn mit einer solchen Wucht, daß er Karl Marx und die vielen mitgebrachten Bücher ganz vergaß und wohl auch seinen Urlaub verwünschte. Er war, wie sich auch für mich schnell herausstellte, einem solchen Urlaub nicht gewachsen, er wurde krank, sein ganzer Körper bedeckte sich mit Blasen, sah zerrissen und wund aus, und wir alle bejammerten ihn. So gingen seine Ferien zu Ende, seine Bücher blieben ungelesen, und er selbst ist, soviel ich weiß, niemals wieder in den Süden gefahren.

Wenn ich heute an ihn zurückdenke, kommt mir ein Mann ins Blickfeld, der scheinbar viel innere Ruhe ausstrahlte, Gelassenheit und auch Toleranz. Aber er war nicht so. Nur nach außen schien er sich seiner Sache sehr sicher. Durch seine frühzeitige Emigration war wohl sein Glaube an den realen Sozialismus entstanden, der Haß auf den Nationalsozialismus hatte ihn gefestigt und der lange Krieg für eine ständige Verhärtung gesorgt. Es war, als hätte er nichts von den Vorgängen in Rußland wahrgenommen, nichts von den Moskauer Prozessen, nichts von Stalins Verbrechen. Alles schien vorübergeglitten, ohne seine Zweifel zu wecken. Einmal forderte er uns in einem Zehn-Punkte-Programm auf, Sozialisten zu werden, aber er meinte nicht Sozialisten, sondern Kommunisten, Parteigänger des sowjetrussischen Systems. Er sah nicht, daß viele von uns schon ein politisches Leben hinter sich hatten, das von den Auswüchsen dieses Systems mitgeprägt war. Soweit ich mich erinnern kann, ging niemand auf diesen Aufruf ein, ich selbst ließ ihn unbeachtet, tat als hätte ich ihn übersehen, und so sprachen wir nie darüber. Manchmal hatte ich den Eindruck, als lebte er etwas nach, was auch meine frühen Jahre stark beeinflußt hatte, nun aber schon längst in Skepsis und auch in Gegnerschaft umgeschlagen war.

Einmal, die ›Gruppe 47‹ tagte in der Universität Princeton in Amerika, benutzte er die Gelegenheit, eine Kundgebung gegen den Vietnamkrieg auf dem Universitätsgelände zu organisieren. Er unterrichtete mich nicht davon, er sprach es nicht mit mir ab, ja, er lud mich nicht einmal dazu ein! Es geschah alles hinter meinem Rücken. Ich bemerkte es nur an dem ständigen heimlichen Geflüster einiger Autoren, die vor mir saßen und zu denen auch er gehörte. Als ich es endlich am letzten Abend erfuhr, war ich so ärgerlich über diese Geheimniskrämerei, daß ich nach New York zurückfuhr, ohne an seiner Kundgebung teilzunehmen und ohne mich darum zu kümmern. Den Mangel an Offenheit fand ich mehr als störend.

Doch auch dies hat unsere Freundschaft nicht beeinträchtigt. Wir sprachen einfach nicht über das, was uns an dem Verhalten des anderen nicht gefiel, wir übergingen auch dies, als sei es nicht geschehen. Und hier in New York sah ich den Marat, der in der Vollen Pulle entstanden war, zum drittenmal. Begonnen hatte meine Begegnung mit der Trommel in Saulgau, fortgesetzt hatte sie sich mit der Premiere in Berlin, und nun erlebte ich es am Broadway in einer neuen faszinierenden Inszenierung von Peter Brook. Es war ein Welterfolg geworden. Peter beeindruckte das nicht sonderlich, er hielt es scheinbar für selbstverständlich. Er setzte sein Engagement gegen den Vietnamkrieg fort, ja, als ich ihn in diesen Jahren einmal in Schweden besuchte, hatte er sich in diesen Kampf schon so hineingesteigert, daß er keine Zeit mehr für mich fand. Er mußte zu einer großen Vietnamdemonstration in Stockholm. Dies war seine Pflicht, eine Pflicht, die er sich selbst auferlegt hatte und die auch aus seiner Vergangenheit entstanden war.

Dieses sein Pflichtgefühl stand nach meiner Ansicht oft im Gegensatz zu seiner Begabung, die sich unter dem Druck dieses Pflichtgefühls nicht voll entfalten konnte. Ich habe es damals so gesehen, und ich sehe es auch noch heute so. Seine Vertreibung aus Deutschland, seine langjährige Emigration hatten ihn dazu verurteilt. Was ihn mit mir verband, war viel Gemeinsames, aber gleichzeitig auch viel Trennendes. Er kannte Diktatur und Krieg nur aus der Entfernung, ich aus der Nähe, seine Erlebnisse waren mittelbar, meine unmittelbar. Aber auch die unmittelbaren Erlebnisse können blind machen wie die mittelbaren. Ich wußte das und er wußte es wohl auch. Aber gerade dies hat vielleicht die Toleranz gefestigt, die wir gegenseitig pflegten. Sein Verhältnis zur Kommunistischen Partei war ungetrübt, das meine aber hatte sich schon vor dem Januar 1933 verändert. Auch dies blieb im Hintergrund. Keiner hat versucht, den anderen von seinen Anschauungen zu überzeugen, ja, wir sprachen nicht einmal darüber. Er war, ich glaube, ich darf das sagen, kein politischer Mensch. Die Zeit hatte ihn politisiert.

In den letzten Jahren vor seinem Tod sah ich ihn nur noch selten. Es schien, als habe er sich wieder ganz nach Schweden zurückgezogen. Nur einmal trafen wir uns noch. Er kam zu einer Maifeier nach Berlin, die der Sender Freies Berlin organisiert hatte. Wir feierten in meinem Garten im Grunewald den 1. Mai. Viele Angehörige der ›Gruppe 47‹, die ich schon längst nicht mehr zusammenrief, nahmen daran teil, Uwe Johnson, Günter Grass, Joachim Kaiser, Walter Höllerer und andere. An diesem Tag schien er mir verändert. Es war, als sei etwas von ihm abgefallen, er war noch gelassener als sonst, vielleicht auch fröhlicher, seine Zurückhaltung schien merkwürdig aufgelockert, und diesmal sprachen wir auch beide über den Marxismus. Es war wohl das erste offene Gespräch darüber. Er ließ meine Argumente gelten und sprach kaum dagegen. Etwas veränderte sich in ihm, ich spürte es, obwohl es sehr verborgen und kaum wahrnehmbar war. Recht gab er mir wohl nicht, aber es wurde auch kein Streitgespräch. Es war mehr ein Gespräch, das aus Andeutungen, Nebenbemerkungen, Überlegungen bestand. War es ein Gespräch des Abtastens? Ich glaube es nicht. Dazu kannten wir uns zu gut. Doch so ist er mir in Erinnerung geblieben: auf einem Gartenstuhl unter einer großen Platane sitzend, den Kopf ganz im Schatten, sich vor der Maisonne schützend und hinter sich die blühenden Rhododendronbüsche.

Nachwort

Der Titel dieses Buches kann irritieren. Jemand könnte zum Beispiel auf die Idee kommen, die ›Gruppe 47‹ sei so etwas wie ein Etablissement gewesen, in dem die Schriftsteller wie Schmetterlinge herumgeflattert wären. In Wirklichkeit habe ich nur die Überschrift einer Geschichte als Titel dieses Buches genommen. Aber gegen Assoziationen ist ja nichts einzuwenden, warum soll jemand Schriftsteller nicht mit Schmetterlingen vergleichen, zumal ja beide Arten ernsthaft vom Aussterben bedroht sind. Fängt man den Vergleich erst an, dann kommt man natürlich zu vielen Überlegungen, da bemerkt man alle möglichen Arten von Schmetterlingen, die des Tages und die der Nacht und vielleicht auch jene vielen, die gar nicht fliegen können, weil sie in der Raupenentwicklung steckenbleiben.

Auch das Wort Etablissement besagt vieles. Man kann es so oder so auslegen, doch ich will mich nicht darauf einlassen. Ich will vielmehr von der ›Gruppe 47‹ sprechen und warum ich gerade über diese einundzwanzig Autoren geschrieben habe und nicht über andere. Jemand könnte meinen, dies sei eine Auslese, aber das ist es nicht. Dann müßten auch andere dazugehören, die nicht dabei sind. Ich hätte auch über Siegfried Lenz schreiben müssen, aber merkwürdigerweise fand ich in dieser Zeit keinen Zugang zu ihm. Das ist seltsam, denn ich schätze ihn sehr und fühle mich mit ihm befreundet. Er kam schon sehr früh zur ›Gruppe 47‹, es war in Niendorf 1952, und er las, glaube ich, aus seinem ersten Roman ›Es waren Habichte in der Luft‹. Ich weiß nicht mehr, was dazu gesagt wurde, aber ein großer Erfolg war es wohl nicht. Er kam häufig, nahm aber ebensooft nicht teil. An der Kritik beteiligte er sich nicht. Ich erinnere mich nicht an seine Stimme in diesem

Chor. Er hatte nur Freunde in der Gruppe, keine Feinde, keine Gegner.

Ob dies auch für Helmut Heißenbüttel gilt, kann ich nicht sagen. Mit seiner Art der Literatur und der Literaturauffassung konnten anfangs nur wenige etwas anfangen. Als er zum ersten Mal 1955 in Bebenhausen las, ging eine Art Kopfschütteln oder Raunen durch den Saal, die meisten standen fassungslos vor dem Text. Er sagte entweder gar nichts aus oder sehr viel. Sie verloren ihren literarischen Orientierungssinn, ja, einige versuchten sich darüber lustig zu machen, was aber nur gequält gelang. Heißenbüttel ließ sich dadurch nicht irritieren, er kam immer wieder, las auf jeder Tagung und gehörte dazu. Doch erst neun Jahre später zeigte sich der erste große Erfolg. Das war in Sigtuna in Schweden 1964. Er kam nicht nur bei den deutschen Teilnehmern an, sondern vor allen Dingen bei den Schweden, auch in der schwedischen Presse. Ich habe noch heute den Eindruck, als sei er damals in Stockholm als literarische Neuentdeckung gefeiert worden, als Beginn einer neuen Literatur. Auch über ihn hätte ich schreiben müssen, aber es wäre mir zuviel geworden.

Da sind auch die letzten Preisträger der ›Gruppe 47‹ – Johannes Bobrowski, Peter Bichsel und Jürgen Becker, und da sind all die anderen, sozusagen das Gros der ›Gruppe 47‹, ohne die das alles nicht denkbar gewesen wäre. Sie alle hier zu erwähnen, würde zu weit führen. Sie bildeten für mich den Rückhalt der ›Gruppe 47‹. Sie alle haben ein- oder zweimal in der Frühzeit der Gruppe gelesen, später aber nie mehr. Ich habe einmal in diesem Zusammenhang von dem Humusboden gesprochen, den eine solche Sache braucht, aber das schien mir kränkend zu sein, und ich habe das Bild deshalb bis heute nicht wieder gebraucht.

Jemand hat mir geraten, dieses Buch einfach Band 1 zu nennen und alle Fehlenden – und das sind mindestens noch einmal einundzwanzig – einfach auf Band 2 zu vertrösten. Vielleicht mache ich das auch noch, auf jeden Fall habe ich diesen Rat nicht ganz in den Wind geschlagen. Es fehlen auch einige Kritiker. Fritz J. Raddatz zum Beispiel, der in der Mitte der fünfziger Jahre aus der DDR kam. Ihn fand ich auf einer Tagung in Berlin 1955, hinter einem Baum stehend, im Garten des Hauses, in dem wir damals tagten. Er war aus der DDR illegal herübergekommen und bat mich, ob er nicht für einige Stunden teilnehmen könne.

Aber auch Helmut Karasek gehörte in den letzten Jahren zur Gruppe der Kritiker. Er war, meine ich, bis zur letzten Tagung dabei. Anders ist es mit Reinhard Baumgart. Ich weiß nicht mehr, ob er als Autor oder als Kritiker teilgenommen hat. Er hat sich an den Lesungen wie an der Kritik beteiligt. Er war Lektor beim Piper Verlag, und vielleicht hängt es damit zusammen, daß ich ihn anscheinend zu streng behandelt habe, denn irgendwann hat er sich darüber beschwert. Ich begriff diese Beschwerde nicht ganz. Ich war der Meinung, ich sei immer zu jedermann gleichmäßig freundlich gewesen. Doch Reinhard Baumgart blieb, und ich habe versucht, meinen Fehler wiedergutzumachen, ich meine sogar, Baumgart blieb uns bis zum Schluß erhalten.

Von einer Tagung sagte man, dies sei eine reine Frauentagung. Das war 1958 in Großholzleute. Tatsächlich sah es aus, als träten die Frauen nun in den Vordergrund. Damals lasen Ilse Aichinger und Ingeborg Bachmann, die beide häufig lasen, aber auch Ruth Rehmann, Gisela Elsner, Helga Nowak, Gabriele Wohmann und Ingrid Bachér. Gabriele Wohmann und Ingrid Bachér lasen häufiger, sie kamen auch immer an, doch der große, der durchschlagende Erfolg in der ›Gruppe 47‹ blieb ihnen versagt.

Anfang der sechziger Jahre kamen einige damals sehr

junge Schriftsteller dazu, und allmählich machte sich auch in der ›Gruppe 47‹ ein Generationswechsel bemerkbar. Klaus Roehler las in der Elmau mit viel Erfolg, doch das Anfangsglück blieb ihm später leider nicht treu. Er hat mir in den Jahren danach oft geholfen und immer wieder auf mich eingeredet, wenn ich einmal die Lust verlor. Nach seiner Ansicht mußte ich immer weitermachen. Walter Höllerer entließ in den sechziger Jahren seine Schüler des Literarischen Colloquiums zur ›Gruppe 47‹: Hans Christoph Buch, der schon 1963 in Saulgau gelesen hatte, Peter Bichsel, Hubert Fichte, Hermann-Peter Piwitt und natürlich Nikolaus Born, der wohl mit der Begabteste unter ihnen war und dessen früher Tod alle erschütterte. 1964 in Sigtuna tauchte auch ein Mann auf, der zu einem schnellen, wenn auch nicht durchbrechenden Erfolg kam. Günter Herburger las in Sigtuna, nicht übermäßig gelobt, aber doch viel beachtet. Er begann damals seine Laufbahn.

Das alles geschah bereits in den sechziger Jahren, als die ›Gruppe 47‹ wohl den Zenit schon durchlaufen hatte. Aber auch diese Zeit änderte nichts an den ursprünglichen 1947 entstandenen Arbeitsmethoden. Einer wollte auch wieder eine Schule gründen, Dieter Wellershoff aus Köln, die Schule eines neuen Realismus, und dementsprechend nannten wir Wellershoff und jene Schriftsteller, die sich ihm anschlossen, die neuen Kölner Realisten. In dieser Zeit, ich möchte sagen, in der Mitte der sechziger Jahre, blähte sich die Gruppe auf, ohne daß ich es verhindern konnte. Schon auf der Tagung in Princeton in Amerika hatte sie viel von ihrer ehemaligen Homogenität verloren.

Man könnte mich fragen, ob es eine Beziehung der Gruppe zum damaligen deutschen Film gab. Nein, die gab es nicht. Doch eines Tages kam ein junger Mann in München zu mir, der Kluge hieß, und der mir den Vorschlag machte, einige junge Filmleute, die noch ganz am Anfang standen und eine gründliche Reform des deutschen Films anstrebten, zu einer Tagung der ›Gruppe 47‹ einzuladen. Er hoffte dabei auf Impulse, vielleicht auch auf Zusammenarbeit mit jungen Schriftstellern, ja, vielleicht hatte er die Absicht, im Bereich des Films etwas Ähnliches zu versuchen, wie ich es in der Literatur unternommen hatte. Er wollte viel wissen, sehr genau, sehr präzise, und er gefiel mir in seiner Art des kühlen Denkens. Ich lud ihn und einige seiner Freunde zur Tagung der ›Gruppe 47‹ nach Berlin ein, die dann zur Tagung der Kubakrise wurde. Alexander Kluge erwies sich für uns schnell als eine literarische Neuentdeckung, aber die zwei Stunden, die ich an diese Tagung zu einem Gespräch mit den jungen Filmleuten anhängte, brachten nicht viel ein. Die Schriftsteller blieben äußerst skeptisch und konnten sich wohl einen neuen deutschen Film nicht recht vortstellen. Man las uns aus Drehbüchern vor, unter den Autoren auch Edgar Reitz, aber ein engerer Kontakt entstand nicht. Nur Alexander Kluge blieb bei der ›Gruppe 47‹ und nahm auch an den folgenden Tagungen teil. Doch als der neue deutsche Film entgültig zum Durchbruch kam, gab es die ›Gruppe 47‹ schon nicht mehr.

Ich möchte auch noch jene erwähnen, die von Anfang an dabei waren und noch zu den engsten Mitarbeitern unserer Zeitschrift ›Der Ruf‹ gehört haben: Walter Maria Guggenheimer, Friedrich Minssen und Walter Mannzen. Aus diesem Mitarbeiterkreis des ›Ruf‹ ging ja die ›Gruppe 47‹ hervor. In diesen Kreis gehören auch Wolfgang Bächler, der noch spät – wenn auch nicht in der ›Gruppe 47‹ – zu literarischen Erfolgen kam, und Heinz Friedrich. Er, Heinz Friedrich, las in Bannwaldsee, in Herrlingen und zum letzten Mal in Jugenheim. Es ging ihm wie mir auf dieser Tagung im April 1948. Ich hatte angefangen, einen Roman zu schreiben und las die ersten beiden Kapitel daraus vor. Beide verfielen der Kritik. »Lauter Klischees« war das geringste, was als Vorwurf erhoben wurde. Ich fiel, wie man damals sagte, klang- und sanglos durch. Eigentlich hätte ich mich selbst nach dieser Tagung nicht wieder einladen dürfen.

Auch Heinz Friedrich erging es fast ebenso, wenn auch nicht ganz so schlimm. Gewiß, es war eine der bissigsten Tagungen, die Tagung des ›Daumen-nach-unten-Haltens‹, trotzdem – Heinz Friedrich traf es schwer. Damals, und daran erinnere ich mich, stand ich mit ihm und seiner Frau Maria vor dem Haus in Jugenheim. Sie waren beide sehr deprimiert, Maria hatte Tränen in den Augen. Ich versuchte, sie zu trösten und gab ihnen den Rat, es einmal mit einem anderen Weg zu versuchen. Die Literatur, so muß ich argumentiert haben, sei nicht alles, aber natürlich weiß ich nicht mehr genau, was ich damals gesagt habe. Ob mein Rat irgendeinen Einfluß gehabt hat, weiß ich nicht. Heinz Friedrich ging zum Rundfunk und ist heute einer der bedeutendsten Verleger unserer Zeit. Mir fallen andere Namen ein: Horst Mönnich, Franz Josef Schneider, Hans Josef Mundt, Christian Ferber, Armin Eichholz, Jürgen von Hollander, Roland H. Wiegenstein, Ernst Schnabel, den ich nur als Intendanten des Norddeutschen Rundfunks erwähnt habe. Sie alle gehörten zum ersten Kreis der ›Gruppe 47‹ und viele blieben ihr bis zum Schluß treu.

Ausländer nahmen fast immer an den Tagungen teil. In den ersten Jahren vorwiegend französische und holländische Schriftsteller, unter anderen Adriaan Morrien, der 1954 in Italien den Preis der ›Gruppe 47‹ erhielt. Später, ab Mitte der fünfziger Jahre, vereinzelt auch polnische Schriftsteller. Tadeusz Nowakowski las 1959 auf der Elmau und blieb bis zum Schluß der Gruppe freundschaftlich verbunden. Er wurde für mich zu einer Art Vermittler zur polnischen Literatur.

Man kann den Eindruck gewinnen, dies sei ein fluktuierender Kreis von Freunden gewesen, aber es war nicht so, der Kern blieb immer erhalten, war immer da, diese

Freundschaften der ersten Nachkriegsjahre hielten über zwanzig Jahre hinweg. Es war in jenen jungen Leuten der Kriegsgeneration wohl eine Mentalität entstanden, die unzerstörbar war. Nur so ist dies und die zähe Haltbarkeit der ›Gruppe 47‹ zu erklären. Es war deswegen auch nicht nötig, irgend etwas zu gründen. Wir brauchten keine Statuten, keinen Verein, keine Abmachungen, um zusammenzubleiben und zusammenzuhalten. Sowenig wie es Mitglieder gegeben hat, sowenig hat es einen Gründer oder hat es Mitbegründer gegeben. Alles entstand so, entwickelte sich – ich sage das gern – organisch, nach einem ungeschriebenen Gesetz, wenn es so etwas gibt. Ich habe dafür keine historischen Vergleichsmöglichkeiten, und wahrscheinlich gibt es auch keine. Dies erklärt auch, warum ich keine Schriftsteller der damals älteren Generation eingeladen habe. Und wenn es doch einmal vorgekommen ist, zeigten sich schnell die Gegensätze. Hermann Kesten war einmal da, kam, denn es hatte ihm gefallen, noch einmal wieder, las aus seinem Roman ›Casanova‹ vor, wurde kritisiert und schrieb daraufhin einen Artikel gegen die ›Gruppe 47‹.

Erich Kästner besuchte uns in Berlin auf einer Tagung und traf am Kaffeeausschank mit Günter Grass zusammen, den wir gerade entdeckt hatten. Man kann sich kaum einen größeren Gegensatz vorstellen, der gut, fast möchte ich sagen modisch gekleidete Erich Kästner und Günter Grass, der aussah, als sei er gerade dem Urwald entsprungen. Ich kann mir auch nicht vorstellen, daß sich jemand der älteren Generation, der vielleicht schon einen Namen hatte, dort auf den ›elektrischen Stuhl‹ gesetzt hätte, um sich von uns kritisieren zu lassen. Wahrscheinlich war – trotz der politischen Ereignisse, der Diktatur und des Krieges – doch ein Generationswechsel vor sich gegangen, sozusagen unter der Oberfläche und unbemerkt. Ich meine, der Expressionismus sei schon Ende der zwanziger

Jahre ausgelaufen, und seitdem war literarisch nicht mehr viel geschehen. Was konnten also die jungen Leute nach dem Krieg tun? Nun, sie versuchten, ihre eigenen Anfänge zu setzen, sich selbst zu helfen und mit ihren Methoden das literarische Leben in Deutschland neu aufzubauen. Dabei kam ihnen die Zeitströmung zur Hilfe, die starken Impulse für einen neuen Anfang, die sich aus der Welt der Trümmer ergaben. Sie trugen die ›Gruppe 47‹ über zwanzig Jahre hinweg bis zu einem Zeitpunkt, an dem der Sprung zu einer wiederum jungen Generation nicht mehr möglich war.

In den letzten Jahren ist mir des öfteren der Vorwurf gemacht worden, ich hätte mich nicht stark genug für die emigrierten Schriftsteller eingesetzt, ja, ein Vorwurf verstieg sich sogar dazu, daß ich daran schuld sei, daß die emigrierte Literatur keinen Anschluß mehr in der Bundesrepublik gefunden hätte.

Ich möchte diese Gelegenheit benutzen, um diese Vorwürfe zurückzuweisen. Einmal gilt auch das hier, was ich zuvor über die damals – 1947 – ältere Generation gesagt habe. Auch die emigrierten Schriftsteller hätten sich wohl kaum auf den ›elektrischen Stuhl‹ gesetzt, um sich das oft harsche Urteil junger, noch völlig unbekannter Leute anzuhören. Kann man sich vorstellen, daß dies mit Heinrich Mann oder gar Thomas Mann möglich gewesen wäre? Ich halte das für ausgeschlossen, ja, auch wir hätten dabei versagt. Dafür war unsere Verehrung und Bewunderung für viele der emigrierten Schriftsteller zu groß. Trotzdem, wir haben immer wieder versucht, sie zur Rückkehr zu bewegen. Schon im ›Ruf‹ hatte sich Alfred Andersch an sie mit der Bitte um schnelle Rückkehr gewandt. Dieser Aufruf wurde von vielen, auch von mir unterschrieben. Doch die Emigranten waren von verständlicher Zurückhaltung. Als ich noch in Gefangenschaft war, traf ich Anfang 1946 Oskar Maria Graf, der uns im Lager der amerikanischen

Kriegsgefangenen-Zeitung besuchte. Ich fragte ihn, ob er nicht nach Deutschland zurückkehren wolle, der Krieg sei doch schon fast ein Jahr vorbei. Aber er hatte noch immer Angst vor den Nationalsozialisten, er sah noch hinter jedem Baum einen Werwolf stehen, Deutschland wimmelte für ihn noch von Nationalsozialisten, die zu Rache und Terror entschlossen waren. Ich antwortete ihm, es sei viel schlimmer, wahrscheinlich habe man ihn ganz vergessen. Doch er blieb bei seiner Meinung. Es vergingen wohl zehn Jahre, bevor er sich zur Rückkehr entschloß.

In den ersten Nachkriegsjahren kamen nur wenige, sehr wenige zurück, und die meisten von ihnen gingen entweder in die spätere DDR oder in die Schweiz. Es ist mehr als verständlich, daß sie nur widerstrebend deutschen Boden betraten. Einmal, 1952, traf ich Thomas Mann, und zwar bei meinem damaligen Verleger Kurt Desch. Das war in einem kleinen Kreis von Autoren. Auch ihn bat ich um baldige Rückkehr, ich sagte: »Wir brauchen Sie.« Und er antwortete sehr ausweichend, München sei eine Stadt für Maler. Später habe ich solche Versuche nicht mehr unternommen.

Es ist eben doch wohl auch ein Generationsproblem. Die Söhne der Emigranten fühlten sich in der ›Gruppe 47‹ heimisch, ja, sie gehörten dazu wie alle anderen: Peter Weiss, Erich Fried, Wolfgang Hildesheimer, Jakov Lind. Unterschiede von Bedeutung hat es da nie gegeben. Noch eins: Alfred Andersch wollte seinerzeit, Anfang der fünfziger Jahre, etwas anderes als ich. Er wollte eine neue Stilschule, wie es in den letzten fünfzig Jahren viele gegeben hatte, vom Naturalismus über den Symbolismus zum Surrealismus und Expressionismus. Ich aber glaubte, daß die Zeit dieser ›literarischen Revolution‹ vorüber sei, jedenfalls für lange Zeit. Jetzt, so dachte ich, kam es darauf an, die Synthese zwischen den uns vorgegebenen verschiedenen Stilmöglichkeiten zu finden. Insofern gab es in der

›Gruppe 47‹ nebeneinander die Realisten und die Surrealisten, um nur diese zu nennen. Das klingt grob gezeichnet, es gab natürlich feinere Unterschiede, die wohl bemerkt, aber kaum diskutiert wurden.

Es war nicht unsere Aufgabe, Stilschulen zu kritisieren, Stilepochen, wenn man so will, sondern Stil und Form eines jeden einzelnen. Es ging darum, nach den Sprachverwüstungen zweier Jahrzehnte wieder zur Sprache zurückzufinden, ja, eigentlich sie auf dem Weg des Zurückfindens zu erneuern. Man hat dies sehr vergröbernd Kahlschlagperiode genannt, es war aber ein fast unsichtbarer Vorgang. Trotzdem dürfte die so harte, nie Rücksicht nehmende Kritik in der ›Gruppe 47‹ auf diesen Sprachreinigungsprozeß zurückzuführen sein, ein Vorgang, der wohl nur wenigen bewußt geworden ist. In der Kritik wurde ja oft jeder Satz »abgeklopft« – man nannte es so – und jedes Wort in seiner Verwendbarkeit geprüft. Dieser Prozeß, der in der ersten Zeit der ›Gruppe 47‹ begann, hielt dennoch viele Jahre an, ja, ich meine, er ging erst mit dem Ausgang der fünfziger Jahre zu Ende, und er vollzog sich nicht nur in der ›Gruppe 47‹.

Doch zurück zu diesem Buch. Man hat mir hin und wieder geraten, meine Erinnerungen zu schreiben, aber dazu fühlte ich mich nicht aufgerufen. Außerdem funktioniert mein Gedächtnis nicht entsprechend, und es gibt keine Notizen aus diesen zwanzig Jahren, die mich hätten unterstützen können. Es gibt keine Tagebücher, keine Protokolle, niemand hat an so etwas gedacht. Natürlich hat sich auch niemand vorstellen können, daß dies einmal von Interesse sein würde. So war ich auf mein schlechtes und etwas zur Verschwommenheit neigendes Gedächtnis angewiesen. Insofern habe ich auch diese meine Erinnerungen an Personen aufgehängt, wobei natürlich meine Eindrücke von ihnen im Vordergrund stehen. Sie sind subjektiv, sehr subjektiv, und ich hoffe, daß niemand der hier Porträtierten auf den Einfall kommt, ich hätte versucht, ihm objektiv nahezukommen. Jeder wird sich ganz anders sehen als ich ihn sehe. Wir sehen uns ja nie von außen, wie wir agieren, uns bewegen, reden, kurz: welchen Eindruck wir auf andere machen. Man kann es nur ahnen, und meistens verahnt man sich.

Ich hatte vor, diesen einundzwanzig Porträts ein Selbstporträt anzufügen, sozusagen mich selbst von außen zu sehen. Ich habe es gelassen, weil das Bild immer mehr verwackelte, je länger ich darüber nachdachte. Möglich, daß ich es noch irgendwann nachhole, vielleicht doch in einem zweiten Band, zu dem man mir geraten hat, denn ich habe ja dort immer gesessen, agiert und geredet im ›Etablissement der Schmetterlinge‹.

H. W. R.

Inhalt

Im Etablissement der Schmetterlinge
Ilse Aichinger
7

Krisjahn im dreizehnten Stock
Carl Amery
20

Einmal durch eine belebte Gasse
gehen und nicht erkannt werden
Alfred Andersch
28

Radfahren im Grunewald
Ingeborg Bachmann
45

Liebst du das Geld auch so wie ich?
Heinrich Böll
63

Serbien muß sterbien
Milo Dor
80

Tränen in Marktbreit
Günter Eich
88

In Chruschtschows Badehose
*Meine Reise nach Rußland mit
Hans Magnus Enzensberger*
99

Simon Dach als Geburtstagsgeschenk
Günter Grass
121

Die Schlafanzughose
Wolfgang Hildesheimer
138

Das Lachen der Oberpfalz
Walter Höllerer
149

Dein treuer Paladin
Walter Jens
160

Aufforderung zum Tanz
Uwe Johnson
173

Taufe in der Lüderitz-Bucht
Joachim Kaiser
185

Die Schlange, die eine Katze ist
Barbara König
193

Pelle, ein literarischer Hund
Walter Kolbenhoff
207

Wir waren alle gut
Hans Mayer
216

Viel Feind, viel Ehr
Marcel Reich-Ranicki
226

Ein Bussard, der vom Himmel fiel
Wolfdietrich Schnurre
235

O Martin
*Ein streitbarer, wenn nicht
streitsüchtiger Alemanne
Martin Walser*
247

Marats Trommel
Peter Weiss
259

Nachwort
275